U0855508

国家出版基金项目
NATIONAL PUBLICATION FOUNDATION

中国西藏面向南亚开放大通道建设对策研究

谭天明 狄方耀等◎著

XZCB 西藏人民出版社

图书在版编目(CIP)数据

中国西藏面向南亚开放大通道建设对策研究/谭天明,狄方耀编著. ——拉萨:西藏人民出版社,2018.12

ISBN 978—7—223—06039—4

Ⅰ.①中… Ⅱ.①谭… ②狄… Ⅲ.①区域经济发展—研究—西藏 Ⅳ.①F127.75

中国版本图书馆 CIP 数据核字(2018)第 228701 号

中国西藏面向南亚开放大通道建设对策研究

作　　者	谭天明　狄方耀等
责任编辑	计美旺扎　张慧霞
封面设计	格桑罗布
出版发行	西藏人民出版社(拉萨市林廓北路 20 号)
印　　刷	拉萨市明鑫印刷有限公司
开　　本	787×960　　1/16
印　　张	16
字　　数	220 千
版　　次	2018 年 12 月第 1 版
印　　次	2018 年 12 月第 1 次印刷
印　　数	01—3,000
书　　号	ISBN 978—7—223—06039—4
定　　价	40.00 元

目　录

第一章　“一带一路”建设对西藏的功能定位与“面向南亚开放重要通道”的提出

“一带一路”倡议自提出以来在事实上已成为国际性区域合作的大平台，在国内，我国的“一带一路”倡议、“十三五”规划和长江经济带、京津冀协调发展一起被列入国家三大战略之一。在2015年3月28日的“愿景与行动”发表之后，西藏自治区（以下简称西藏）被纳入到“一带一路”倡议具体承担建设的框架之中，西藏的任务主要是联通尼泊尔等南亚国家。参与构筑“国家面向南亚开放的重要通道”是西藏参与国家“一带一路”建设的最重要任务和所能做出的最大贡献。

第一节　“一带一路”建设对西藏的功能定位

一、“一带一路”的提出与进展

（一）“一带一路”的提出及其性质

“一带一路”是“丝绸之路经济带”和“21世纪海上丝绸之路”的简称。其中“丝绸之路经济带”是中国国家主席习近平于2013年9月访问哈萨克斯坦时提出来的，“21世纪海上丝绸之路”是习近平主席于2013年10月，在出席亚太经合组织（APEC）领导人非正式会议期间提出来的。[①] 这是中国首次提出的建设“一带一路”合作倡议的构想。

中国并非世界上最早提出合作建设“新丝绸之路”倡议或计划的国家，一些国际组织和发达国家早于中国提出过若干个新丝绸之路计划。2004年，日本提出了“丝绸之路外交”战略；2008年，联合国开发计划署发

① 王义桅：《“一带一路”机遇与挑战》，第15页，人民出版社，2015年。

起提出了"丝绸之路复兴计划";2011 年,美国官方提出了"新丝绸之路"计划,旨在以阿富汗为中心,连接中亚、南亚,建立一个区域性地缘政治、经济结构;俄罗斯近年来也提出"新丝绸之路"计划,将正在建设的由中国经中亚和俄罗斯直抵德国杜伊斯堡,并连通欧洲铁路和港口的"中俄运输走廊"称为"新丝绸之路";2011 年,伊朗宣称将启动伊朗通过阿富汗、塔吉克斯坦和吉尔吉斯斯坦同中国铁路路线连通的铁路计划,该铁路线被外界称为"钢铁丝绸之路"或"丝绸铁路";哈萨克斯坦总统纳扎尔巴耶夫于 2012 年也宣布开始实施"新丝绸之路"项目。[①]

中国提出的合作复兴"丝绸之路"的倡议或构想,没有称为"新丝绸之路计划",而是称为"一带一路"倡议,大致有两方面原因:一是"一带一路"的空间范围已超过古"丝绸之路",是海陆两个丝绸之路的结合。二是中国想低调行事,力图避免刺激域外大国,以减少猜疑和阻力,也避免给"中国威胁论"提供依据。对外一般称"倡议"也是基于这方面考虑。"一带一路"提出已 4 年多了,其性质还称倡议已不合时宜,需重新定位,理论界意见还不一致。一种观点认为,"一带一路"并不是针对美国"复返亚洲"战略的一种中国战略,而是一个区域合作的倡议,是中国提供的一个全球公共产品。因此,"要慎谈战略,多讲文明",避免被误读为中国借此推进地缘政治扩张。[②] 这是较具代表性的观点。第二种观点是一些学者们在提到"一带一路"时,喜欢称"一带一路战略构想"、"一带一路"战略。第三种观点是称为"一带一路"建设。这在近年来"两会"中总理报告、国家"十三五"规划等重要的政府文件中是常见的用词。

我们认为,界定"一带一路"的性质和称谓,需注意内外有别、与时俱进。所谓内外有别,是说对内可以称为战略或建设,如国家"十三五"规划将"一带一路"和长江经济带、京津冀协调发展并称三大战略,因为"倡议"容易被误解为是务虚的东西,"战略"或建设则可以形成建设规划,更有利于指导工作推进;对外不宜称战略,因为容易引起域外大国或沿线诸国的疑虑、抵制和反对,可以称合作倡议、合作设想、合作框架、公共产品、建设

---

① 王义桅:《"一带一路"机遇与挑战》,第 32—34 页,人民出版社,2015 年。

② 同上,国务院发展研究中心副主任隆国强在为该书做的序言("序二")中提出这个观点。

等，这样有利于凝聚共识、形成合力、消减阻力。所谓与时俱进，是说在“一带一路”提出的初期称为倡议、设想，比较符合实际，因为刚提出时还没有建设规划和实质性举措；随着时间的推移，亚投行成立、丝路基金设立、“愿景与行动”文件出台、被写入党的十八届三中全会的《决定》和国家“十三五”规划纲要，还称为“倡议”、“战略构想”、“设想”就显得落后于实践了。我们认为自2013年11月15日党的十八届三中全会的《决定》中提出“推进丝绸之路经济带、海上丝绸之路建设”之后，对内就可以称为“一带一路”战略或建设了。2013年12月10日至13日，习近平主席在中央经济工作会议上强调要推进“丝绸之路经济带”建设，抓紧制定战略规划。也就是说自那时起，“一带一路”在国内已走过“倡议”或“构想”阶段、进入制定战略规划和开始建设阶段。2014年9月12日，习近平主席在上海合作组织成员国元首理事会第十四次会议上的讲话中强调：目前，丝绸之路经济带建设正进入务实合作新阶段，中方制定的规划基本成形。这进一步印证“一带一路”在国内已进入战略规划和建设阶段。而习近平主席在国外或国际会议的演讲中则没有使用“战略”一词，常用“倡议”、“设想”、“建设”、“框架”等提法。也就是说对于“一带一路”的提法做到了“内外有别”。[①]

（二）“一带一路”建设的进展情况

2013年堪称“一带一路”元年，9月和10月，中国国家主席习近平分别提出共建“一带”、“一路”的倡议；11月15日，“一带一路”被写进党的十八届三中全会的《决定》；12月，习近平主席在中央经济工作会议上强调要抓紧制定推进“丝绸之路经济带”建设的战略规划。四年多来，“一带一路”建设推进迅速，大致取得以下进展：

1.参加的国家和地区增长迅速。到2016年初，已经有70多个国家和国际组织表达了合作的意愿，30多个国家同中国签署了共建“一带一路”合作协议；在国内，31个省区市都已经制定了各自的实施方案，完成了同国家总体方案的衔接工作，国务院和中央各个部门也都制定了自己的

---

① 参见《盘点：习近平对“一带一路”倡议的重要论述》，人民网，2016－02－12。

贯彻落实意见。[①] 到2017年7月底，与我国签署共建“一带一路”合作协议的国家和国际组织已达69个，比2016年初增长约1倍。[②]

2.组织制度保障有力。体现在成立了国家级领导小组，出台了国家层面的重要文件。中央层面成立了由政治局常委挂帅的推进“一带一路”领导小组，小组办公室设在国家发改委。2015年3月28日，中国国家发展改革委、外交部、商务部经国务院授权联合发布的《推动共建丝绸之路经济带和21世纪海上丝绸之路的愿景与行动》(以下简称“愿景与行动”)，是迄今为止中国发布的最重要的“一带一路”文件。[③] 在这个文件中，中巴、孟中印缅2个经济走廊已被纳入“一带一路”建设范围，国内已有包括西藏在内的18个省区市被赋予明确的任务(实际上全国31个省市自治区都被纳入其互联互通之中)。国家“十三五”规划又提出“以‘一带一路’建设、京津冀协同发展、长江经济带发展为引领，形成沿海沿江沿线经济带为主的纵向横向经济轴带”，“更好发挥‘一带一路’建设对西部大开发的带动作用”。[④] 等于说在目前和未来较长时期内，我国已经把“一带一路”建设作为引领区域发展、促进国际合作的首要战略。2017年5月14日至15日，“一带一路”国际合作高峰论坛在北京成功举行。与会代表来自五大洲130多个国家和70多个国际组织，总数约1500人，29位外国国家元首、政府首脑和3位重要国际组织负责人出席圆桌峰会，成为“一带一路”建设和国际合作进程中的一座里程碑。高峰论坛发表圆桌峰会联合公报，是首份关于“一带一路”建设的国际性、权威性文件，集中反映了关于“一带一路”国际合作目标、原则和举措的国际共识。[⑤]

---

① 资料来源：中国外交部长王毅在十二届全国人大四次会议新闻中心举行的记者会上回答中外记者的提问时所披露，新华网，2016－03－08；深圳特区报2016年02月25日报道。

② 报道：“中国已与69个国家和国际组织签署‘一带一路’合作协议”，中国商务部网站，2017－08－24。

③ 5个重点方向包括重点畅通中国经中亚、俄罗斯至欧洲(波罗的海)；中国经中亚、西亚至波斯湾、地中海；中国至东南亚、南亚、印度洋；从中国沿海港口过南海到印度洋，延伸至欧洲；从中国沿海港口过南海到南太平洋。6个经济走廊包括新亚欧大陆桥、中蒙俄、中国－中亚－西亚、中国－中南半岛、中巴、孟中印缅。

④ 参见李克强总理在十二届全国人大四次会议上所做的政府工作报告，中国政府网，2016－03－05；《中华人民共和国国民经济和社会发展第十三个五年规划纲要》，新华网，2016－03－17。

⑤ 王毅：“一带一路”建设在新起点上扬帆远航，《求是》，2017－06－01。

3. 金融支持基本到位。2013 年 10 月，习近平主席和李克强总理在先后出访东南亚时提出筹建亚洲基础设施投资银行（下称亚投行）的重大倡议。2014 年 10 月 24 日，21 个意向创始成员国在北京签署了《筹建亚投行备忘录》，亚投行于 2015 年 12 月 25 日正式成立，2016 年 1 月 16 日亚投行正式开业运营。亚投行的法定资本为 1000 亿美元，初始认缴资本目标为 500 亿美元左右，重点支持基础设施建设。[①] 2016 年 1 月亚投行成立之初有创始成员国 57 个，到 2017 年 3 月底，成员国增至 70 个，到 2017 年 6 月底成员国增至 80 个。2014 年 11 月 8 日，习近平主席宣布，中国出资 400 亿美元，设立丝路基金，该基金于 2014 年 12 月 29 日正式注册设立。丝路基金属于中长期开发投资基金，初期规模为 400 亿美元，上不封顶，首期基金 100 亿美元已在成立之日到位。2017 年 5 月 14 日，中国国家主席习近平在"一带一路"国际合作高峰论坛开幕式上宣布，中国将加大对"一带一路"建设资金支持，向丝路基金新增资金 1000 亿元人民币。该基金重点致力于为"一带一路"框架内的经贸合作和双边多边互联互通提供投融资支持。[②]

4. 互联互通网络基本形成。自"愿景与行动"文件将中巴、孟中印缅经济走廊纳入之后，"一带一路"实际上已扩展为"一带一路两廊"，已形成新亚欧大陆桥、中蒙俄、中国—中亚—西亚、中国—中南半岛、中巴、孟中印缅等六条国际经济合作走廊和五大重点方向的互联互通网络格局。以中巴、中蒙俄等经济走廊建设为标志，基础设施、金融、人文等领域已取得一批重要早期成果。中欧班列贯通欧亚，匈塞铁路、雅万高铁开工建设，中老、中泰等泛亚铁路网建设也迈开重要步伐。[③] 国家出台的沿边地区开放规划（2014 年—2020 年），又规划了"三圈三带"空间布局，即西北国际经济合作圈、东北国际经济合作圈、西南国际经济合作圈以及中蒙经济合作带、鸭绿江中朝经济合作带、环喜马拉雅经济合作带，这是"一带一路"

---

① 引自中国经济网 2016 年 01 月 16 日报道"亚投行正式开业：亚洲经济和社会发展添动力 迎机遇"。

② 引自丝路基金官网的"公司简介"和"新闻资讯"。

③ 刘宗义："一带一路"在东南、西南周边的进展与问题，和讯网，2015－10－31；王毅外长在十二届全国人大四次会议新闻中心答记者问，新华网，2016－03－08。

倡议的具体化。[①] 也优化了"一带一路"互联互通网络布局。

5.与沿线国家和地区合作的重大项目建设、贸易与投资发展迅速。一是自亚投行筹建、丝路基金注册设立以来,已有一批重大项目达成协议或落地建设。如2015年4月20日,丝路基金、三峡集团和巴基斯坦私营电力和基础设施委员会签署《关于联合开发巴基斯坦水电项目的谅解合作备忘录》,由丝路基金采取股权加债权方式投资三峡南亚公司负责建设的巴基斯坦卡洛特水电站。乌法峰会期间,中蒙俄三国签署了《关于编制建设中蒙俄经济走廊规划纲要的谅解备忘录》。有关部门与塔吉克斯坦、哈萨克斯坦、卡塔尔、科威特等国签署了共建"一带一路"的谅解备忘录,中哈重大产能合作28个项目文件签署。2015年4月20日习近平总书记访巴期间,签署项目累计金额达460亿美元。此外,我国与印尼签署了雅加达—万隆高铁合作建设框架协议,中塔公路二期、中亚天然气管道D线等项目正在加快推进,莫斯科至喀山高铁、中老铁路、中泰铁路、中缅皎漂港等项目建设有序推进,中白工业园全面动工。[②] 到2017年10月底,"一带一路"倡议下已有1700个项目已完成或在建,预计到2022年,中国将向"一带一路"项目投入约3500亿美元。[③] 二是中国与沿线国家和地区的贸易与投资量大幅度上升。仅2015年前11个月,我国企业共对"一带一路"沿线的49个国家进行了直接投资,投资额合计140.1亿美元,同比增长35.3%。同期,我国企业在"一带一路"沿线的60个国家新签对外承包工程项目合同2998份,新签合同额716.3亿美元,占同期我国对外承包工程新签合同额的43.9%,同比增长11.2%。[④] 到2015年底,中国已同10个国家签署国际产能合作协议,中哈产能合作协议总投资超过230亿美元。中老铁路正式动工,中泰铁路举行项目启动仪式,瓜达尔港等重大项目正协调推进。中白工业园、中印尼综合产业园、中哈霍尔果斯国际边境合作中心以及中老、中越、中蒙跨境经济合作区建设加快。区域全面经

---

① 牛治富:"一带一路"建设:跨越式发展新机遇,西藏日报,2015-03-07。

② 引自中国经济网2015年08月06日报道"习近平'一带一路'战略构想取得实实在在成果"。

③ 数据来自徐惠喜的报道:《最新报告:"一带一路"项目价值5年将达3500亿美元》,中国经济网,2017-11-02。

④ 引自报道"'一带一路'引领发展",中国经济网、中国青年网,2016-01-04。

济伙伴关系协定(RCEP)、中国—东盟自贸区升级谈判进展顺利。[1] 对外贸易方面,我国对"一带一路"沿线国家的贸易额大体占到我国外贸总额的25%左右。2016年中国与"一带一路"沿线国家的进出口总额为6.3万亿元人民币(9535.9亿美元),增长0.6%,占2016年中国进出口总额37021.6亿美元的25.7%。其中出口3.8万亿元,增长0.7%;进口2.4万亿元,增长0.5%。我国企业已经在"一带一路"沿线20多个国家建设了56个经贸合作区,涉及多个领域,累计投资超过185亿美元,为东道国创造了近11亿美元的税收和18万个就业岗位。[2] 2017年前三季度,中国与沿线国家贸易额达7859亿美元,同比增长15%;中国企业对沿线国家直接投资96亿美元,在沿线国家新签承包工程合同额967.2亿美元,同比增长29.7%;沿线国家在华实际投资42.4亿美元,新设立企业2893家,同比增长34.4%。截至目前,中国企业在沿线24个国家推进建设了75个境外经贸合作区,入区企业达到3412家,上缴东道国税费累计22.1亿美元,为当地创造20.9万余个就业岗位。[3]

二、从历史视角看西藏在"一带一路"中的功能定位

西藏融入"一带一路"在历史资源方面的优势尤为突出。西藏到尼泊尔、再到印度的这条道路本身是有历史渊源的。自唐朝以来,这就是一条重要的交通古道,也是一条佛教之路。当时很多古印度的高僧、经师、翻译家都会经过这条道路,包括尼泊尔的尺尊公主也是经吉隆通过这条路进藏的。还有约200多位藏族僧人经由这条古道赴古印度学经求法。从这个角度上讲,它的历史、人文、以及文明交流的基础都是很深厚的,所以我们说这条道路是中尼印之间的一条文明古道。从文化层面讲,如果对这条文明古道进行深入的挖掘考证,从而推动中尼印三国联合申遗的话,可以更加促进国家间文明的交往交流。

---

① 引自报道"中国'一带一路'大战略的最新进展",侨报网综合,2016-02-15。

② 2017年02月21日人民网—财经频道的新闻报道;邱瑟、赵蕾:数据看"一带一路"贸易往来成绩单,人民日报中央厨房,2017-08-24。

③ 商务部:前三季度我国与"一带一路"沿线国家贸易额7859亿美元,央视网,2017-11-02。

（一）西藏和“丝绸之路”的历史联系概述

“丝绸之路”大致分为陆上“丝绸之路”和“海上丝绸之路”。陆上“丝绸之路”在两千多年前就已存在，后来经过不断扩展、演变，发展成为世界上最著名的东西方经济文化交往的大通道。① 古代西藏和陆上丝绸之路有密切的历史联系，唐蕃—蕃尼古道是“南丝绸之路”重要组成部分。海上丝绸之路则起始于汉代，兴盛于唐代，宋元时达到鼎盛。②

1. 唐代以前藏族先民和丝绸之路的联系

最早的丝绸之路出现在春秋、战国之际，公元前 5 世纪时，中国丝绸主要是通过月氏人、塞人、吐火罗人等转运到波斯，到了公元前 299 年左右的赵武灵王时，才基本控制了当时丝绸之路的东段（从东海之滨的齐国到葱岭）。中段（葱岭到美索不达米亚）自公元前 1 世纪到公元 4 世纪中叶，为波斯控制和垄断。③ 公元前 138 年、前 119 年，张骞奉命两次出使西域，被认为全面贯通了丝绸之路，实际上这只是传统的西北丝绸之路（“沙漠绿洲道”）。④ 汉代的丝绸之路除了这条丝路外，自敦煌通往西域还有多条道路，如楼兰道、楼兰—车师道、柳中（新）道、伊吾—车师新道、北新道等。还有两条通印度的道路：一条是由“皮山—罽宾”道到印度（过于险绝，价值不大）；二是先由莎车或疏勒到月氏，再从月氏的蓝市城（今阿富汗巴尔赫）途经迦毕试（今阿富汗喀布尔北）、奢羯罗（今巴基斯坦锡亚尔科特），抵印度的华氏城（今印度巴特那）。⑤

直到汉代，中原地区还没有穿过青藏高原到印度、泥婆罗的南北向丝绸之路。不过，迁移到青藏高原的羌族、党项族已经通过“羌中道”和西南、西北丝绸之路发生联系。在东汉时就有畅通的中印滇缅道经西藏东

---

① 1877 年，李希·霍芬在他的 5 卷本著作《中国，亲身旅行和研究成果》中第一次提出了“丝绸之路”这个术语。1936 年，李希·霍芬的弟子斯文·赫定于 1936 年出版了《丝绸之路》专著。

② 丁笃本：《丝绸之路·古道研究》，第 2—3 页，新疆人民出版社，2010 年。

③ 根据沈福伟的《丝绸之路·中国与西亚文化交流研究》（新疆文化出版社，2010 年第 1 版）第 10—15 页相关内容概括。

④ 丁笃本：《丝绸之路·古道研究》，第 56—59 页，新疆人民出版社，2010 年。

⑤ 同上，第 75—79 页。

南部进入印度。[①] 秦汉时期，就有一条“西羌丝绸之路”，即从四川的都江堰经湔氐道（秦代进入蜀地的官道）进入“松潘草地”至松州，经青海玉树至西藏的古商道。[②]

魏晋时期，丝绸之路东段的“吐谷浑道”或“青海道”已发展成为黄河以南同河西道并行的东西通道（其路线大致是经甘肃临夏、青海乐都、西宁至新疆若羌，再到疏勒和丝路中段的南道汇合，直至葱岭），吐谷浑及青藏高原的苏毗、党项、多弥、东女等部落居民已通过此道同中原、西域发生经济联系。南北朝时期，丝绸之路青海道已经把中原和青藏高原的党项、吐谷浑和女国联系起来，吐谷浑向南朝、北魏进贡的物品中，有善马、牦牛、女国的金酒器和玉石。东女国也有道路连接东西丝绸之路主干线。根据《隋书·女国传》记载，隋以前，青藏高原的南北交通即已通达，其中最有名的商道即女国与天竺间的“食盐之路”。[③]

2.唐代以后吐蕃和丝绸之路的关系

唐朝国势强盛，丝绸之路也达到空前繁荣。唐初，松赞干布统一青藏高原的部落政权，建立了“吐蕃王朝”，并和唐朝结成友好关系。公元8世纪中叶，“安史之乱”后唐朝由盛转衰，吐蕃政权日益强大后势力东扩，先后吞并吐谷浑，占领青海全境，攻陷安西、北庭都护府，占领丝路南道的安西四镇，以及羊同、党项及诸羌之地。后来又占据河西走廊，控制丝路河西道近百年之久。吐蕃对丝绸之路有过重大贡献，一是在吞并吐谷浑后，积极发展青海路与西域南道若羌、于阗的联系，开辟了新的贸易路。二是吐蕃曾长期与大食在西域南道对抗，阻遏了大食的东侵。[④]

唐代的丝绸之路在中国境内形成了四条主干线：即草原丝绸之路（北大路）、丝绸之路青海路（或唐蕃古道）、大丝绸之路（即通常所说的中丝路主干道）、丝绸之路西南夷道（或西南丝绸之路）。其中，丝绸之路青海路

---

① 张云：《丝路文化·吐蕃卷》，第113页，浙江人民出版社，1995年。

② 张翔里：《神秘的中国西羌丝绸之路》，阿坝师范高等专科学校学报，2006年第2期。

③ 同注①，第173—174页、第209—210页。

④ 参考丁笃本：《丝绸之路·古道研究》，第113—114页，新疆人民出版社，2010年；李明伟：《丝绸之路·贸易研究》，第202.214页，新疆人民出版社，2010年；《旧唐书》卷196下《吐蕃传》、《旧唐书》卷198《西戎传》。作者加以概括。

是唐代吐蕃和内地联系的主干道。青海路在汉代称“羌中道”，南北朝时称“吐谷浑道”；吐蕃兼并吐谷浑后，通过该道与唐朝开展政治经济往来，该道又称为“唐蕃古道”。文成、金城两位公主出嫁吐蕃，刘元鼎入藏与吐蕃会盟，走的都是这条道。关于唐蕃古道的路线，被认为有数条，我们认为较为可信的是根据刘元鼎进藏及法显、法勇、宋云等僧人往天竺求经所记载的路线，即从长安（西安）出发沿陇南道经陕西凤翔过陇山进入甘肃，经秦州（今天水）、陇西、河州（今临夏），到达青海鄯城（今西宁）后，西南行经过赤岭（今日月山）、柏海（扎陵湖和鄂陵湖）、玉树结古镇、囊谦，进入今西藏昌都境内的类乌齐，西北行经昌都的丁青、那曲的巴青，再西南行抵达阁川驿（今那曲镇），再西南行抵达逻些（拉萨）。[①]

除大体上呈南北走向的吐蕃丝绸之路主干道外，由四川、云南入藏的丝茶之路也是唐代丝绸之路的组成部分。川藏丝茶道是吐蕃占领川西民族走廊后，羌族聚居区的丝绸织物或丝绸原料从四川输入吐蕃的道路。当时唐蕃通过川藏道进行丝绸交易的中转地大概在四川西昌地区。川藏道分南北两道，南道由雅州、黎州等地，北道由维州、松州入藏，在昌都会合后，北取那曲或南取林芝，也分南北两道行至拉萨。与丝绸同时入藏的还有茶叶，当时丝茶入藏主要是和吐蕃朝贡马匹联系在一起的贡赐往来，其交易规模和频率远比不上宋代。青藏、川藏是茶叶传入吐蕃的两条路线，其中以川藏道较为繁盛。唐代南诏（今云南大理一带）与吐蕃的交通通道也是吐蕃丝绸之路的组成部分。南诏进入吐蕃的道路主要是东西两条：西道由永昌（今云南保山）过怒江至腾冲，翻高黎贡山进入缅甸境内，然后沿恩梅开江北上，至今西藏察隅地区。东道沿漾濞江、金沙江东岸溯江北上，在今云南中甸县过金沙江，至丽江县塔城关，北行进入吐蕃。由南诏输入吐蕃的主要物品也是丝绸。[②] 众所周知，安史之乱之后，吐蕃逐步控制了青海全境、西域大部及河西陇右地区，控制和经营丝绸之路河西

---

① 参见李明伟：《丝绸之路·贸易研究》，第 233 页，新疆人民出版社，2010 年；苏海洋、雍际春：《丝绸之路青海段交通线综考》，丝绸之路学术研究专辑，2009 年第 6 期。作者加以归纳。

② 参见张云：《丝路文化·吐蕃卷》，第 222－228 页，浙江人民出版社，1995 年；任乃强：《民族研究文集》，第 460 页，民族出版社，1990 年。

道上百年之久，对于丝绸之路的影响不言而喻。

宋代，汉藏茶马、绢马关系达到非常密切的程度，双方的茶马、绢马等赐贡往来就相当频繁。茶马古道和丝绸之路大多重叠，茶马、绢马贸易就是当时丝绸之路贸易的重要组成部分。由于川茶主要销往西北秦州、熙州等地，汉藏茶马交易的主道是青藏道，其东段和丝绸之路关陇河西道重合，南北段大致和唐蕃古道重合。宋朝一代，中国北方战乱频繁，中原与西域的官方往来不多，而契丹人建立的辽国和西域往来密切。因西夏和辽的阻隔，宋朝与西方诸国的贸易也需要假道吐蕃丝路。在这样的情况下，丝绸之路青海道或唐蕃古道就在很大程度上发挥了替代西北主丝路的作用。元代以后，中央政府在青藏、川藏道上建立的驿道、驿站系统及驿站支应制度，使得内地和西藏的邮政联系得以建立，人员、货物往来更加方便。①

在通过西藏联通境外尤其是南亚方面，隋唐时就已存在吐蕃通往泥婆罗、天竺的蕃泥道，在西藏西部还存在罽宾道、勃律道、迦湿弥罗道，它们把青藏高原和南亚、中亚、西亚以及欧洲联系起来，使得青藏高原西部、北部出现了灿烂的象雄文明和女国文明，进而影响了吐蕃文明。②

（二）从古丝绸之路看西藏在“一带一路”中的功能定位

如前所述，从古丝绸之路线路及吐蕃参与程度来看，西藏和甘肃、青海一道构成南北向青藏道的主体，是古丝绸之路联通天竺（印度）、泥婆罗（尼泊尔）的核心通道，吐蕃也有多条古商道联通西南丝绸之路、丝绸之路西域南道。唐代西藏已经通过“唐蕃古道”和青甘陕相连，和四川、云南都有茶马古道通联，也有通道联通天竺、泥婆罗、缅甸、迦湿弥罗（克什米尔），并通过罽宾道、勃律道、于阗道和西域诸国，中亚及西亚的突厥、粟

---

① 参见李明伟：《丝绸之路・贸易研究》，第 386．393．414．420 页，新疆人民出版社，2010 年．作者有所概括。

② 参见张云：《丝路文化・吐蕃卷》，第 248—254 页，浙江人民出版社，1995 年。罽宾，又作迦湿弥罗、迦毕试等，即今天的克什米尔；勃律在唐代有大小之分，在吐蕃之西北部，今新疆莎车西南部，勃律道是吐蕃通西域、中亚的军事、文化要道。

特、大食（阿拉伯帝国）等国发生政治、军事、经济、文化交往。从其较发达的丝路环向联通看，唐宋时期的西藏和青海，同新疆、川滇一起，形成了唐宋时期丝绸之路境内段的3个核心区。“唐蕃古道”、“蕃尼古道”使得当时的西藏成为南北丝绸之路干道的核心区，而吐蕃对丝绸之路青海道（或吐谷浑道）的长期经营，对丝绸之路河西道长达百年之久的控制和经营，则表明当时的西藏对丝绸之路产生了重大历史影响，是唐宋丝绸之路最重要的参与者之一。

三、从国家“一带一路”倡议构想看西藏的功能定位

（一）从“愿景与行动”看西藏在国家“一带一路”倡议中的定位

在“一带一路”倡议提出的初期，西藏尚未入围。国家发改委和外交部于2013年12月14日联合召开的推进丝绸之路经济带和海上丝绸之路建设座谈会，邀请了西北5省区、西南4省区市以及东部5省参加，[①]内蒙、西藏都不在其中，这种情况在2015年3月的“愿景与行动”中发生了变化。该规划重点对全国18个省区市及一些省区的重要区域赋予了具体任务，其中赋予西藏的任务是“推进西藏与尼泊尔等国家边境贸易和旅游文化合作”。这短短的一句话也是比较宝贵的，因为像四川这样的西部大省因为不沿边在整体上尚没有被赋予具体联通任务，只是提及了成都参与“成渝城市群”和“内陆开放型经济高地”建设。

“愿景与行动”给西藏的任务定位，其实质是什么？我们认为是赋予了西藏从经济文化方面连接中国内地和南亚次大陆（建设国家面向南亚开放重要通道）及参与孟中印缅经济走廊建设的任务。“愿景与行动”谋划了“一带”的北、中、南3个重点方向，其中南路是中国至东南亚、南亚、印度洋。西藏今后一段时间的主要任务是参与建设国家面向南亚开放重要通道、孟中印缅经济走廊、环喜马拉雅经济合作带建设；未来的长远任务还可以包括参与建设中尼印经济走廊、中巴经济走廊，和青海、新疆、云

---

① 曾婧雅. 云南入围“丝绸之路经济带”，部分滇企抢先布局[EB/O]. 云南网，2013－12－19.

南一道，担负起打通“一带”的南路、中路，努力建成我国陆上南北向联通南亚和印度洋的核心中转区。

（二）从中央第六次西藏工作座谈会看国家对西藏的定位

早在2006年1月制定并公布的“十一五”规划中，西藏就提出“加快西藏经济北向发展和开辟南亚通道”；[①]这个“南亚通道”至少在2012年之前都是指“南亚陆路贸易大通道”或“南亚贸易陆路大通道”，如在2007年12月25召开的西藏自治区口岸工作协调领导小组会议上，时任自治区副主席邓小刚强调要“积极营造有利于口岸经济和边贸发展的良好环境，打好基础，早日建成经西藏的南亚贸易陆路大通道”；[②]2010年1月，西藏自治区政府主席在“政府工作报告”中提出2010年要“加快推进南亚陆路贸易大通道建设”；[③]西藏在“十一五”规划纲要中，形成了以“一线、两基地、三出口”为主要内容的南亚陆路贸易大通道基本框架；[④]在2012年6月公布的西藏“十二五”规划中，提出“依托青藏铁路，推进铁路、公路和航空港相连的南亚贸易陆路大通道建设”。[⑤]

在中央召开的第六次西藏工作座谈会上，李克强总理提出“把西藏打造成为我国面向南亚开放的重要通道”，[⑥]此后，“南亚陆路贸易大通道”一词就被“国家面向南亚开放重要通道”所取代。在2016年4月公布的西藏“十三五”规划中，专门用一章（第二十七章）叙述“建设国家面向南亚开放重要通道”，提出要“主动融入丝绸之路经济带和‘孟中印缅经济走廊’，推进‘环喜马拉雅经济合作带’建设，促进基础设施互联互通，拓展南亚市

---

① 《西藏“十一五”国民经济和社会发展规划纲要报告》，西藏日报、新华网西藏频道，2006－01－24。

② 新闻稿：西藏规划南亚贸易陆路大通道，中华人民共和国商务部网站，2007－12－26。

③ 白马赤林：西藏自治区政府工作报告（2010年），西藏日报，2010－01－28。

④ 新闻报道：西藏“南亚贸易陆路大通道”建设进展顺利，新华网，2011－01－21。“一线”指“青藏铁路及拉日铁路（拉萨至日喀则）为干线”，“两基地”指“青藏铁路那曲物流中心、拉萨经济技术开发区”，“三出口”指“樟木、吉隆和亚东三大口岸”。

⑤ 《西藏“十二五”规划纲要全文（2011－2015年）》，自治区人民政府网站，2012－06－11。

⑥ 新闻报道：“中央第六次西藏工作座谈会召开”，新华网，2015－08－25。

场，构建国家面向南亚开放重要通道”。[①]

从“南亚陆路贸易大通道”到“我国面向南亚开放的重要通道”，体现了国家赋予西藏向南开放更高的期望和要求，显然，面对“一带一路”建设的新形势，西藏只构建面向南亚的陆路贸易通道已经不够了。至于说，应包括哪些方面的通道？现在的政府文件还找不到其内涵界定，理论界也缺乏相关研究成果。我们设想要从两个层面进行扩展：一是去掉“陆路”二字，意味着西藏可以参与构建面向南亚的海陆空网立体通道。西藏并不沿海，但可以通过联通印度、尼泊尔、缅甸等，间接打通出海口，进而可以在中国西部打造一条通向印度洋的捷径；航空通道早就存在，拉萨贡嘎机场已经是国际航空口岸，有多条航线通往南亚，日喀则和平机场、林芝米林机场、阿里昆莎机场也具备空中联通印度、尼泊尔、缅甸、巴基斯坦等南亚国家的条件。二是去掉“贸易”限定词，意味着西藏可以构建除贸易通道之外的多方面通道，我们设想为 5 类通道，即交通通道、贸易通道、文化旅游通道、能源通道、邮电通信与网络通道等。

第二节 “面向南亚开放大通道”建设为西藏提供了一个难得的发展机遇

一、为西藏服务国家战略和促进自身发展创造了新的机遇

“一带一路”倡议提出后，西藏也正在积极主动融入这一国家战略。西藏正在围绕“愿景与行动”和中央第六次西藏工作座谈会提出的相关战略要求，由发改委、商务厅等部门组织编写参加国家“一带一路”建设的战略思路、行动方案、中长期专项规划和年度工作计划。2016 年，西藏的“十三五”规划纲要中提出要主动融入“一带”和“一廊”，推进“环喜马拉雅经济合作带”和“国家面向南亚开放重要通道”建设。[②] 这意味着西藏在深化

① 《西藏自治区“十三五”时期国民经济和社会发展规划纲要》，自治区人民政府网站、中国西藏新闻网，2016－04－23。

② 《西藏自治区“十三五”时期国民经济和社会发展规划纲要》，自治区人民政府网站、中国西藏新闻网，2016－04－23。

改革、扩大开放、促进发展方面又迎来了一个历史性重大战略机遇。南亚大通道建设将促使西藏逐步成长为中国西部“依托内地，面向南亚”的桥头堡和核心通道、基础设施互联互通的重点地区以及参与国家全方位开放格局的前沿地带。

西藏位于祖国西南边陲，与缅甸、印度、不丹、尼泊尔等国及克什米尔地区毗邻，陆路边境线长达4000公里左右，属于沿边省区。从历史发展轨迹看，途径西藏高原的古丝绸之路既是交通邮政通道、贸易之路，更是一条承载人文交流、推动文明发展的文化之路。历史上，西藏作为“古南方丝绸之路”、唐蕃古道、茶马古道的重要参与者，是联系祖国境内境外的重要枢纽，尤其是我国对南亚国家开放的重要门户。西藏境内各民族的形成和发展与西藏历史上四次重大机遇的把握息息相关：第一次是公元7世纪的唐蕃、蕃尼联姻，加快了藏民族的形成并为吐蕃引进了先进的世界文明；第二次是公元10世纪后输入产生于南亚的佛教文化，促成西藏后弘期到来，形成了西藏文明复兴发展的机会；第三次是13世纪中叶，西藏正式成为元朝中央行政管辖的一部分；第四次机遇的把握在现代，1951年5月23日中央人民政府与西藏地方政府签订的《中央人民政府和西藏地方政府关于和平解放西藏办法的协议》，开创了西藏社会进步和经济发展的新纪元。纵观西藏历史上的四次重大机遇，均与祖国内地和南亚息息相关，“一带一路”建设使西藏成为面向南亚“内联外接”的桥头堡，对于发展相对落后的西藏来说这也将是西藏发展史上的又一次重大机遇。[①]

长期以来，西藏服务国家战略的基本定位是服务国家“治边稳藏”战略，成为国家的“两个安全屏障”。“一带一路”的“愿景与行动”赋予西藏在边贸、旅游和文化等方面加强与南亚国家交流合作的重要任务，意味着西藏要在国家全面深化改革和扩大开放方面，特别是国家向南、向西开放方面，发挥自身的区位优势和地缘政治、地缘经济、地缘文化优势，起到更大的联通和建设作用。我们认为，这对于西藏的发展、稳定、改革、开放方面的机遇，与西部大开发、全国对口支援西藏等相比更具有历史意义和战

① 参见《南亚大通道建设是西藏发展的又一机遇》，西藏日报，2016－05－01。

略意义，可以说是百年难遇的重大战略机遇。

众所周知，西藏自和平解放以来，一直得到了中央和全国人民的特别关照和无私援助，特别是改革开放以来，随着国家的快速发展，西藏充分享受了国家发展的成果，例如长期以来的中央财政对西藏的巨额转移支付、20 世纪 80 年代的“修养生息”政策、20 世纪 90 年代开始的全国对口援藏，本世纪以来的西部大开发、扩大对口援藏及安排青藏铁路等特大项目等等。以“一带一路”的“愿景与行动”和中央第六次西藏工作座谈会为标志，将西藏纳入“一带一路”建设框架，这是很可能超过将西藏纳入西部大开发框架的更大、更久远的战略机遇。可以预计，在未来十年以上的时间里，国家对西藏的特别优惠政策不会削弱只会加强，对西藏的财政转移支付、重大专项投资项目资金，不会减少只会增加，对西藏的基础设施建设、各项事业发展和民生改善的支持力度，不会削弱只会增强。

二、为西藏经济空间布局的优化带来了重大机遇

长期以来，西藏在经济文化的空间布局上比较注重“北向发展”和“东向发展”。即利用青藏铁路、青藏公路、民航、输油管道等，同青海、甘肃等西北地区开展经济文化合作，如共同打造物资的进出藏通道、共同打造藏区旅游线路、在格尔木共同建设藏青工业园、共同建设和使用青藏“电力天路”等；利用川藏、滇藏公路，民航等通道，同四川、云南、重庆等西南地区开展经济文化合作。如加入西南地区“六省区市七方经济协调会”（80 年代成立初期称为西南五省六方经济协作会），与西南地区共同打造长江上游天然林保护工程，共同组织“大香格里拉旅游论坛”和打造“大香格里拉生态旅游圈”、“中国香格里拉生态旅游区”、“香格里拉区域旅游合作联盟”等。[①] 随着西藏参与丝绸之路经济带和孟中印缅、中巴经济走廊的建设，除了要继续维持“北向发展”、“东向发展”格局外，迫切需要扩大“南向开放”和加快“南向发展”，也就是说要加快“面向南亚开放重要通道”及“环喜马拉雅经济带”建设，和南亚国家及国内云南的合作，共同推进“孟

① 《三省区 11 县(市)成立香格里拉区域旅游合作联盟大香格里拉，聚力打造西南旅游中心》，中国民族报，2016－06－17。

中印缅经济走廊”和“中尼印经济走廊”建设；还需要加强和“一带”核心区新疆的合作，通过新藏公路与新疆连接巴基斯坦、中亚的通道联通，以便更好地服务国家“一带一路”建设和争取自身向西开放与发展的机遇。“北向发展”也增加了对接西北丝绸之路、新欧亚大陆桥的新内涵，“东向发展”要增加对接西南丝绸之路、长江经济带、孟中印缅经济走廊、海上丝绸之路的新内涵。如此一来，实际上形成了南北东西四面呈环形开放、环形对接“一带一路”的新格局，或者说是呈现出更鲜明的大“十”字型区域经济布局格局。即以拉萨为中心联合山南、林芝、日喀则在内的“一江三河”中部流域，打造中部核心经济圈；沿青藏铁路格拉段及其延伸线拉日段、青藏公路、中尼公路，联合那曲、拉萨、日喀则邻近铁路、公路区域打造南北通道经济带；以日喀则、阿里的边境口岸、边贸通道、边贸市场为依托，参与建设环喜马拉雅经济合作带；在昌都、那曲东部、林芝东部，打造东部经济圈；在那曲西部、日喀则西部、阿里打造西部经济圈，进而实现强内核、兴周边发展格局。在此基础上，东向融入西南丝绸之路经济带、长江经济带和孟中印缅经济走廊；南向通过日喀则的口岸加强与尼泊尔、印度等南亚国家的关系；西向通过阿里的口岸加强与尼泊尔、印度、巴基斯坦的关系，通过新藏公路加强与新疆的关系，从而从南、西两个方向也可融入南丝绸之路经济带和孟中印缅、中巴经济走廊；北向作为西藏外向发展的主通道，通过青藏经济一体化及“陕甘青藏龙形经济带”（或“陕甘青藏经济圈”）建设，成为北丝绸之路经济带组成部分。①

西藏作为沿边省区，是陆路联通中国内地和南亚多国的重要枢纽，面向南亚开放重要通道建设将有助于加快西藏的南面开放和北向发展。在贸易和旅游方面，随着青藏铁路通车至日喀则乃至将来通车至边境口岸，发展速度肯定会进一步加快；西藏和青海的经济一体化也会借此东风进一步提速，与甘肃、陕西等地的经济文化合作也会趋于密切，从而为打造“陕甘青藏经济带”打下坚实的基础。2014 年，拉日铁路的开通，其延伸线

① 毛阳海：《论“丝绸之路经济带”与西藏经济外向发展》，西藏大学学报（社会科学版），2014 年 2 期。

中尼铁路到“十三五”末有可能延伸至吉隆，[1]届时这条在唐代就已开通的贸易与佛教朝圣的古老丝绸之路将会复兴，西藏将成为连接“陕甘青藏经济带”和南亚国家的重要通道，扩大中国内地及南亚国家的“南北联通”就会变成现实。

川藏铁路也已经上马，其中西藏境内的拉萨至林芝段、四川境内成都至雅安、雅安至康定段很可能在“十三五”末修通，2030年左右可望全线贯通；滇藏、新藏、玉昌（玉树至昌都）、口岸铁路也进入到前期论证阶段，可望在“十四五”期间立项建设。这样西藏从东西两个方向联系内地和南亚就会更加快捷，“依托内地，面向南亚”就具备了更广阔、纵深的支撑面以及更充实的内涵，面向南亚开放的重要通道将演变成东西南北都能向南亚延伸的通道网络体系。

三、有利于加快“面向南亚开放重要通道”和环喜马拉雅经济带建设

（一）有利于加快“面向南亚开放重要通道”建设

“一带一路”建设包括国家面向南亚开放重要通道的建设，也构成南亚通道建设的重大机遇。因为面向南亚开放重要通道的建设是国家“一带一路”建设的组成部分，因此已被纳入国家“十三五”发展规划，将来也会列入国家“十四五”、“十五五”发展规划，这意味着从青海、四川、云南、甘肃、新疆等邻省进藏进而联通南亚的通道建设都会提速，特别是从青海格尔木经西藏那曲、拉萨、日喀则延伸至喜马拉雅边境系列口岸的通道建设更会提速，有望建成集公路、铁路、民航、石油与天然气管道、输电线路、电信与互联网等在内的立体通道体系。有了这些设施或载体保障，西藏就能够扩大与尼泊尔、印度、不丹、缅甸、孟加拉国等南亚国家的经贸、旅游等方面的合作与交流，更好地发挥连接我国内地与南亚国家的转口贸易、中转旅游、文化交流合作等经济文化往来的作用，有利于建设依托内地、联通南亚的若干廊道经济带。第五次西藏工作座谈会以后，西藏就按

---

① 参见《拉日铁路继续延长 青藏铁路五年内将延伸至尼泊尔边境》，财经网，2015－04－07。

照“重点建设吉隆口岸，稳步提升樟木口岸，积极恢复亚东口岸，加快发展普兰和日屋口岸”的发展战略，积极推进各大口岸的建设。为打通西藏穿过喜马拉雅山到南亚的贸易之路，西藏还推出了“一条主线、两个基地、三个口岸”的建设计划，即以青藏铁路为主线，在“十三五”期间继续加快吉隆、樟木、亚东三个口岸的建设(含口岸铁路)，并在拉萨、那曲建设两个物流基地，为“一带一路”建设打下良好的设施基础。大力推进面向南亚重要通道建设，除了交通、物流通道建设需要提速外，西藏各大口岸、边贸通道、边贸市场的建设与开放也需要加快，进而联通孟中印缅经济走廊、中尼印经济走廊、中巴经济走廊，建设中国内地联通南亚的廊道经济带。

(二)有利于建设环喜马拉雅经济带

面向南亚开放重要通道建设，不仅有助于联通中国内地和南亚，支撑“孟中印缅经济走廊”、“中尼印经济走廊”，以及联通南亚的廊道经济带的建设，同时还有助于环喜马拉雅经济合作带的建设。如果说面向南亚的通道或廊道经济带主要呈南北走向的话，那么环喜马拉雅经济合作带就是沿喜马拉雅山脉的主要呈东西走向的弧形经济带。喜马拉雅山脉是中国西藏与南亚次大陆之间的天然屏障，也是中国与印度、尼泊尔、不丹、巴基斯坦等国的天然分界线。经济学家们认为，在开放经济的条件下，边境地区从过去的“边缘区”转变为“核心区”，并在边界适当开放和其他政策催化下，能够形成一个跨境的边疆经济合作带。在古典经济学理论中，“边界”是市场空间的障碍，因为它使边界两侧边缘地带的经济联系在空间上和时间上的距离加大，进而加大交易成本。然而，随着时代的发展，经济全球一体化，经济学家们对“边界”的认识逐渐改变，“边界”由隔绝两地的屏障转变为联通两地的中介，发挥“边界”的“中介效应”成为连接两地经济贸易、文化交流等的重要通道，使边疆地区由过去的“边缘区”成为经济贸易的“核心区”。① 为对接“孟中印缅经济走廊”、“中尼印经济走廊”建设，西藏提出打造以樟木、吉隆、普兰口岸为窗口，以拉萨、日喀则等城市为腹地支撑的环喜马拉雅经济合作带，面向尼泊尔、印度、不丹，发展边

---

① 参考《环喜马拉雅经济合作带可有大为》，中国民族报，2016—04—15。

境贸易、国际旅游、藏药产业以及特色农牧业、文化产业等。这是该经济带狭义的定位，广义的环喜马拉雅经济合作带则是从喜马拉雅经济区域扩展至孟中缅印为核心的南亚和东南亚地区。面向南亚开放大通道的建设将有力的推进环喜马拉雅经济带的建设，进而使西藏成为我国对南亚开放的前沿地带。

自从“一带一路”倡议提出后，中国与南亚国家的经济关系进一步升温，巴基斯坦、尼泊尔自不必说，中印之间在亚投行、金砖国家、上合组织、孟中印缅经济走廊[①]等层面的合作也开始回暖。环喜马拉雅经济合作带一旦加速建设，将意味着印度东北部各邦拥有一个更便捷、高效的出海口；缅甸和孟加拉在经贸交往中也会获得实利。这一经济合作带将使喜马拉雅地区各国的国内经济结构，在海洋经济与内陆经济之间，在中心地区与边疆地区之间更加平衡。对中国而言，西藏和云南从一个包围中的内陆省份，变成对外开放的前沿。当前中国在海洋政治中遭到封锁，通过环喜马拉雅经济带的合作，平衡陆缘政治与海缘政治的力量，将为中国突破海上封锁打开空间。[②] 因此，它也是“一带一路”建设的组成部分，不只是中国西藏地区有建设该经济合作带的愿望，中国的西南地区尤其是云南，以及南亚有关各方也表现出建设该经济合作带的兴趣，中国的西藏、云南及南亚的尼泊尔已经在付诸行动。可以期望，在“一带一路”建设的进程中，环喜马拉雅经济合作带的建设也会取得相应进展。

四、有利于西藏产业结构优化

西藏参与“一带一路”建设，将有利于当地的交通运输、邮电通信、边境贸易、旅游经济、保税区和物流园区、工业园区、能源的发展，进而促进西藏第二、三产业的发展，推动产业结构优化升级。西藏地域辽阔、资源丰富。在经济结构方面，自2003年以来，西藏的产业产值结构已由“三、一、二”的不对称“U”型转变为“三、二、一”排列的“上坡型”(或“J”型)，产

① 印度于2013年12月19日批准打造一条从中国昆明到印度加尔各答的经济走廊，孟中印缅(BCIM)经济走廊项目设想组建交通、能源和通讯等三大网络。

② 邵宇：《有一种“出口”叫环喜马拉雅经济合作带》，证券时报网，2015—03—07。

业结构变化明显。2015 年西藏 GDP 总量已达到 1026.39 亿元、2016 年西藏 GDP 总量为 1150 亿元、2017 年西藏 GDP 总量为 1310.6 亿元，相对于南亚其他地区和国家来说，其经济结构水平相对较高，无论是工农业生产技术水平，还是城乡居民收入水平和消费水平均远远高于其他地区。但相对于全国来说，尽管西藏产业结构呈现出比较理想的结构形态且 GDP 增速排在全国前列，但其各个产业的产值都比较低且经济总量仍排在末位，相比国内其他地区，其经济发展水平仍然是相对落后，使得西藏的经济发展表现为两面性。南亚大通道的建设将有助于西藏发展“内连外通”的开放格局，对内，国家将继续给予西藏大力支持，为其提供各方面的援助；对外，将有助于西藏各种优势资源、特色产业的输出与发展，特别是边境贸易和旅游经济的发展，进而辐射带动其他产业的发展，推动西藏产业结构的进一步优化升级。在外向型经济的拉动下，产业结构升级的方向很有可能是第二产业产值比重会进一步上升，产业从业人员中，第二、三产业比重都会有所上升，第一产业比重会逐步下降。

表 1　西藏自治区 2011—2015 年生产总值、进出口总额及比重

指标	2011	2012	2013	2014	2015
地区生产总值	605.83	701.03	815.67	920.83	1026.39
第一产业	74.47	80.38	84.68	91.64	96.89
第二产业	208.79	242.85	292.92	336.84	376.19
第三产业	322.57	377.8	438.07	492.35	553.31
进出口总额	85.6	216.72	205.58	138.48	56.55
进口额	74.55	212.36	202.46	129	36.24
“一产”比重(%)	12.3	11.5	10.4	9.95	9.44
“二产”比重(%)	34.5	34.6	35.9	36.6	36.7
“三产”比重(%)	53.2	53.9	53.7	53.5	53.9

数据来源：2015 年西藏国民经济和社会发展统计公报。

五、有利于拉动新型工业化、城镇化、信息化、农牧业现代发展

西藏是一个自然资源丰富、发展潜力巨大，但生态环境脆弱的地区。尽管自改革开放以来，在中央及各地区的大力支持下，西藏的经济得到大力发展，但相对于内地来说，其发展水平及经济转型仍相对滞后。虽然近20多年来，西藏GDP处于高于全国平均速度的持续快速增长之中，但工业化、城镇化、信息化、农牧业现代化仍显得滞后。截至2014年西藏城镇化率达到25.75%，与全国54.77%的城镇化率相比，仍相差甚远；[①]工业化发展也很滞后，全国已经进入工业化后期，西藏仍处在工业化前期或初期。[②]工业化、城镇化程度低，必然导致信息化、农牧业现代化水平也较低。西藏加快南亚通道和环喜马拉雅经济合作带建设，将有利于使西藏成为"一带一路"面向南亚的重要门户。[③]作为国际陆路贸易的重要支撑点和通道，西藏将加快其交通邮电设施、城镇基础设施建设，加快其城镇化、工业化发展步伐，实现与南亚国家工业化、城镇化的对接。为此，需要加快其交通、邮电、物流、能源等基础设施建设，充分利用西藏的资源优势，大力支持澜沧江、怒江和雅鲁藏布江中下游等江河水电开发及地热、太阳能、风能开发；加快建设西藏外送电力通道，早日实现藏电有规模的外送，甚至可以考虑销往南亚有关国家。在对外贸易方面，适当放宽边境小额贸易、边民互市贸易的商品种类，鼓励自产产品出口，培育新的经济增长点，增强自我发展能力。大力发展西藏特色经济，促进农畜产品生产与国际市场接轨，积极推动相关产业发展，大力支持西藏工业园区、保税及物流园区、文化产业园区发展，加大投资力度，加快融入"丝绸之路经济带"，促进西藏的新型工业化发展。同时，引进先进科学技术，助推其新型工业化、信息化建设。新时代的南亚通道建设是以现代的电子通信手段、"互联网＋"及日益强大的工程建设设备为手段，创造更多更快的硬件通

---

① 参考《国家统计局：2014年中国城镇化率达到54.77%》，人民网，2015—01—20。

② 毛阳海：《生态安全与西藏新型工业化研究》，第153页，厦门大学出版社，2014年11月。

③ 毛阳海.《西藏对接"一带一路"战略的历史渊源和现实意义》，西藏民族学院学报（哲学社会科学版），2015年4期。

道和软件交流，从而一定会推进西藏的新型工业化、新型城镇化、信息化、农牧业现代化发展，促进西藏早日实现全面小康和现代化。

第三节 “南亚开放大通道”建设为我国走向南亚提供了新的历史机遇

一、西藏是国家实现“一带一路”互联互通、连接南亚的西部南北向陆路大通道

按照我国的“一带一路”规划，西藏、云南、新疆等，将成为陆上对南亚开放的前沿地带。西藏自古就是南方丝绸之路、唐蕃古道、茶马古道的重要组成部分，是中国与南亚国家交往的重要门户，也是联系东南亚、中亚国家的可选择的陆上通道，区位优势和地缘优势独特。“一带一路”倡议的提出和实施，使得西藏与南亚扩大交流的地位更加凸显，是实现“南北联结、三亚贯穿”的枢纽①，承担着国家陆上对外通道建设与开放发展的重要使命。2010 年中央召开的第五次西藏工作座谈会，确立了西藏“两屏四地”的战略定位，即重要的国家安全屏障、生态安全屏障、战略资源储备基地、高原特色农产品基地、中华民族特色文化保护地、世界旅游目的地。党的十八大以来，以习近平为总书记的党中央对治藏方略进一步丰富和发展，提出了“治国必治边、治边先稳藏”的重要论述，使西藏的战略定位更加突出。2015 年 8 月，中央第六次西藏工作座谈会召开，对西藏的战略定位做了进一步的调整和完善，确立了“两屏四地一通道一前沿”的战略定位。② 其中“一通道”就是要把西藏打造成为我国面向南亚开发的重要通道。近年来，西藏对外开放不断拓展，积极建设南亚陆路大通道，主动参与“孟中印缅经济走廊”、“中尼印经济走廊”、“中尼跨境经济合作区”和“环喜马拉雅经济带”建设，促进了中国西藏与南亚各国的经贸、旅游、文

---

① “南北连接”主要指沿青藏铁路及其延伸线经日喀则至南部边境并联通南亚的中部陆上通道，也包括西部经阿里、东部经林芝、昌都联通南亚的通道；“三亚贯通”指南亚、中亚、东南亚等几个方向联通。

② 引自杨亚波《西藏融入“一带一路”战略的现实需求和战略选择》，西藏发展论坛，2015.05。

化等多方面的联系。同时，西藏与内地兄弟省市的合作也不断深化。西藏在促进自身对外开放、社会经济与文化发展、社会稳定的同时，也在服务国家“治边稳藏”、“一带一路”倡议中，做出了自己的贡献，而且，西藏在提升服务国家对外开放战略的能力方面，还有很大的空间。

“一带一路”是一个与时俱进的、开放式的国际区域合作大战略，在国内覆盖所有省市自治区，形成纵横交错的互联互通网络。东、中、西都需要有南北向的通道联通“一带一路”，青藏—中尼通道无疑是西部南北向陆路联通“一带一路”的重要通道。

丝绸之路，首先要有路。丝绸之路经济带，从区域经济学角度来说，本质上是经济走廊，是依托重要经济通道形成的产业合作带，和因道路辐射带动形成的生产力布局及区域经济发展体系，是综合、立体、多维通道。要想实现丝绸之路经济带上各沿线国家和地区的经济合作，必须以基础设施互联互通为突破口，依托纵横交错、贯通四方的交通网，发挥交通运输的基础性和先导性作用。没有便捷、高效、畅通、富有竞争力的综合基础设施网络，经济走廊无从谈起。① 2015 年 4 月，中共中央政治局常委、国务院副总理张高丽在一次演讲中明确宣布中国正与“一带一路”沿线国家一道，积极规划中蒙俄、新亚欧大陆桥、中国－中亚－西亚、中国－中南半岛、中巴、孟中印缅六大经济走廊建设，六大经济走廊成为丝绸之路经济带的物质载体。目前，在亚洲地区，东盟国家在积极实施《东盟互联互通总体规划》，泛亚公路、铁路网正在从规划逐步走向现实。在欧洲，欧盟公布了泛欧铁路网优先建设发展规划，提出欧元投资计划。随着高铁技术的革新和日益成熟，中国已经建成世界上最大的高速铁路网，已开通运营通往欧洲的渝新欧、汉新欧、郑新欧、义新欧等多个国际货运班列，高速公路也已经初步呈现网络化、系统化和互通化格局，具备了建设经济走廊的基础。②

具体到国内，国家也在根据“一带一路”等国家战略积极打造联结东西、贯穿南北、辐射内外、高效畅通的全国一体化骨干流通网络。到目前

① 参见《“一带一路”的六条经济走廊》，中国网，2015－06－03。

② 同上。

为止，商务部等10部门联合印发的《全国流通节点城市布局规划(2015—2020年)》中，确定了“3纵5横”的全国骨干流通大通道。五条东西向的流通大通道分别是：(1)西北北部流通大通道：发挥天津滨海新区龙头带动作用，以北京、呼和浩特、石家庄、太原、银川、乌鲁木齐为支点，经哈萨克斯坦、俄罗斯、白俄罗斯到达欧洲，促进环渤海地区和西部地区流通产业联动发展，发挥欧亚大陆桥功能，辐射中亚、西亚和东北亚地区。(2)陇海兰新沿线流通大通道：通过陇海、兰新线等运输通道，串联乌鲁木齐、西宁、兰州、西安、郑州、连云港等流通节点城市，向西出阿拉山口、霍尔果斯，联接中亚，经莫斯科到达欧洲；以喀什为支点向西，通过中亚、西亚，经伊斯坦布尔到达欧洲。依托国际铁路运输通道，提升郑州、西安、兰州、西宁、乌鲁木齐等节点城市流通服务功能，向西北联系中亚、西亚和欧洲，向南辐射我国云贵地区，带动我国西部地区开发开放。(3)长江沿线流通大通道：以上海为龙头，以南京、杭州、宁波、苏州、合肥、武汉、重庆等为支点，串联起江苏、浙江、安徽、江西、湖北、湖南、四川、贵州、云南九省沿江节点城市，依托长江经济带综合立体交通走廊，建设长江沿线流通大通道，发挥承东启西、通江达海的区位优势，带动长江经济带和东中西部联动发展。(4)沪昆沿线流通大通道：依托沪昆高铁、沪昆铁路、沪昆高速公路组成的综合运输体系，经缅甸联系南亚和孟加拉湾，串联长三角地区、长株潭地区、黔中地区、滇中地区，加强长三角沿海发达地区与中部内陆地区、西南沿边地区流通产业联动发展，形成横贯东中西部地区，联系南亚的流通大通道。(5)珠江西江流通大通道：依托珠江—西江黄金水道和南广铁路、贵广铁路、云桂铁路等组成的综合运输体系，建设珠江西江流通大通道，经越南辐射东盟和南亚，发挥直接连接东西部地区、面向港澳、连接东盟的区位优势，促进形成西南中南地区新的经济支撑带，形成东西互动、优势互补、江海联动的流通大通道。①

东中西部地区要加强协同发展，优势互补，除了东西向的通道，还需要构建南北向的通道联通“一带一路”，三条南北向流通大通道有：(1)东

① 参见商务部等10部门联合印发《全国流通节点城市布局规划(2015—2020年)》，中国物流与采购网，2015—06—03。

线沿海流通大通道:以深圳经济特区、上海浦东新区、天津滨海新区等经济特区和国家级新区为引擎,沿线包括东北地区、京津冀、山东半岛、长三角、海峡西岸、珠三角等地区,依托我国人口和生产力布局最密集、产业最集中的地区,促进商品和要素自由流动,提高现代服务业发展水平,形成联结东西、贯穿南北,辐射全国、面向亚太的流通产业发展战略空间,提升我国流通产业国际竞争力。(2)中线京港澳流通大通道:依托京港澳高速、京广高铁、京广铁路等综合交通运输通道,串联京津冀城市群、中原城市群、长江中游地区、珠三角地区,联系香港和澳门地区,涵盖北京、石家庄、郑州、武汉、长沙、广州、深圳等重要的流通节点城市,促进农产品和工业品跨区域流动,形成贯穿南北、衔接东西、辐射全国的重要流通大通道。(3)西线呼昆流通大通道:以西部的呼和浩特、西安、成都、重庆、昆明为支点,以沿线的重庆两江新区等国家级新区为牵引,促进西部地区流通基础设施建设,向东联系京津冀、长三角、珠三角地区,向南辐射南亚、东南亚,形成联系东西、纵贯南北的流通大通道。①

虽然《全国流通节点城市布局规划(2015—2020年)》中确定的三条南北向的大通道中西线为呼昆流通大通道,但青藏——中尼通道无疑也是西部联通"一带一路"的重要通道。青藏——中尼通道包括国内通道兰州至拉萨青藏铁路部分和国际通道中国西藏至尼泊尔的铁路、公路干线(主要指中尼公路和中尼铁路)。"国家面向南亚开放重要通道"建设已被列入国家"十三五"总体规划纲要。此外,西藏也可以通过青藏铁路、中尼公路把南亚国家和中国的陇海兰新经济带、新亚欧大陆桥连接起来,通过滇藏公路、川藏公路和沪昆沿线流通大通道连接起来,增加一条连接缅甸、孟加拉湾的通道。

被称为中国新世纪四大工程之一的青藏铁路格尔木至拉萨段于2001年开始建设,2006年7月建成通车,历时五年多,是目前最重要的进藏路线。青藏铁路填补了西部铁路网的空白,结束了西藏不通铁路的历史;2014年,青藏铁路又进一步从拉萨延伸到了西藏的第二大城市日喀则;川

① 参见商务部等10部门联合印发《全国流通节点城市布局规划(2015—2020年)》,中国物流与采购网,2015—06—03。

藏铁路正在顺利推进，其中的成都至雅安、拉萨至林芝段分别预计在2018年、2021年修通，川藏全线预计2025年修通；[1]滇藏铁路项目也已纳入《国家中长期铁路网规划》中，很可能在“十四五”期间动工建设。[2]

青藏铁路的如期通车突破了长期制约西藏发展的交通瓶颈，明显加强了内地与青藏地区在人流、物流各方面的交流与合作，大幅提升青藏铁路沿线区域经济带的热度与潜质。从更加广阔的范围着眼，青藏铁路的建成通车也为建设陆路通向印度洋新的国际战略大通道奠定了现实基础。为更好地利用国内国际两个市场、两类资源，突破当前困扰国家经济、能源安全的“马六甲困局”提供了现实可能。自治区政府前任主席洛桑江村指出，青藏铁路成为西藏连接祖国内地的大动脉、对外开放交流的大平台、旅游快速发展的大通道，最大限度地促进西藏经济社会发展。他说，西藏也随之迎来了铁路建设的热潮：拉日铁路于2014年8月建成通车，拉林铁路于2015年6月全面开工建设，川藏铁路康定至林芝段、中尼铁路日喀则至吉隆段等项目规划研究工作全面启动。截至目前，西藏铁路运营里程已达954公里。

青藏铁路的通车运营，首先对于铁路沿线区域经济带的经济发展具有强化与促进作用。使西藏、青海等藏区与西北乃至华北地区之间的经济联系有加强的趋势，已经并将继续促进西藏、青海与西北经济带状化进程，让西藏、青海连接全国发达地区市场，在根本上提高青藏高原藏区的自我发展能力。作为与青藏铁路联系最深的两大西部省区，青海和西藏，完全可以在历史渊源和社会现实等多方面拥有广泛的合作平台。早在2005年7月的青海西藏经贸合作交流座谈会上，两省区就曾提出联合构建“青藏经济带”的设想。青藏铁路的全线建成通车，无疑使这一设想更加清晰可行。另外，一个更大胆的设想是依托青藏铁路及拟于近年建成通车的若干放射支线，把“青藏经济带”作为内地对接南亚邻国的经贸基地，开展与南亚各国特别是周边邻国的经贸合作。使西藏成为我国面向

① 铁路资讯“2016川藏铁路最新消息”，火车网，2016－10－17。
② 李影：“滇藏铁路前期工作正在展开”，《西藏商报》，2016－09－14。

南亚开放的桥头堡。[①]

其次，青藏铁路延伸至日喀则并继续向南部边境延伸，已经并将继续促进中国和南亚的陆路大通道的形成。据自治区“十三五”规划，青藏铁路将由日喀则继续向南延伸到吉隆、亚东，与边境口岸铁路相连，并经过吉隆、亚东出境，与尼泊尔、印度铁路网连接，进而构建南亚陆路大通道，直接通往印度洋孟加拉湾，成为中国走向世界的一条跨越青藏高原和南亚的陆路大动脉。而已经开工的川藏铁路和“十四五”期间很可能开工的滇藏、新藏铁路，则可以将这条通往南亚的陆路交通大动脉网状化，大大提升其物流量和客流量。

如果面向南亚开放的重要陆路通道缺失，中国与印度等南亚国家之间的商品贸易只能通过海运实现，其运输距离遥远、运费和时间成本高昂、风险较大。西藏、青海的外贸商品也只能是通过天津港、连云港吞吐，两地相距数千公里、加上天津和连云港离孟加拉湾6000多公里，则货物至孟加拉湾要绕行逾万公里。随着青藏铁路的通车及向日喀则的延伸，极大地促进了从中国西北和西藏通往南亚陆路大通道的形成，中国的出口商品可以通过铁路运输的方式经由西藏边境口岸运销南亚各地，运输距离和运输时间大大缩短、运输成本大大降低，将有力推动中国与南亚国家国际贸易和跨境旅游持续快速地发展，而且使中国能够使用印度洋的出海口，大大缩短至中亚、西亚、欧洲和北非的空间距离，降低因南海形势紧张（特别是马六甲海峡有可能被封锁）可能带来的物资、能源通道被扼制的风险。

目前，中尼两国在陆路上只有两条公路连通，2016年3月，在中尼两国总理举行会谈时，尼方请求中方在2020年直接从西藏日喀则将铁路延伸至两国边境城市吉隆，然后将尼泊尔三大城市都衔接起来，这就是中尼铁路。中方采纳该提案以后，已把拉日铁路的延长线日吉铁路（日喀则至吉隆，约540公里）纳入中长期规划，计划在2020年延伸至两国边境的吉隆口岸，预计中尼铁路2022年可以全线修通。中尼铁路建成以后，将为

① 引自柴伊萌《浅析青藏铁路的通车与南亚大通道的构建》，时代经贸，2007年第5卷。

两国经济发展带来前所未有的机遇。首先中尼铁路将对提升两国间的贸易和旅游业起到非常重要的作用。其次,中尼铁路的开通还将减少尼泊尔在过去、乃至于目前对印度的依赖,使尼泊尔拥有从中国高速发展的经济中受惠的机会。尤其是2015年印度禁止向尼泊尔运输石油,使得长期依赖印度运输线的尼泊尔经济和人们的生活突然发生危机。中尼铁路的建成将有效缓解这一危机。

在中尼铁路没有修通之前,中尼之间的交通主要依赖中尼公路或拉日铁路和中尼公路相结合。中尼公路由拉萨开始,经日喀则、拉孜县(318国道),然后分为东西两条支线到达终点尼泊尔加德满都。东线(拉孜至樟木出境)是拉孜县—定日县—聂拉木县城—樟木镇的樟木口岸—友谊桥—尼泊尔首都加德满都,这条公路全长943公里,于1965年建成通车,是中尼公路的主线;西线(拉孜—吉隆公路)为拉孜—219国道—吉隆县城—吉隆镇的吉隆口岸—尼泊尔加德满都。中尼公路是上海到西藏樟木的318国道的一部分,拉萨以东的一部分318国道又称川藏公路,拉萨以西称中尼公路。

中尼公路经过多次改扩建,特别是2005年7月修通的新线使得路况大大改善,通行条件的不断完善和运输能力的大幅度提升,有力地促进了中尼边境贸易和跨境旅游的繁荣,是中国西部和尼泊尔经济发展的新型驱动力。中尼边境贸易和旅游的繁荣带动了中国西北、西南地区外贸和旅游的发展,对西藏经济的发展和繁荣具有巨大拉动作用。中尼陆路通道的受益范围能够覆盖尼泊尔和中国西部大部分地区。据调查,樟木口岸的货车大部分来自甘、青、藏等省区和尼泊尔,而这些地方贸易沿途的重要城镇很可能会成为“新丝绸之路”的重要驿站。目前,边贸和旅游已经极大带动了沿线区域交通、贸易、旅游、物流等第三产业的发展,对沿线经济发展起了重要促进作用。拉日铁路通车后,中尼贸易旅游形成了铁路、公路联动运输的态势,发展相当迅速,如樟木口岸在震前的边贸额占到全区边贸总额的90%以上。

另外,中尼通道也在一定程度上发挥了中国与南亚大国印度之间贸易、旅游发展的“桥梁”作用。亚东口岸尚未实现全面开放,影响到中国与印度的边境贸易和边境旅游的发展。在这种情况下，可以首先建设中国与尼泊尔之间的经济合作带、或跨境经济合作开发区等，把尼泊尔作为一个中印之间贸易、旅游的中转站，通过加强中尼、尼印之间的贸易、旅游合作，间接带动中印贸易、旅游发展。

总之，青藏—中尼通道和青藏—中印通道(经亚东乃堆拉山口出境)，已经并将继续发挥面向南亚开放主通道的作用，将为中国与尼泊尔、印度甚至整个南亚地区的经济合作提供便利和机遇，是中国西部地区联通“一带一路”和面向南亚开放的最重要的南北向陆路通道。

二、西藏是联通西北、西南丝绸之路经济带的重要通道和平台

中国西部包括十二个省区市，约占我国国土面积的71.4%。上世纪末以来，国家开始实践邓小平的“第二个大局”思想，对西部地区更加重视，在2000年启动了西部大开发战略。随着国际国内形势的变化，无论是从全面建成小康社会、建设美丽中国还是国家安全方面来看，国家更加重视西部地区和沿边地区的稳定和发展。党和国家推进的“一带一路”倡议、长江经济带、新亚欧大陆桥建设，继西部大开发之后为西部地区的改革、开放、发展和稳定创造了新的机遇、注入了新的动能。国内各地区尤其是西部地区的“十三五”规划已经考虑到要充分发挥比较优势，实行更加积极主动的开放战略，加强西部地区互动合作，全面提升开放型经济水平。西北地区各省提出发挥陕西、甘肃综合经济文化和宁夏、青海民族人文优势，打造西安内陆型改革开放新高地，加快兰州、西宁开发开放，推进宁夏内陆开放型经济试验区建设，构建面向中亚、南亚、西亚国家的通道、商贸物流枢纽、重要产业和人文交流基地。① 西南地区将发挥广西与东盟国家陆海相邻的独特优势，加快北部湾经济区和珠江－西江经济带开放发展，构建面向东盟区域的国际通道，打造西南、中南地区开放发展新的战略支点，形成21世纪海上丝绸之路与丝绸之路经济带有机衔接的重要门户。发挥云南区位优势，推进与周边国家的国际运输通道建设，打造大

---

① 参见《深度解读:"一带一路"规划给了中国各省怎样的定位?》，智库中国，2015－4－01。

湄公河次区域经济合作新高地，建设成为面向南亚、东南亚的辐射中心。推进西藏与尼泊尔等国家边境贸易和旅游文化合作。①

如果把中国西部地区作为一个整体联通“一带一路”的重要板块，那么西藏作为同时融入西北、西南经济圈的为数极少的省区，是联通西北、西南丝绸之路经济带的桥梁和平台，可以帮助西北、西南地区跨越青藏高原共同联通南亚，并打通印度洋出海口连接海上丝绸之路。

历史上，西藏和青海共同建成了古羌中道、吐谷浑道、丝绸—麝香之路、丝绸之路青海道等古道，和四川、陕西、云南、甘肃等共同建成了茶马古道，和西北、西南地区发生密切的经济文化联系。

和平解放以后，西藏延续了同西北、西南地区的密切联系。其中在西北方向，早在1953年，青海格尔木就成为修建青藏公路的后勤保障基地；到1982年，格尔木库区成为西藏设在区外的最大仓储基地。自上世纪50年代以来，格尔木逐渐成为连接西藏与祖国内陆的“旱码头”，承担了90%出藏物资的转运、经销和85%以上的进藏物资商品装卸、转运与存储的历史使命。甘肃也是西藏重要的物资供应地，早在1957年3月，西藏自治区筹委会贸易总公司驻兰州采购站就在甘肃峡东成立转运组，负责进藏商品的采购储存及转运工作。50代初至70年代末，因交通条件的制约，进藏物资先后从峡东、柳园、湟源卸运火车后，转运格尔木，再通过青藏公路运进西藏各地。②

2006年7月青藏铁路格拉段通车运营后，西藏和西北地区的经济联系更加密切。一方面，随着青藏铁路通车及其支线的延伸，青藏“电力天路”建成使用，藏青工业园区开工建设，青藏经济一体化进程加快，两省区还在共同合作建设青藏高原生态安全屏障，文化交流十分密切，生态、文化一体化建设也在稳步推进。另一方面，西藏在“十一五”规划中提出了“朝南向北”发展思路，其中包括构建“陕甘青藏经济圈”的设想。陕甘青三省也意识到了青藏铁路交通主干线和中国“南亚陆路大通道”建设带来

---

① 参见《中国一带一路规划正式公布 国家明确云南在“一带一路”中定位》，云南网，2016－04－24。

② 引自毛阳海《西藏对接“一带一路”战略的历史渊源和现实意义》，西藏民族大学学报（哲学社会科学版），2015年9月。

的机遇，它们也愿意和西藏一起，借助现代“唐蕃古道”—青藏铁路，共建陕甘青藏“龙”形经济带。陕西是唐蕃古道始发地，从上世纪90年代中期起又成为对口支援西藏的省份之一，西藏在陕西西安、咸阳还设有办事处、干休所及高校（西藏民族大学），两省区的经济文化关系一直都很密切；甘肃省不仅与西藏自治区有密切的历史关系，青藏铁路通车后更是连接青藏高原和黄土高原的重要桥梁，早在2005年甘肃就和西藏签订了一份省区合作框架协议。

在同西南地区的经济关系方面，早在上世纪50年代初，随着川藏公路的修通，许多进藏物资也从西南地区源源不断运往西藏，西藏还在四川眉山设有商业采购供应站。改革开放后，西藏同西南地区的经济联系更加紧密。例如，1984年4月，川滇黔桂渝4省1市成立“四省区五方经济协调会”，这是我国最早的跨省区经济合作组织；1986年，四省区五方协调会接纳西藏参加，形成“五省区六方经济协调会”，2004年起，该协调会变更为“川滇黔贵藏渝六省区市经济协调会”。西藏在成都也设有办事处，有两家上市公司的总部在成都，即西藏明珠股份有限公司（后改名为“五洲明珠”）和西藏珠峰工业股份有限公司。西藏还和四川、云南等藏区在共同建设长江上游天然林保护工程，已成为青藏高原生态安全屏障的重要组成部分。四川、重庆也承担了对口支援西藏昌都的任务。随着西藏和周边省区市共同加入“一带一路”，其互联互通又有众多交集，西藏和西北、西南地区的经济、生态、文化联系还将进一步密切。①

如果说西部地区参与“一带一路”建设的主要任务是对接西北、西南两个丝绸之路经济带和孟中印缅、中巴两条经济走廊，以及联通“一带”和“一路”的话，那么西藏和青海就是联通北南两个丝绸之路经济带及孟中印缅经济走廊的高原桥梁。其中，西藏将承担很重要的互联互通任务：一是成为连接丝绸之路经济带和孟中印缅经济走廊的最重要的陆路通道和枢纽地带；二是成为连接南亚大陆出海口进而连接印度洋的重要桥梁和陆路通道，从而在“一带”与“一路”之间构筑起南北向的快捷连接通道。

① 引自毛阳海《西藏对接“一带一路”战略的历史渊源和现实意义》，西藏民族大学学报（哲学社会科学版），2015年9月。

西藏北面与青海相临、西北连接新疆、东南紧邻四川、东南与云南交界，东南、南面与西面分别与南亚的缅甸、印度、不丹、尼泊尔等国以及克什米尔地区接壤，是联系内外的重要枢纽。当前西藏积极倡导并参与的西南地区“六省七方”合作机制和西北六省区合作机制，有力地促进了西藏与西南、西北省区的交流与合作，为西藏扩大对内地的开放提供了广阔空间，“依托内地”成为西藏进一步发挥“桥头堡”作用、不断拓展与南亚国家的经贸文化合作关系的坚强后盾。积极推动吉隆中尼跨境经济合作区建设，科学恢复樟木口岸，努力促进位于西藏亚东的中印乃堆拉边贸通道扩大开放，以便能够借助青藏铁路、拉日铁路，未来还可以借助川藏铁路和中尼铁路，大幅缩短中国西部地区面向南亚、西亚、欧洲、北非的货物出口和游客出境的交通距离，大幅降低运输成本，提高内地特别是西北、西南等邻近省区的货物、人员进入南亚市场乃至印度洋的便捷度和经济性，带动整个西部地区对外贸易、对外旅游的发展，扩大西部地区的对外开放。①

三、西藏是我国西北联通“一带”、“一路”、“一廊”的重要的南北大通道

我国地域辽阔，东、中、西实现“一带”、“一路”及多条“走廊”的互联互通，都需要通道。也就是说需要建设多纵、多横的通道网络，才能保证运输的经济性、时效性和畅通性。东部地区依靠沿海经济带、京津冀、长三角、珠三角以及发达的铁路、公路、海洋航运等交通网络，很容易联通“一带”和“一路”；中部地区可以依靠京九、京广等铁路大动脉，畅通的高速公路网络，以及长江、黄河、珠江等大江、大河的航道，也能方便地实现“一带一路”互联互通。西部地区也具备“一带一路”互联互通的基本交通条件，不过相对而言，东西向铁路交通要强于南北向铁路交通，如陇海—兰新线、郑西高铁、湘黔—贵昆线等干线都基本呈现东西向，南北向铁路还只有包柳（包头经西安、重庆、贵阳至柳州或南宁）、兰昆（兰州经宝鸡、成都

---

① 引自索朗多吉、马相村《加快南亚贸易陆路大通道建设努力推动跨境经济合作》，新西藏，2012年第2期.

至昆明)、青藏(含拉日)三条。其中只有青藏、拉日铁路是直接面向南亚的南北向通道。

1. 建设面向南亚开放重要通道,是加速西部地区向南亚开放的客观需要。中国西部地区深处内陆、远离东部发达市场和出海口,制约了经济发展。此外,西部地区长期以来谋求向东向西开放,对外开放的方向和范围相对单一,漫长的西藏边疆尚未形成起主导作用的对外通道,极大地制约了西部地区与南亚开展经贸合作的地缘优势的发挥。建设面向南亚开放大通道,有利于西藏和整个西部地区通过打通印度洋出海口扩大开放范围,促进西部地区经济发展。①

2. 面向南亚开放大通道,有助于促进中国西部与尼泊尔、印度等南亚国家双边贸易和多边合作的发展。中国与印度洋等南亚国家的经贸往来近十年来发展迅速,其发展势头正呈加速的态势,2005 年中国与南亚各国的贸易总额已达 266.3 亿美元,②2015 年仅中印双边贸易额就达到 750 亿美元。③ 不过,中国与南亚的贸易大多是通过海运实现的,中国西部通过西藏边境与南亚地区的陆路贸易规模还很小,领域也不多,这种状况与西部毗邻南亚的优越区位条件极不相称,这与西部尚没有铁路通达西藏边境口岸及缺乏配套的物流设施也有直接关系。随着青藏铁路的顺畅运行、拉日铁路的通车及未来中尼铁路的建成通车,将促使中国西部与尼泊尔、印度等南亚国家的双边及多边经贸合作迅速发展。

3. 面向南亚开放通道,也是西藏连接北南丝绸之路经济带与孟中印缅经济走廊、中尼印经济走廊的重要桥梁。2015 年西藏自治区的政府工作报告中明确提出要"加快建设南亚大通道,积极对接'一带一路'和孟中印缅经济走廊,推动环喜马拉雅经济合作带建设"。这一地方战略主要考虑了西藏的对外开放和经济发展战略,西藏与南亚地区山水相连,有着天

---

① 引自陈继东《中印缅孟区域经济合作的通道建设问题》,巴蜀书社出版,2008 年 12 月,第 216 页。

② 引自陈继东《中印缅孟区域经济合作的通道建设问题》,巴蜀书社出版,2008 年 12 月,第 216—217 页。

③ 引自中国驻印大使罗照辉在印度《快报》发表的署名文章《中印关系大发展 龙象共舞大跨越》,中国驻印大使馆网站"使馆新闻"条目,2016—10—14。

然的人文纽带和资源优势，也考虑了服务国家“一带一路”建设的需要。西藏是中国通往南亚、中亚的重要门户，也是南亚各地文化交融的集中地区。面向南亚开放通道将使西藏成为面向南亚“内联外接”、互联互通的重点地区和国家构建全方位开放格局的前沿地带。这一战略不仅是出于促进西藏经济开放与发展的需要，更是综合考虑地缘政治、人文交流等因素的旨在打造我国西部联通西北、西南“丝绸之路经济带”，以及“海上丝绸之路”、“孟中印缅经济走廊”和“中尼印经济走廊”的重要的南北向大通道。从西藏地缘角度分析，南亚大通道往南推进建设，重点在与尼泊尔、印度等在公路、铁路与海洋运输上的战略合作，形成经由孟加拉湾的南亚出海通道，缩短原有海上丝绸之路的距离，尤其是经青藏铁路打通拉萨—日喀则—吉隆、拉萨—日喀则—亚东等口岸铁路专线，连接尼泊尔、印度，扩大与南亚诸国的贸易往来，大大缩短中国至南亚、西亚的空间距离，利于建立南亚经济圈，[①]把中国和南亚这两个世界上人口最多的巨大市场连接起来，使亚太地区与环印度洋地区的经济发展相互呼应。特别是中国和印度这两个发展中大国，面向南亚大通道的开放将有助于两国互联互通，充分发挥各自优势，促进经济发展，并带动区域内其它国家和地区，在推进孟中印缅经济走廊建设中发挥引领作用。

四、西藏是我国发展与南亚的政治经济文化关系的最重要的纽带

南亚北上与中亚相连，南面紧邻印度洋，是西亚、中亚和东南亚的交接点，特殊的地理位置使得南亚在历史上就是古丝绸之路贯通南北的枢纽，是古代贸易的集散地。而西藏是我国的西南门户，是我国内陆通往南亚各国的必经之地，具有发展与南亚边境贸易得天独厚的地缘区位优势。自古以来，西藏就与沿边南亚国家保持长期的经济文化交流。

如前所述，早在“吐蕃王朝”初期，吐蕃就与天竺、尼婆罗（今尼泊尔）

---

① 引自唐小明《建设南亚大通道融人丝绸之路经济带格局下的西藏物流发展战略研究》，《西藏科技》，2015年第10期。

等南亚地区进行着频繁的经贸往来和文化交流。公元17世纪以后，西藏同南亚地区的交往活动更加频繁，如阿里地区的牧民用当地的硼砂、湖盐、羊毛等本地产品，与西邻的拉达克人及南邻的库马翁人交换马匹、水果和一些日用品，阿里的细羊绒深受克什米尔等地人民的欢迎；后藏日喀则地区的聂拉木和吉隆两处，形成了中尼边境地带的重要商品交易集散地。在亚东方向，印度（主要是锡金邦）、不丹的商人及边民，也用粮食及其他土特产品到帕里来与西藏的商人及边民交换盐、茶等所需之物。西藏东南部的门隅、察隅等地，商人及边民也同印度阿萨姆相邻地区的边民进行贸易往来，在习惯交易地点进行互市贸易。[1] 西藏的神山圣湖特别是阿里的冈仁波齐神山是印度、尼泊尔香客朝圣的最重要的文化旅游目的地。

长期以来，西藏沿边地区已形成对外通道312条，常年性通道有44条，季节性通道为268。其中，通往尼泊尔的通道有184条，通往印度的有85条，通往缅甸的有5条，通往克什米尔地区的有12条。古代西藏与南亚邻国间的贸易往来是一种平等的和平往来，除了具有完成互通有无、促进各自经济发展的经济职能外，还发挥着促进相互间文化传播与交流载体的特殊作用。

近年来，从南亚国家的经济发展态势来看，目前南亚主要国家均积极展开经济改革，参与世界经济一体化步伐逐渐加快，正成为经济上更加活跃、开放的地区。一方面，我国与南亚各国特别是同尼泊尔的双边经贸合作保持了良好发展态势，西藏与南亚的边境贸易总额持续快速增长，经贸互补性不断增强。另一方面，中国西部与南亚地区具有较为明显的产业结构互补性。中国西部的畜牧业在经济结构中占据主导地位，而南亚各国，尤其是印度、孟加拉国和巴基斯坦等南亚主要国家，种植业在经济结构中占主导地位，双方产业结构的互补性很大，开展经贸合作的领域广阔。

从政治上看，中国与南亚国家的政治外交关系总体上在不断发展。

---

① 引自陈继东《西藏开拓南亚市场及其特殊性研究》，巴蜀书社出版，2003年12月。

具体而言，中国与巴基斯坦、尼泊尔、斯里兰卡、马尔代夫、孟加拉国长期保持了稳定的政治、外交关系，中国与这些国家不存在重大原则问题分歧；中国与南亚最大的国家印度之间，从整体上保持了一种较为正常的政治外交关系，但也经历了曲折，至今还存在一些悬而未决的问题，这是中印双边关系中的不稳定因素。然而两国也在为中印双边政治外交关系作出努力。[①] 2015 年 5 月，印度总理莫迪对中国开展了正式访问，这是继中国国家主席习近平 2014 年 9 月访印以来两国间又一次重要高层互动。这表明中印双方都比较重视两国间的政治外交关系，搁置争议、共图发展已成为中印双方的共识和发展双边政治外交关系的基础。在此情况下，中国西藏面向南亚开放的重要通道建设，将有利于发挥西藏的地缘优势，进一步增强中国与印度、尼泊尔等国之间的经贸往来，增强彼此之间的经济互补性，带动周边小国的发展。特别是中印边境贸易和文化旅游的良性发展，能够促进边界地区的稳定和发展，可能使边境争端转变为共同开发，为解决边界争端创造良好条件。

从文化上看，西藏边境线上大都是少数民族聚居区，其中有些民族还是跨境而居，边民历来有着友好交往的传统，也有着相同或相近的生产和生活需求。因此，面对“一带一路”倡议所带来的新机遇，西藏应充分利用与南亚国家地缘相近、在文化资源上的相似性，重视民心相通。通过人文交流促进中国与南亚各国人民的相互了解和认知，进而推动中国与南亚地区在经济、文化、社会、生态领域的合作与发展。在“一带一路”推动多边经贸合作的前提下，面向南亚开放重要通道建设及经济文化合作的开展，必将进一步加强中国与南亚各国之间的友好关系和多边战略互信，增进国家边境地区的安全与稳定，为实现国家“治边稳藏”战略做出应有的贡献。

---

① 引自陈继东《西藏开拓南亚市场及其特殊性研究》，巴蜀书社出版，2003 年 12 月。

第二章　西藏建设“面向南亚开放的重要通道”的国内优势

第一节　地理优势

西藏凭借独特的区位优势和地缘优势，必然承担着“一带一路”倡议下中国与南亚国家之间全面联系的重要通道，这既是国家宏观面上的布局需要，也是西藏在新的历史条件下推动开放、深化改革和增强自身发展动能的要求。

一、西藏建设“面向南亚开放的重要通道”面临的地理环境

西藏在西部地区中是一个地域辽阔、地貌壮观、资源丰富的重要边疆民族地区。地理上，北面与新疆、青海相邻，东面和东南面同云南、四川接壤，可以通过青藏铁路，以及已经开工建设的川藏铁路，向北连接丝绸之路主经济带，向东南通过云南，融入到孟中印缅经济走廊。西藏南部与西部自东而西与缅甸、印度、不丹、尼泊尔等国以及克什米尔地区毗邻，不仅是我国“走出去”的重要地区，也是连接国内其他省区市与南亚的重要枢纽。西藏有21个边境县，土地总面积34.35万平方公里，人口36.68万余人，与邻国接壤的陆地国界线长约4000公里，边境线上有对外通道312条，其中常年性通道44条，季节性通道268条。目前，西藏经国家批准开放的樟木口岸、普兰口岸、吉隆口岸、日屋一陈塘口岸和正在建设的里孜口岸，以及拉萨航空口岸等。4个陆路口岸中，普兰口岸位于中印、中尼边境，樟木、吉隆、日屋一陈塘等3个口岸位于中尼边境。日喀则边境贸易互市点28个，对外边境通道227个，边贸优势独一无二。“十二五”期间，西藏实施口岸大建设，以吉隆口岸建设为切入点，以樟木、亚东、日屋一陈

塘传统的口岸建设为体系，大力加强口岸基础设施建设，全面提升口岸功能。2015年尼泊尔“4.25”大地震前，聂拉木、吉隆口岸贸易活跃，亚东仁青岗边贸市场对外开放力度逐步增强，中尼跨境经济合作区全面开工建设。凭借独特的地缘优势，日喀则一直是西藏、乃至于我国与南亚国家之间的陆路经贸与旅游交流合作的要道。近年来，随着青藏铁路、拉日铁路的建成通车，日喀则正逐步成为与南亚国家交往的“桥头堡”，初步形成了“毗邻三国、横跨九县、通道优良、互市广布”的边贸发展格局。

二、地理环境是西藏建设南亚大通道优势

如前所述，西藏自古以来就是中国与南亚国家之间的通商与联系的要道，区位优势和地缘优势独特，虽然地处偏僻，却是一个直接面对南亚的省级自治区，具有天然的便利条件。二十多年前，西藏区内外学者就对沟通欧亚大陆桥建立南亚陆路大通道问题进行过讨论，西部大开发之后，国家有关部委在谋划青藏铁路二期工程时，专家学者再次提出了青藏铁路到拉萨之后向南延伸的意义，即对于中国打通南亚陆路大通道有着战略上作用。

改革开放以后，西藏已经是中国面向南亚开放的陆路贸易大通道，处在连接“一带一路”的重要位置，具有北接“一带”、南达“一路”的巨大优势，随着国家新一轮沿边开发开放战略实施、与周边国家基础设施互联互通步伐加快，加快边境地区开发开放、口岸贸易快速发展，西藏迎来了难得机遇。建设环喜马拉雅经济合作带——以拉萨、日喀则等城市为腹地，以樟木、吉隆、普兰口岸为窗口，面向尼泊尔、印度、不丹的国际经济合作带。西藏官方表示，2015年已经加快口岸发展，研究恢复亚东口岸，推动吉隆中尼跨境经济合作区建设，发展边境贸易、藏药产业、特色农牧业、文化产业，打造西藏对外开放的前沿。

“十三五”时期，西藏将根据国家的统一部署，积极促进交通基础设施互联互通，抓住关键通道、关键节点和重点工程，优先打通缺失路段、畅通瓶颈路段，推进口岸公路、口岸铁路建设，提升通达水平。尤其是首先加强与尼泊尔航空合作，支持西藏航空公司和喜马拉雅航空公司开拓国际

航线,积极建设通过尼泊尔向其他国家延伸的空中走廊。打造新疆经狮泉河至普兰和吉隆、青海经拉萨和日喀则桑珠孜区至亚东和吉隆、四川和云南经昌都、林芝至亚东和吉隆等面向南亚开放公路大通道。制定和实施川藏大通道建设整体规划,加快川藏铁路和高等级公路建设,建设滇藏新通道。提高青藏公路等级,增强新藏公路运输保障能力。推动开通交界市(州)互飞航线。

可以看出不管从理论还是实践,国家的"一带一路"倡议向南的脚步依然是铁路先行:已经开通多年的拉日铁路为日喀则市带去数百万人次的游客增长;正在施工中的川藏、滇藏铁路给沿线各省市注入了前所未有的活力。"一带一路"倡议在中国西南不仅仅造就又一个"环形铁路"网,而且是以拉萨为节点城市之一,打通南、北两个铁路网,让已经考证确认的古"丝绸之路"南北两大线路(河西走廊出新疆的南、北到中亚线路和四川至拉萨、云南至东南亚线路)重登历史舞台,并且互联互通,让西藏成为中国西部通衢。随着丝绸之路经济带、孟中印缅经济走廊以及南亚大通道的建设,在不远的将来以铁路、公路、航空、管道等形式组合方式向外联通,必将对西藏乃至邻省区的经济社会发展产生巨大的拉动作用。

第二节　历史优势

如第一章所阐述的,西藏与南亚等国家地区贸易与文化交流历史悠久,有独特的历史优势,这一优势势必会在新时期对南亚重要通道建设起到积极的借鉴和推动作用。

一、历史上的对外贸易

西藏在历史上一直是中国西南边疆地区对外交往的重要门户,"茶马古道"、"吐蕃丝绸之路"、"唐蕃古道"等都是当时中国连通东南亚、南亚的和平商路。近代以来,西藏边疆更成为中国与东南亚、南亚联系的重要地带,抗日战争时期西藏和西康等西南边疆地区成为大后方的组成部分,大量的战略物资从印度、缅甸经西南边疆地区源源不断地运往内地。通过

“茶马古道”、“吐蕃丝绸之路”、“唐蕃古道”等这些面向南亚的通道，与南亚以及西亚进行了大量的经济与文化交流活动。

早在公元7世纪吐蕃政权时期，中国西藏地方就同南方门地、印度等进行大米、糜子等粮果贸易；同西方波斯、尼泊尔、拉达克开展吐蕃织氆氇不可或缺的颜料草、紫梗贸易，即以胭脂红等为主的各种染料物品[①]，当时西藏输出的主要商品有盐、马匹、麝香等。当时吐蕃地方政权还设有“商官”，专门管理对内对外贸易。此后，西藏地方的对外贸易不断发展。

公元17世纪初，西藏地方的对外贸易进一步活跃。阿里地区开始用硼砂、湖盐、羊毛等产品同邻国交换布匹、干果等日用品，一些主要山口通道也逐渐形成了较为固定的交易点。日喀则地区的聂拉木和吉隆，就在这时逐渐成为西藏通往尼泊尔的重要通道，并在这两处形成了中尼边境地带的重要商品交易集散地。西藏的许多土特产和商品通过这些交易点输入南亚国家。当时的著名交易点（后来成为传统边贸市场）有：甲岗、普兰、吉隆、聂拉木、错那、定结、帕里等。那时西藏向外提供的商品主要有硼砂、羊毛、湖盐、牲畜等，换回粮食、铁器及布匹等商品。

公元18世纪中叶前，西藏对外贸易的主要对象是印度，主要贸易形式是通过互派商队将交换的物资运至相对稳定的地点进行交易，解决了双边地区部分人民的生产和生活需要。

从公元19世纪末开始，英帝国主义入侵西藏，迫使清政府签定了不平等的《拉萨条约》等，强迫中国开放西藏的亚东、噶大克等地为通商口岸。

据英国官方不完全统计，1894年至1895年，经亚东商路的中国西藏与印度的贸易额约115万卢比，占当年中国西藏与印度贸易总额的54.6%左右；1899年至1900年，西藏与印度贸易额为221万卢比，占当年西藏与印度贸易总额的76.2%。[②] 同期，俄国也通过厄鲁特蒙古商人把商品输入西藏，换走香料和宝石等物品。

---

① 恰白·次旦平措、诺章·吴坚、平措次仁著：《西藏通史——松石宝串》，陈庆英、格桑益西、何宗英、许德存译，西藏古籍出版社，1996年1月第1版，第100～101页。

② 陈继东著《西藏开拓南亚市场及其特殊性研究》，巴蜀出版社，2003年12月第1版，第13页。

公元20世纪初，英印政府对西藏的经济入侵不断加深，通过建立不平等的贸易关系，向西藏倾销大量工业制成品、茶叶和货币等，从中获取剥削利益。相关资料反映，从1904年至1911年的8年中，除1907年为西藏顺差外，其余的7年时间里英印均为顺差。

二、和平解放后的对外贸易

和平解放后，国家先后在西藏设立多个口岸，给予相关优惠政策，推动和鼓励西藏开展对外贸易，其中与尼泊尔的贸易往来最为频繁。

党的十一届三中全会以后，中央先后为西藏制定了一系列特殊政策和灵活措施，为西藏对外开放提供了政策与制度基础。经过十多年的改革开放，西藏对外贸易迅速增长，出口创汇能力显著增强。1980年到1993年，进出口总额由1650万美元增加到10267万美元。

1994年中央在召开的第三次西藏工作座谈会上指出，积极稳妥地扩大对外开放。加强对外友好往来和经济合作，扩大对外贸易。搞好口岸建设与管理，以樟木、普兰等口岸为窗口，以边境县为开放带，逐步进入邻近国家和地区的市场。

2001年中央在召开的第四次西藏工作座谈会上指出，要“继续扩大开放，重点是加大对内地的开放力度，活跃和发展边境贸易，努力吸引国内外的资金、技术和人才，以开放促发展。特别要加强和改进管理，提高办事效率和服务水平。”为了贯彻落实中央和自治区党委的建议，为适应国家政策调整和市场经济发展要求，西藏对外贸易开始转型，使西藏对外贸易与全区经济发展的大局紧密地结合起来，增强了对外贸易对经济增长的拉动作用，提高了对GDP的贡献率。“十五”时期，西藏全区实现进出口贸易总额8.15亿美元，比“九五”时期增长28.86%。其中，出口总额58059万美元，比“九五”时期增长57.56%。边境贸易进出口总额达到43295万美元，比“九五”时期增长103.29%。边民互市贸易总额达9.35亿元人民币，比“九五”时期增长431.25%。随着市场多元化战略的实施，西藏企业开拓国际市场的力度不断加大，“十五”期间已与世界70多个国家和地区建立了贸易往来关系。“十一五”时期对外贸易不断扩大，口岸建设和管理水平不断提高，进出口总额累计达到27.3亿美元，自产产品出口达到2亿美元。

2010年中央召开的第五次西藏工作座谈会提到，更加注重扩大同内地的交流合作，是西藏实现跨越式发展的结合点，扩大同内地的交流合作，是扩大开放的需要，是推进西藏跨越式发展的重要途径。根据第五次西藏工作座谈会精神西藏提出了进一步提高开放水平。牢固树立开放意识，立足区情和资源优势，加大“请进来”、“走出去”工作力度，积极主动融入全国经济发展大循环。优化发展环境，充分利用区内外两个市场、两种资源。大力发展边境贸易，加强口岸基础设施建设，重点建设吉隆口岸，稳步提升樟木口岸，积极恢复亚东口岸，加快发展普兰和日屋口岸。抓紧规划，加大投入，推动吉隆跨境经济合作区建设迈出实质性步伐，加快建设南亚贸易陆路大通道。

李克强总理在2015年8月下旬中央第六次西藏工作座谈会中指出，着力发展特色农牧业及其加工业，建设好重要的世界旅游目的地，搞活商贸流通业，把西藏打造成为我国面向南亚开放的重要通道。西藏紧密结合西藏实际，制定贯彻落实中央第六次西藏工作座谈会精神，指出“十三五”时期西藏要坚持开放发展，深化互利合作，紧紧围绕“一路一带”战略，以构建包容开放合作的政策体系为突破口，以对内开放为重点，加快建设面向南亚开放的重要通道，大力发展开放型经济。把中国西藏旅游文化国际博览会培育成为西藏开放发展新引擎，打造具有国际影响力、全国辐射力、区域带动力的交流合作高端平台。推进基础设施互联互通，促进周边省区一体化。积极参与孟中印缅经济走廊建设。积极推进环喜马拉雅经济带合作带、吉隆跨境经济合作区建设。优化对外开放口岸布局，重点建设吉隆口岸，加快发展普兰口岸，恢复开放亚东口岸。支持喜马拉雅航空公司拓展国际航线。制定优惠政策，积极引进大企业、大集团进藏兴办实体、投资创业。

三、历史优势对西藏建设“面向南亚开放的重要通道”的作用

从古代到现代，西藏的经贸与文化之路都是中国与南亚、西亚国家之

重要的开放之路，交流之路，合作之路，发展之路。当前，西藏建设面向南亚开放的大通道，是“新南方丝绸之路”的一部分，它与目前起于中国北方、经西北沿亚欧大陆桥出境新疆的“丝绸之路经济带”形成南北呼应的大格局。作为历史上南方丝绸之路、唐蕃古道、茶马古道段的重要参与者，西藏毗邻“一带一路”倡议中与新疆、青海、四川、云南等省份，同时又与印度、尼泊尔、不丹、缅甸等南亚、东南亚国家接壤，是联系内外的重要枢纽，是中国与南亚国家交往的重要门户。西藏地处国家向西和西南开放的前沿地带和丝绸之路经济带的区域枢纽位置，把握住建设面向南亚开放的重要通道的政策机遇，有助于西藏加快与周边国家和地区的交流合作发展，进一步增加与南亚国家人民接触的机会，让这些国家的百姓更多了解我们国家，消除偏见和误解，深化互信，打消顾虑，建立友谊，培养“知华派”、“友华派”，夯实合作基础，调动合作的积极性，创造合作、和平、和谐的发展环境。进一步拓展创业创新发展空间，对提升西藏知名度和影响力是有利的。

第三节　贸易口岸优势

经过几十年的发展，西藏已有的口岸正得到国家和自治区的高度重视，目前正在不断加大口岸基础设施建设力度。

一、西藏主要贸易口岸

1. 拉萨贡嘎国家一类口岸。1993 年 6 月正式开放。1997 年新建了拉萨航空口岸联检大楼。1999 年 9 月，正式开通了成都－拉萨－加德满都往返国际航线。2001 年 7 月起，开展了成都—拉萨—香港往返包机业务。借助于该口岸的带动作用，拉萨贡嘎机场正在带动其周边县区发展成为包括运输业、物流业在内的“航空港产业园区”。

2. 阿里地区普兰国家一类口岸。该口岸是西藏西北部对外贸易往来的一个主要口岸，具有悠久的对外通商与文化交流的历史。1954 年正式对外开放，1962 年中印边境形势恶化后对印度的贸易中断，但对尼泊尔的贸易和人员交往继续进行。1992年7月，中国的普兰与印度的贡吉相互开放，两国间的边境贸易又正式恢复开放。2002年国家对普兰口岸联检大楼进行了改扩建；到2017年该口岸的基础设施达到了很大的改观。但是，由于尼泊尔、印度与普兰口之间不通公路，每逢冬季大雪封山时，口岸的商贸交流就会受到很大的影响，甚至使该口岸成为季节性口岸。

3.樟木口岸（聂拉木口岸）位于聂拉木县樟木镇，东南西三面与尼泊尔辛杜帕尔乔克、多拉卡两县接壤，对应尼方口岸为科达里，距日喀则478公里，距尼泊尔加德满都128公里。该口岸于1966年正式对外开放，1983年批准为国家一类陆路口岸。目前，口岸交通、能源、通讯、教育、卫生、广播电视等公共设施相对完善，海关、边检、国检、公安、工商、税务等行政职能机构和金融、住宿、餐饮、报关、仓储、运输等经营性服务机构相对健全，是西藏规模最大、发挥效益和作用最好的口岸，也是中尼最主要的通商口岸。2014年樟木口岸货物吞吐量14.11万吨，进出口总额达20.67亿美元。2015年第一季度樟木口岸货物吞吐量2.51万吨，进出口总额3.12亿美元，同比增长9.02%。2015年尼泊尔“4.25”大地震后，由于该口岸损毁严重，目前尚处于关闭状态，至于何时恢复还没有具体的时间表。

4.吉隆口岸位于吉隆县吉隆镇，与尼泊尔拉索瓦、廓尔喀两县接壤，对应尼方口岸为热索瓦，历史上是通向南亚的重要通道，有商道、官道和战道之称，距日喀则560公里，距尼泊尔加德满都131公里，与博卡拉、东郎等尼泊尔经济较发达市县和经济开发区相近，交通相对便利。该口岸于1961年批准开放，1978年批准为国家一类陆路口岸。2014年12月1日，口岸正式开通运行，为吉隆口岸对第三国人员开放奠定了坚实基础。2014年吉隆口岸贸易总额达到6643.98万元，货运量为570.46吨。2015年第一季度，吉隆口岸货物吞吐量1475吨，进出口总额为1053.64万美元。2015年尼泊尔“4.25”大地震后，由于樟木口岸损毁严重，致使西藏将对南亚的边境贸易、旅游与文化交流合作的重心向该口岸倾斜。经过近几年的大力建设，该口岸已经成为西藏建设南亚大通道的重要工作重心，成效日益彰显。

5.亚东口岸位于亚东县下司马镇，向南呈楔状伸入印度和不丹之间，与印度锡金邦接壤，距日喀则300公里，由乃堆拉山口出境至甘托克48公里，继续南下至印度铁路交通枢纽城市西里古里不足140公里，再从西里古里经铁路南下至印度港口加尔各答约370公里，是中国西部部分省区特别是西藏距离印度洋出海口最近的口岸。亚东口岸曾是西藏最重要的对外通商口岸，边贸最繁荣时期，年经乃堆拉山口进出的货物曾达1.1亿余银元，当时约合3.3亿多人民币。1962年10月，因中印边境争端使亚东口岸被迫关闭。2006年7月，根据中印两国于2003年签署的《关于扩大边境贸易的谅解备忘录》，关闭40多年的乃堆拉山口正式开通，每年开通7个月(5月1日至11月30日)，边境互市贸易开始恢复。2014年，边境互市贸易额实现1.3亿元，同比增长11%。其中，中印乃堆拉边贸通道仁青岗边贸市场实现交易额10025万元，同比增长15.5%。2015年前三季度，亚东乃堆拉边贸通道仁青岗边贸市场进出口总额达6380万元，同比增长91%。

6.日屋一陈塘口岸位于定结县，被西藏自治区确定为“一口岸两通道”，即日屋一陈塘口岸及日屋通道和陈塘通道。陈塘通道距定结县150公里，平均海拔2200米，气候温和湿润，多降雨。2012年，中尼在加德满都签订《中尼边境口岸及其管理制度的协定》，将定结县陈塘口岸作为双边性口岸。陈塘口岸(通道)作为日喀则市边境贸易新的陆路口岸增长点，其作用日显突出。目前，西藏正在着手将该口岸打造成具有民族文化特色、以旅游为主题的口岸；日屋口岸位(通道)于定结县日屋镇，与尼泊尔塔普勒琼、桑库瓦沙巴两县接壤，距县城75公里，距日喀则310公里，距陈塘镇70公里。1972年批准为国家二类陆路口岸，1986年批准正式开放。由于中尼两国在此口岸没有公路连接，贸易只能依靠人背马驮，实际上只有边境互市贸易。2014年边民互市交易额2920万元，同比增长16.8%。

7.里孜口岸，里孜口岸位于仲巴县西南部亚热乡，距县城58公里，距边境一线曲旦玛布通道6公里，距尼泊尔洛满塘镇近30公里。亚热乡国土面积1735平方公里，边境线长约47公里，通外山口5个(桑堆拉，曲琼拉、崩崩拉、古日拉、曲庆拉)。东与萨嘎县昌果乡相邻，南与尼泊尔木斯塘洛满塘镇接壤，北靠仲巴县拉让乡。2012年，中尼在加德满都签订《中尼边境口岸及其管理制度的协定》，将仲巴县里孜口岸作为双边性口岸，2014年里孜边贸市场边境互市贸易交易总额实现2200余万人民币。

二、贸易口岸对西藏建设“面向南亚开放的重要通道”的积极作用

从以上口岸建设和区位优势可以看出，西藏对接壤的南亚有关国家具备明显的优势，而且每年贸易额不断增加，自治区关于贯彻落实《丝绸之路经济带和21世纪海上丝绸之路建设战略规划》的实施方案提出“提高对内对外开发开放水平。优化提升进出藏主要通道运输能力和水平，规划建设日喀则至亚东、日喀则至吉隆（樟木）口岸等铁路，重点建设吉隆口岸，科学恢复重建樟木口岸，巩固提升拉萨航空口岸，积极恢复亚东口岸，加快发展普兰、日屋、陈塘、里孜口岸，建设吉隆边境经济合作区，把拉萨建设成为我国通往南亚国家的区域枢纽，把日喀则建设成为面向南亚开放重要通道的物流中心。”口岸建设将迎来新一轮发展黄金期，更为向南亚开放重要通道建设提供了载体平台。

近年来，西藏自治区、各有关地市对口岸发展高度重视，在政策和业务上作出重要指导，开展了系列的规划论证工作，为口岸发展提供决定性的科学依据。口岸工作人员能够克服恶劣环境、自然灾害与种种困难，长期坚守口岸国门一线开展工作，确保了边民出入境人员、车辆、货物放行安全，维护了国家口岸边境安全和人民生命财产，为口岸经贸发展提供了人文关怀。加大口岸开放宣传力度，加快口岸建设步伐，区内外愿意参与边贸的商户不断增加；与此同时，我方边民商户积极响应政府的号召，自发组织成立了边贸商会，促进民间沟通作用和带头作用，克服交通不便、山高路远、天气变化无常等困难，始终积极参与，锲而不舍。这为吸引更多的区内外边民商户参与到互市贸易中来起到带动作用，同时也为繁荣边贸起到决定性的作用。随着国家和自治区对口岸建设的投入不断加大，基础设施逐步完善，必将会为西藏面向南亚开放大通道建设提供巨大的发展动力。

第四节 政策优势

政策优势始终是西藏经济社会长足、可持续发展的关键因素之一；同样的，建设面向南亚开放重要通道从中央到自治区都提供了大量的优惠政策，借助政策优势，也为西藏建设南亚重要通道提供了保障。

一、政策优势

党的十八届三中全会对全面深化改革作出系统性部署，强调构建开放型经济新体制，提出加快沿边开放步伐，允许沿边重点口岸、边境城市、经济合作区在人员往来、加工物流、旅游等方面实行特殊方式和政策；建立开发性金融机构，加快同周边国家和区域基础设施互联互通建设，推进陆上丝绸之路经济带、海上丝绸之路建设，形成全方位开放新格局。这为西藏实施全方位对外开放，打造我国面向南亚开放的重要通道指明了发展方向，提供了指引，带来了重大机遇。

在国家层面，一是提出了“一带一路”倡议，制定并发布了《推动共建丝绸之路经济带和21世纪海上丝绸之路的愿景与行动》，圈定涵盖西藏在内、重点涉及的18个省区市，明确指出推进西藏与尼泊尔等国家边境贸易和旅游文化合作。二是出台了《沿边地区开发开放规划（2014－2020年）》，构建了沿边地区开发开放“三圈三带”空间布局，这是“一带一路”倡议的具体化。作为西南国际经济合作圈——环喜马拉雅经济合作带的重要组成部分，西藏历来是古丝绸之路通向南亚的桥头堡。三是印发了《全国流通节点城市布局规划（2015－2020年）》，西藏首府城市拉萨和第二大城市日喀则分别被列为国家级和区域级流通节点城市，在国家层面进一步勾勒出西藏面向南亚开放的具体城市支撑。四是制定了《中共中央国务院关于构建开放型经济新体制的若干意见》，对统筹开放型经济顶层设计、加快构建开放型经济新体制做出了全面部署，强调形成全方位开放新格局、稳步发展跨境经济合作区、加快形成面向南亚的重要通道，提出继续实施西部开发、东北振兴、中部崛起、东部率先的区域发展总体战略，重点实施“一带一路”倡议、京津冀协同发展战略和长江经济带战略，推动东西双向开放，促进基础设施互联互通，扩大沿边开发开放，形成全方位开放新格局。五是召开了中央第六次西藏工作座谈会，专题研究推进西藏经济社会发展和长治久安，从国家战略高度提出西藏是面向南亚开放的重要通道。这些都为西藏融入“一带一路”，扩大对外开放，参与孟中印缅经济走廊建设，推动中尼跨境经济合作区建设，加快环喜马拉雅经济带建设，提供了重大机遇，必将进一步深化西藏与祖国内地和南亚各国的交往交流，必将在新的历史起点上进一步推进西藏经济社会发展。这就需要我们在主动适应经济发展新常态的大背景下，认识这些机遇，抢抓这些机遇，在守望相助中寻求合作，在互利共赢中实现繁荣，在交流互鉴中弘扬文化，在同舟共济中开创明天，让这条绵延两千年、横跨亚欧的“一带一路”，成为西藏人民与全国各族人民团结交流的纽带、共同发展的道路，成为西藏在伟大祖国怀抱中与全世界和平友谊的纽带、合作共赢的道路。

在自治区层面，从区位条件来看，西藏毗邻“一带一路”倡议国内规划布局中的新疆、青海、四川、云南等省份，同时又与印度、尼泊尔、缅甸、不丹等南亚国家接壤，作为“我国面向南亚开放的重要通道”，西藏在西北方向与“丝绸之路经济带”相对接，正南方向与“21 世纪海上丝绸之路”在南亚沿海地带相交汇，是联系内外的重要枢纽，是对国家对外开放总体战略布局的丰富和完善；从发展历史来看，唐蕃古道联系了西藏与内地，兴盛于唐宋南方丝绸之路中重要一分支的茶马古道更是途径西藏，进入印度，可见西藏与丝绸之路途径地区的商贸往来源远流长；从具体举措来看，为全面推动南亚贸易陆路大通道建设，自治区确定了“重点建设吉隆口岸，稳步提升樟木口岸，积极恢复亚东口岸，加快发展普兰和日屋口岸”的口岸建设思路，将“一干线、两基地、三出口”作为建设南亚陆路贸易大通道的依托，大力发展西藏与周边国家的经贸合作；从现实情况来看，自西藏和平解放以来，在国家的大力支持下，西藏的交通得到较快发展，已初步形成了铁路、公路、航空、管道等四位一体的立体综合交通运输网络和体系，与周边省市以及南亚国家在能源、电信、商贸以及物流等领域的交流合作更加密切。这就需要我们充分利用地缘优势，紧紧抓住历史机遇，扩展外向发展的边界，加大改革开放的力度，对内发挥援藏优势，连通内地，积极融入“一带一路”建设；对外发挥沿边优势，以沿边重要口岸城镇为支撑，以边境经济合作区为载体，面向尼、印、巴等南亚国家和东南亚的缅甸，发展多样化、全方位的边贸和互市新格局，先期建成全国面向尼泊尔开放的中尼跨境经济合作区，不断提升开放型经济发展水平。应该进一步强化北向和东向发展，通过青藏铁路公路、川藏公路以及川藏铁路林芝段的建设，加上不断增加的航空线路，积极融入“陕甘青藏经济圈”，从而参与丝绸之路经济带建设；向东积极融入成渝经济区，融入到黄金水道长江经济带建设，与云南共同建设“大香格里拉生态旅游经济区”，从而参与孟中印缅经济走廊建设。应该进一步巩固南向和西向发展，利用拉日铁路和 318 国道，219 国道以及到阿里的空中航线，向南通过日喀则几个口岸，向西通过阿里的口岸加强与印、尼、巴等南亚国家的双边关系，积极参与中巴经济走廊建设。还可以通过阿里、那曲西部加强与新疆的关系，从而融入丝绸之路经济带建设。“十三五”规划中又提出，加强对外经贸文化合作交流，大力培育货物和服务贸易竞争新优势，扩大拥有自主知识产权、自主品牌的产品出口，扩大消费需求旺盛的优质商品进口。适应外贸发展新形势，依托外贸转型升级示范基地建设，支持建设面向南亚的国际营销网络，培育一批外贸骨干企业。支持西藏企业赴尼泊尔等周边国家参与对外援助项目、承揽工程，开展对外劳务输出，积极探索和推动在金融、环保、清洁能源等领域的投资合作。实施“文化走出去”战略，提升“中国西藏·扎西德勒”对外文化交流品牌知名度，支持各级各类院校、社会团体和民间组织对外开展文化、艺术、宗教交流，鼓励藏学研究机构和藏学家积极参与国际藏学领域的交流合作，推动西藏文化产品走向国际市场。加强南亚问题研究，推动建立与印度政府间的经贸磋商机制，支持与印度开展陆路贸易。打造好印度官方香客经乃堆拉山口进藏朝圣路线，建立印度香客进藏朝圣便利机制，扩大中印民间经济文化交流。

口岸优惠政策方面。在口岸建设方面，西藏自治区政府每年都会拿出 5000 万元作为口岸专项资金对全西藏 8 个口岸基础设施建设予以资金支持。在日喀则市层面上每年根据项目实施情况都会安排 200 到 500

万不等资金用于口岸基础设施建设。“十二五”期间完成了总投资8034.83万元的吉隆口岸热索一线出入境检验基础设施项目（国门及联检楼、停车场、备勤用房、水电道路）的建设，为吉隆口岸2014年12月1日双边口岸正式开通运行奠定了基础。同时，完成了总投资为5800多万元的樟木口岸检验检疫中心、樟木口岸边检信息处理与应急指挥中心、樟木口岸管委会综合楼项目（包括附属工程）、樟木国门区域综合整治项目及樟木口岸基础设施项目等5个项目的建设；使得樟木口岸“一关两检”及口岸职能部门的办公条件有了很大的改善。同时，经过向自治区和国家层面积极争取，已将定结县陈塘、日屋、仲巴县里孜和亚东等二类口岸建设纳入国家口岸建设支持项目中。在进出口优惠政策上，按照自治区统一部署，每年都会对活羊牲畜出口达10万头以上的边境县给以活羊出口奖励，每年用于此项奖励的资金达60余万元。按照国家兴边富民的优惠政策要求，我们在边境县，积极实施边民8000元免税商品政策，同时根据边贸经济发展需要积极向国家争取适当放宽边民互市贸易商品种类，将边民免税商品额度从8000元提高至2万元。

二、优惠政策对西藏建设“面向南亚开放的重要通道”促进作用

这些优惠政策，为对接丝绸之路经济带和孟中印缅经济走廊建设提供了强大动力，必将会促进中国通过西藏实现与南亚国家经济要素有序自由流动、资源高效配置和市场深度融合，推动南亚各国实现经济政策协调，开展更大范围、更高水平、更深层次的区域合作，共同打造开放、包容、均衡、普惠的区域经济合作架构。

第五节　西藏社会稳定优势

西藏社会稳定与否，是建设南亚重要通道成功与否的根本因素，只有稳定的西藏才能促进南亚重要通道的建设，当前，西藏社会总体稳定，为促进重要通道的建设奠定着日益牢固的基础。

一、当前的西藏社会局势稳定的优势

近年来，西藏坚持依法治区，完善立体化社会治安防控体系，提升情报信息搜集分析研判能力，强化维稳协调联动机制，严厉打击十四世达赖集团各种渗透干扰破坏活动，圆满完成重要时段、敏感节点和重点部位维稳防控安保任务；巩固深化“1+5+X”网格化管理模式和“双联户”运行模式，在网格化的基础上，延伸了联户单位，充分整合联户代表、驻村工作队、下层干部等力量，确保了基层和谐稳定。积极开展“六建”、“六个一”法制宣传主题教育、和谐模范寺庙暨爱国守法先进僧尼创建评选、“9+5”建设、“两险一保”覆盖等各项工作，不断深化“教育服务管理”三项职能，确保了全区宗教领域的持续和谐稳定。全面贯彻落实民族政策，大力开展民族团结进步模范创建活动，引导全区各族各界积极投身民族团结进步事业，促进各民族手足相亲、守望相助。自治区着眼解决西藏面临的主要矛盾和特殊矛盾，抓牢发展稳定两件大事，统筹发展稳定各项工作，形成了治边稳藏的长效机制，开创了科学发展、和谐稳定、民生改善、民族团结、宗教和睦、生态良好、边疆巩固的新局面。

诚如上文所述，西藏稳定对西藏建设面向南亚重要通道建设能够起到积极作用，当前西藏呈现出了科学发展、和谐稳定、民生改善、民族团结、宗教和睦、生态良好、边疆巩固的新局面，势必对西藏建设面向南亚重要通道建设产生巨大的促进作用。

二、西藏稳定对建设“面向南亚开放的重要通道”的积极影响

建设“面向南亚开放的重要通道”，势必需要南亚各国稳定的社会环境，稳定的地缘政治环境是建设“面向南亚开放的重要通道”前提和保障。从政治上看，西藏作为我国西部的重要边疆省区，西藏稳定对周边国家稳定具有平衡作用，维持安宁稳定的局面是保持南亚国家格局大体平衡的重要保证，进而，西藏稳定也能够对“丝绸之路经济带”建设产生积极影响。

“西藏自古以来就与相邻南亚诸国的联系紧密，交往频繁。事实上，

在19世纪英国殖民势力入侵南亚、东南亚前，尼泊尔、不丹、锡金（古代称哲孟雄，1890年沦为英国的"保护国"，现已完全被印度吞并）、缅甸以及克什米尔地区都是旧西藏和清朝中央政府的藩属，始终与西藏地方和中央政府"互通有无"，有着广泛的政治、经济、文化、宗教上的联系，后虽因英国的入侵导致南亚政治格局发生巨变"。① 正如前文所述，西藏具有极其重要的战略位置，"西藏通往南亚国家的通道有312条，其中常年性通道44条，季节性通道268条，分布在中尼边境184条，中印边境85条，中不边境18条，中印边境锡金段8条，中缅边境5条，与克什米尔地区边境12条"。② 可以看出，西藏处在与南亚各国重要的交通要冲地带，因此，西藏的稳定无疑对南亚各国的发展与稳定起着极其重要的平衡作用。

进入新世纪以来，美国到处推行霸权主义，在中国西藏的周边地区国家呈现出一种极其错综复杂的局面，而美国所推行的霸权主义却又不符合在西藏周边地区国家的利益，这些国家不希望原来的平衡状态因美国的介入而打破，那么这种局面中能成为主要制衡因素的就是中国，而这些国家与中国的西南边疆地带相邻，毫无疑问，西藏又是制衡因素中最重要的一个筹码。因此，"西藏社会的稳定即使从亚洲国家战略制衡的意义上来说，其特殊的战略地位也包含着亚洲大陆板块腹心地带的平衡价值"。③ 正因为如此，"一带一路"倡议提出来以后，孟加拉、尼泊尔、巴基斯坦等国都积极响应，我们认为除了"一带一路"所带来的经济利益以来，平衡南亚各国之间关系，消除美国影响也是题中之义。一旦中国夯实在西南边疆特别是西藏的基础，对这些国家的战略想法是一个鼓舞，可以成为中国事实上的盟友，为建设"面向南亚开放的重要通道"顺利实施具有重要战略影响。

---

① 孙勇等《维护西藏地区社会稳定对策研究》，西藏人民出版社，2015年6月。

② 孙勇等《维护西藏地区社会稳定对策研究》，西藏人民出版社，2015年6月。

③ 孙勇等《维护西藏地区社会稳定对策研究》，西藏人民出版社，2015年6月。

第三章　西藏建设“面向南亚开放大通道”的周边国际优势

南亚的现存地区权力结构中，呈现“印强巴弱”的竞争性总体格局。在这种格局下，印度一度俨然是南亚的地区霸主。在20世纪70年代，我国在介绍印度时，都称其“继承了英帝国主义的衣钵”，或者谓之“地区霸权主义”。时过境迁，今日的南亚已逐步由单一的竞争转为竞争与合作并存的和平区域。但印度的地区强国地位并没有根本性的变化。更重要的是，随着印度作为“金砖国家”的经济快速发展，其与巴基斯坦等南亚中小国家的综合国力差距越来越大，为寻求发展与均衡，西藏建设“面向南亚开放大通道”的周边国际形势中蕴藏历史上少有的珍贵机遇与合共赢机会。

第一节　西藏与尼泊尔的传统与现实合作优势

如前所述，中国与尼泊尔合作的历史源远流长。由于尼泊尔和中国接壤的部分全在西藏自治区，因此中尼关系常常在地方层面体现为藏尼关系。中尼之间的陆地经贸、文化往来，均需由西藏地方入尼境。西藏在发展面向南亚大通道建设中有得天独厚的优势，这一点要基于周边国家良好的合作基础。

一、中国与尼泊尔的合作优势

尼泊尔是中国在南亚地区的重要邻国之一，两国人民友好交往的历史源远流长。中华人民共和国成立后，中尼两国在和平共处五项原则的基础上，于1955年8月1日正式建立外交关系，并于1956年签订了进一步巩固和深化双边关系的《中尼友好条约》和边界条约。边界问题的解决为两国关系的发展扫除了障碍。冷战时期，尼泊尔为摆脱印度的干涉而强化与中国的关系，借助中国制衡印度。冷战结束后，中印关系逐渐改善，尼泊尔继续在西藏、台湾问题上给中国强有力的支持，而中国也始终保持着对尼友好关系，是尼泊尔的第二大亚洲援助国。在两国政府和学术界，中尼关系一向被认为是互不干涉内政、互相帮助的邻国关系典范，"新政府从来没有质疑他们的前辈与北京所做的任何交易"[①]。在这个基础上，后王国时期的尼泊尔对华外交，政治上更加密切，经济上加速从中国经济中受益，"中尼关系正处在历史上发展最快的时期"[②]。

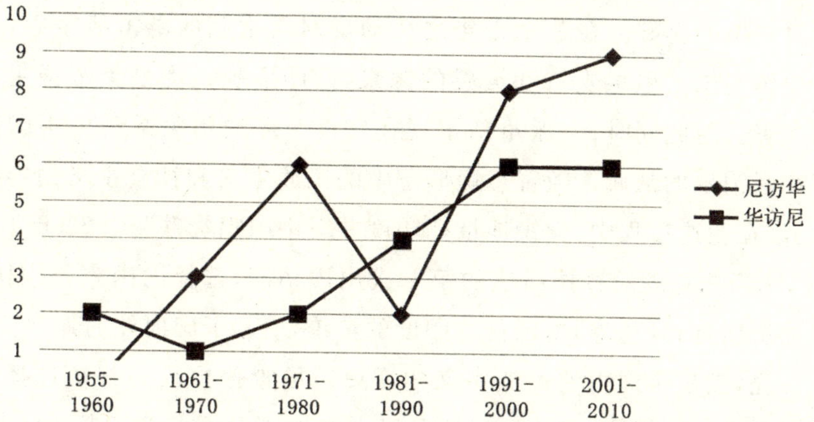

（1955－2010年中尼高层互访问示意图，尼泊尔方面包括首相、国王、太子、外交大臣、议长，中国方面包括主席、总理、政治局常委、国务委员、外交部长）[③]

---

① "China rushes in where India fears to tread in Nepal". Aug 17, 2011. http://articles.timesofindia.indiatimes.com/2011－08－17/south－asia/29895980_1_milan－tuladhar－jhala－nath－khanal－government－nepal－police.

② 中华人民共和国驻尼泊尔大使馆网站：《驻尼泊尔大使杨厚兰和尼副总理什雷斯塔共同出席中尼关系研讨会》，2013－01－04。http://www.fmprc.gov.cn/ce/cenp/chn/xwdt/t1002876.htm.

③ 根据《人民日报》图文数据库制作。镜像地址：http://202.204.132.206:957/web/index.htm.

(一)政治上认同中国

2008 年,普拉昌达上任后的首次讲话,呼吁国际社会,尤其是尼泊尔的邻国对尼泊尔的"历史变革"提供"精神和物质上的支持";而对于那些在精神上和物质上支持尼泊尔的国家,尼泊尔政府和人民也怀着感激心理,容易产生政治认同。

1. 打破惯例,首访中国

尼泊尔方面认为,"中尼之间不存在任何分歧和利益冲突,尼永远是中国的好朋友,尼政府和议会将继续坚定不移奉行一个中国的原则立场"[①]。在尼共(毛)参加首届制宪会议选举的过程中,"毛主义者毫不隐瞒自己对中国的喜好。在整个十年之久的反对君主制的游击战争中,毛派认为中国提供了思想支持和灵感的源泉,而印度被认为是美帝国主义势力搭车者。与此同时,毛派重新审视在印度—尼泊尔关系历史中印度的支配和尼泊尔的从属。随着意识形态中的民族主义和社会主义内容的增强,毛派在竞选过程中,尖锐地批评印度并对中国唱赞歌"[②]。2008 年 8 月 24 日,刚当选总理的普拉昌达的第一次出国访问,选择的国家是中国,打破了尼历届首相(总理)出国首访印度的传统,引起了国内外的强烈反响。

首先,满足了国内的民族主义的需要。尽管普拉昌达首访选择中国遭到了印度的反对,驻印使馆直接向尼方施加压力要求重新考虑该建议,但普拉昌达的决定在国内却得到了民众的支持,赞扬之声此起彼伏。普氏出发前,市民为其献花,连尼联共(毛)的老对手,尼军参谋长也向他表达了钦佩之情。普氏回国当天,市民载歌载舞欢迎他,待遇和国王相似。

其次,普拉昌达坚持首访中国,目的是想宣示尼外交独立自主性,力图展现与以往时代有所不同。其根本目标是校正在发展中日益走偏的尼印关系,用中尼关系来平衡印度的影响力。

---

① 丁刚、廖政军:《陈至立分别会见尼泊尔总理和制宪会议主席》,《人民日报》2012.04.05 第 3 版。

② Bhartendu Kumar Singh. "China, India and the Red Star over Nepal". Indian Defence Accounts Service. 29 April 2008. http://www.ipcs.org/article/china/china－india－and－the－red－star－over－nepal－2555.html.

第三，尼国内对华友好力量的一次展示。尼联共（毛主义）作为执政党，面临发展经济和改善民生的重任。半个多世纪以来，中国援助尼泊尔，从来不附加任何政治条件，因此各政治势力和民众均对中国持有敬佩和善意，首访中国是表达对中国外交政策的认可。中国驻尼泊尔大使杨厚兰认为，“中尼建交 56 年来双边关系健康顺利发展的三个原因：一是中尼友好历史悠久，基础广泛；二是相互尊重，平等相待；三是照顾彼此核心关切”[①]。普拉昌达首访中国，说明尼国内的亲华力量开始表达他们的意愿。印度学者认为“中国人也公然干涉尼泊尔的内部政治”[②]的观点是错误的。

2. 对中国举行重大活动的支持

2008 年中国举行奥运会期间，尼泊尔总理普拉昌达首先访问中国，参加奥运会开幕式，并参加奥运会闭幕式[③]。在当天以政府首脑身份来参加奥运会闭幕式的，只有蒙古总理，足见尼泊尔对华的重视程度。

2012 年 11 月，中国共产党举行十八大，尼泊尔也采取了重要的措施予以保障，除了加强国内的安保措施管控藏独分子外，尼泊尔各主要政党和首脑均发表谈话，对十八大进行赞扬，其中包括了尼联共（毛）主席普拉昌达、大会党主席苏希尔·柯伊拉腊、尼共（联）主席卡纳尔、尼共（毛）主席基兰、农工党主席比久克切、尼共（马列）主席麦纳利、马迪西人民权利论坛主席亚达夫、马迪西人民权利论坛（民主）秘书长德夫、大会党外事部主任苏加塔·柯伊拉腊、尼共（毛）国际局主任巴斯陶拉等尼泊尔主要政党领导人分别致函表示祝贺[④]。此外，政府部门和媒体也发表了谈话。可以说，十八大在尼泊尔也成了一个焦点新闻。

---

① 《尼泊尔举办中尼关系研讨会 尼总理表示坚定奉行一个中国原则》，新华网，2011 年 8 月 1 日. http://news.xinhuanet.com/2011－08/01/c_121755755.htm.

② Bhavna Singh. “China's Nepal Focus”. 14 July 2011. http://www.ipcs.org/article/india/chinas－nepal－focus－3431.html.

③ 孙奕：《尼泊尔总理抵京前来出席奥运会闭幕式》，新华网，2008 年 08 月 23 日。http://news.xinhuanet.com/newscenter/2008－08/23/content_9668685.htm.

④ 《尼泊尔主要政党祝贺中共十八大召开》，中华人民共和国驻尼泊尔大使馆网站，2012－11－09. http://www.fmprc.gov.cn/ce/cenp/chn/xwdt/t987877.htm.

时间	代表人物	内　容
2012 年 11 月 8 日	副总理兼外交部长施瑞斯塔	高度评价中国共产党在全世界发挥的重要作用
2012 年 11 月 10 日	驻华大使马汉什·库马尔·马斯基	十八大能够制定出更加富国强邻的好政策，让发展中国家，特别是尼泊尔这样的邻国可以借鉴中国的好政策、好模式
2012 年 11 月 10 日	媒体时事评论员、时政记者拉金德拉　巴哈迪	未来的中国将在全世界各个领域发挥更大的作用
2012 年 11 月 14 日	中国研究中心主席莫登·莱格米	中国取得的成绩举世瞩目，中国的发展对本地区以及世界的发展都做出了很大的贡献

在 2013 年 3 月，中国召开“两会”期间，尼泊尔部长委员会主席雷格米以及尼泊尔主要政党都向中国政府表达了祝贺，并向中国作出了维护中尼边境安全的承诺，采取措施管控境内藏独势力，保证中国两会期间的尼藏边界安全。

2015 年尼泊尔驻中国大使马赫时·库马尔·马斯基对西藏自治区成立 50 周年表示热烈的祝贺和由衷的赞赏。①

2017 年中国国务院副总理汪洋访尼时，尼泊尔总统班达里表示，中尼是患难与共的好邻居、真朋友。当前，两国高层交往密切，各领域合作进展顺利。尼方支持习近平主席提出的“一带一路”伟大倡议，将积极参与“一带一路”建设，推动中尼友好关系和互利合作不断向前发展。尼方坚定奉行一个中国政策，绝不允许任何势力利用尼领土从事反华活动。②

就在我们对本成果稿做最后的修改完善时，高兴地看到尼泊尔新当

---

① 刘珊：《尼泊尔官员对西藏自治区成立 50 周年表示由衷祝贺和赞赏》，《国际在线》2015 年 9 月 8 日。http://gb.cri.cn/42071/2015/09/08/7551s5094835.htm.

② 胡晓明：《尼泊尔总统、总理会见汪洋》，新华网，2017 年 08 月 16 日 http://news.xinhuanet.com/politics/2017-08/16/c_1121494890.htm.

选总理奥利再度访华，受到习近平主席的热烈欢迎。习近平在与奥利会谈时指出，中国和尼泊尔是患难与共的友好邻邦。中尼建交以来，始终在和平共处五项原则基础上开展互利合作。中方赞赏尼方坚定奉行一个中国政策，将一如既往支持尼方维护国家独立、主权、领土完整，支持尼方自主选择适合本国国情的社会制度和发展道路，祝愿尼泊尔早日实现发展目标。习近平强调，当前中尼两国关系正面临新的发展机遇。双方要密切高层交往，加强战略沟通，继续坚持和平共处五项原则，尊重和照顾彼此核心利益和关切，巩固中尼关系政治基础，提升中尼关系政治站位。中方愿同尼方加强“一带一路”框架下基础设施互联互通、灾后重建、经贸投资等领域合作，构建全方位互利合作格局。双方要加强文化交流，打造中尼人文合作新亮点，筑牢中尼友好民意基础。要加强执法能力建设合作，共同打击跨国犯罪，维护好中尼共同安全。中尼要加强在国际重大问题上沟通协调。奥利表示，尼中友谊源远流长，尼中关系是不同制度、不同大小国家关系的典范。尼泊尔钦佩中国的发展成就，高度评价中国在国际事务中的重要积极作用和亲诚惠容的周边外交政策，感谢中国对尼泊尔国家转型发展的支持。尼泊尔坚定奉行一个中国政策，决不允许任何势力在尼泊尔领土上从事任何反华活动。尼方愿同中方拓展新形势下合作。尼方高度评价习主席提出的人类命运共同体主张，并愿积极参与“一带一路”建设。①

3.对中国模式的赞赏

尼泊尔羡慕中国的经济模式，从尼共（联）到尼联共（毛），无不体现了这个特点。在尼泊尔学习和研究中国已经呈现出一种潮流。

首先是尼泊尔大会党的态度。大会党被一些中国学者定义为“资产阶级政党”，实际上，2011 年 7 月，尼大会党主席苏希尔·柯伊拉腊在 B·P·柯伊拉腊纪念日活动上表示，B·P·柯伊拉腊的民主社会主义是大会党的行动纲领，大会党不会摒弃民主社会主义的原则②。可以看出，如

---

① 人民网—人民日报．习近平会见尼泊尔总理奥利，2018 年 06 月 21 日 05:22。

② 尼泊尔新闻，中国驻尼泊尔联邦民主共和国大使馆网站，2011 年 7 月 22 日。http://www.fmprc.gov.cn/ce/cenp/chn/znbedsg/2011y7m/t842465.htm.

果从民主社会主义的原则出发，是可以容纳中国模式的。亚达夫总统的态度就是一个例证。2012 年 4 月 6 日，尼泊尔总统亚达夫在会见中国国务委员陈至立时表示尼将向中国学习治国理政的经验[①]。亚达夫总统来自尼泊尔大会党，其主张具有象征意义。

其次是尼联共(毛)的态度。普拉昌达在 2008 年访印期间提出“我们没有尝试正式的议会民主制或一党制。我们正努力尝试推进一种介于两者之间的新的民主体系。这种新的体系将加强下层的工人阶级的力量。希望印度媒体不要对这种体系正确与否妄下结论，因为尼联共(毛)并不希望照搬印度的民主模式”，说明尼联共(毛)领导的尼泊尔打算开辟自己的发展道路，但是尼联共(毛)显然也希望从中国共产党身上获取经验。

再次是尼共(联)的态度。尼共(联)较早就和中国建立了密切的联系，如果进行追溯，“中尼两党关系建于 1952 年”[②]。2012 年 11 月，中国共产党第十八次全国代表大会召开之际，尼共(联)主席卡纳尔“将中国的成功视为亚洲的成功”[③]。

此外，其他共产党态度也表达了对中国模式的认可。2012 年 11 月 6 日，驻尼泊尔大使杨厚兰出席尼泊尔共产党(马列)举办的“欣欣向荣的中国——一个独具特色的社会主义国家”研讨会。研讨会由尼共(马列)总书记麦纳利主持，尼共(联)、尼共(联合)、尼共(联合马克思主义)、尼共(联合马列)等政党负责人和专家学者 120 多人出席了研讨会。研讨会“回顾了世界社会主义革命和中国社会主义革命与建设的历史，高度赞赏中国特色社会主义道路及其发展成就，认为中国实行改革开放，创造性地发展了社会主义理论。尼泊尔应该借鉴学习中国的发展经验，努力摆脱目前的困境”[④]。

---

① 丁刚；廖政军：《陈至立会见尼泊尔总统亚达夫》，《人民日报》2012.04.06 第 3 版。

② 《宋平会见尼泊尔客人》，《人民日报》1992.10.06 第 1 版。

③ 《外国领导人、政党和组织祝贺中共十八大召开》，《人民日报》2012.11.09 第 13 版。

④ 中国驻尼泊尔使馆：《驻尼泊尔大使杨厚兰出席“欣欣向荣的中国——一个独具特色的社会主义国家”研讨会》，2012－11－06。

尼泊尔主要政党对中国模式的认可度一览表

时间	代表人物	党派	制宪会议位置	言论
2011年8月12日	各大政党青年组织主席		各党派[①]	学习和借鉴中国的发展经验
2011年7月5日	驻华大使卡尔基			中国选择的发展模式是适合中国经济发展的，而且有望成为一个全球的模式[②]
2011年8月18日	看守政府总理看卡纳尔	尼共(联)主席	第三大党	学习借鉴治国理政经验
2011年8月18日	前任总理普拉昌达	尼联共(毛)主席	第一大党	学习和借鉴中国共产党的治党治国经验
2012年4月6日	总统亚达夫	大会党	第二大党	尼将向中国学习治国理政的经验
2012年7月18日	基兰	尼共(毛)主席		为尼泊尔共产党传授了不少治国理政的经验[③]

4. 重修中尼友好条约的愿望

1960年，中尼两国政府商议了一个中尼友好条约草案。1960年4月

---

① 包括尼联共(毛)、大会党、尼共(联)、马迪西人民权利论坛、马迪西人民权利论坛(民主)、特莱马迪西民主党等青年组织的主席和成员50余人。参见《驻尼泊尔大使杨厚兰与尼青年领导人进行互动交流》，中华人民共和国驻尼泊尔大使馆 2011－08－13. http://www.fmprc.gov.cn/ce/cenp/chn/xwdt/t848218.htm.

② 任正来：《给中国共产党打高分——九位外国驻华使节眼中的中国共产党》，《人民日报》2011.07.05第23版。

③《姚引良会见尼泊尔共产党(毛主义)主席基兰一行人》，中国网，2012.07.18。http://news.china.com.cn/live/2012－07/18/content_15217854.htm.

28日，由周恩来总理和柯伊拉腊首相在加德满都签订了该条约，有效期十年，期满后没有续签。普拉昌达当选总理以后，希望签订一个新的友好和平条约。据媒体报道，“导致普拉昌达辞去总理一职引起争议的陆军参谋长事件之前，中国已通过了该友好条约的草案。普拉昌达的倒台，与坚持要和中国签订该条约有着密切的关系”[①]。

5.将中国作为印度军事援助的替代选项

印度是尼泊尔的主要捐助国和主要武器供应国。印度一直向装备较差的尼泊尔军队提供武器、军车和直升机等援助，帮助打击尼泊尔反政府武装。2005年2月，自贾南德拉解散政府以来，印度及美国和英国等西方国家一直施加压力，召回大使，要求贾南德拉改正错误。2006年尼内战结束，印度中断了武器供应，尼泊尔多次要求恢复，但是印度一直不积极，于是尼泊尔开始寻求中国的帮助。2011年3月，中国人民解放军总参谋长陈炳德访问尼泊尔，与贾拉·卡纳尔政府签订了两份协定。根据协定中国向邻国尼泊尔提供14.2亿卢比的军事援助。这是中国向尼泊尔提供的金额最大的军事援助。陈炳德是中尼关系史上10多年来访问尼泊尔的最高级别的中国军方官员。印度学者认为，“尼泊尔选择中国作为一个新的武器供应国……从中国进口能源挑战了印度对尼泊尔能源出口的垄断地位，尼印关系不得不重新调整[②]。

（二）经济合作升级到战略层次

在尼泊尔2008年5月28日的政体变革后，尼泊尔的对外经济路线有进行调整的冲动：“拥有尼泊尔迫切需求的资金和技术的中国有大量提供资源开发和基础设施建设方面的技术和资金援助的能力和意愿。在尼泊尔试图通过发展经济缓解国内矛盾并摆脱对印度的经济依赖和政治依附关系的过程中，中国有着巨大的发挥空间”，马丹·雷格米因此断定“尼泊

---

① 德鲁巴·安德希卡利：《政治僵局把尼泊尔带向（冲突）边缘》，陈一译，《亚洲时报》2009年11月18日，转引自《环球时报》2009年11月19日《中国比印度更想尼泊尔稳定》。

② Oliver Housden. “A New Dawn in India—Nepal Relations Prachanda's Visit to India”. 12 October 2008. http://www.ipcs.org/article/nepal/a—new—dawn—in—india—nepal—relations—prachandas—visit—to—2703.html.

尔与高速发展的中国西部之间的融合将有助于提升本国的形象，提高本国的经济地位和政治地位”①。

1.建立世代友好的全面合作伙伴关系②

2010年12月23日，中尼签署了《中华人民共和国政府和尼泊尔政府经济技术合作协定》。2012年1月14日，时任国务院总理温家宝访问了尼泊尔，双方决定在和平共处五项原则基础上，进一步发展中尼世代友好的全面合作伙伴关系。在这个声明里，尼泊尔对中国的经济政策有几个重大的突破：

双方共同机制建设方面，双方决定“进一步促进两国高层互访和各层次交往，充分利用现有的外交磋商、经贸联委会、民间合作论坛等机制，扩大政府各部门、议会、政党、地方和企业之间的交流与合作”。“两国领导人一致同意，指示双边磋商机制评估双方现有合作领域，探索新的合作领域，加强协调，向两国高层提出建议”。

在经济合作形式方面，双方表达了共同建设经济特区的意愿：“尼方感谢中方多年来为尼经济建设提供的宝贵援助，热情欢迎中国企业积极参与尼泊尔水电开发和基础设施建设，愿与中方探讨在尼合作设立经济特区，吸引中资企业投资开发”。中尼两国共同认为“中国西藏自治区和尼泊尔应充分发挥地缘优势，建立更多边贸点，加强边民往来，深化传统友谊与互利合作”。

在贸易通道建设方面，尼泊尔和中国同意“加强两国陆路和航空联系，并通过改善中尼公路交通基础设施，为加强双方交流合作和经贸往来提供便利”。2009年2月，尼泊尔决定在中尼边界塔特帕尼海关附近建立新的海关临时检查点。

2017年5月中旬“一带一路”北京国际合作高峰论坛上，中尼双方签署的关于一带一路合作谅解备忘录、建设跨境经济合作区的谅解备忘录、沙拉公路修复改善项目换文，中尼商业部门与其它60多个国家相关部门

① [尼]马丹·雷格米：《双边关系的力量》，载乌彭德拉·高坦主编：《尼泊尔与中国的关系：迈向新的融合》，中国国际友好联络会2005年承印，第154页。

② 以下引文均出自《中华人民共和国和尼泊尔联合声明》，《人民日报》2012.01.15第3版。

和国际组织共同发布了《推进"一带一路"贸易畅通合作倡议》,双方企业还签订了中尼友谊工业园、尼泊尔·中国西藏文化旅游产业园的合作协议。

在全面合作伙伴关系的指导下,中尼往来是全面的,是一种"全方位友好交流与合作",不仅官方层次的"政府各部门、议会、政党、地方和企业之间的交流与合作",中国方面还将向尼泊尔提供奖学金,教育、农业、媒体、智库、学者、友好团体等交流活动广泛进行。

2. 开展旅游、水电等各种领域的合作

2001年尼泊尔被中国列为公民旅游目的地国家。尼泊尔内战时期,安全环境恶化,中国公民到尼泊尔的数量急剧减少。2008－2012年中尼政治关系的发展,促进了尼泊尔的旅游业,中尼(西藏)旅游联合协调委员会每年举行一次会议。据不完全统计,2011年"尼泊尔旅游年"中,有将近75517名中国游客到尼泊尔旅游,而2012年这一数字上升15%－20%左右,比2001年增长了10倍,尼泊尔方面于2012年12月底简化了签证手续[①]。为了巩固已有的成果,中尼致力于常规的合作制度建设以及旅游辅助机构建设。例如2011.2012年中尼两国均签署了旅游合作谅解备忘录和"饭店协会备忘录"[②]。

此外,中国和尼泊尔多个经济领域都开展了各式各样的合作,例如中国在尼泊尔的水电、公路投资增速远超印度,在水电和电信领域投入了数十亿美元,其中西塞提项目有望最终结束尼泊尔电力短缺的局面;中尼边境增设了五个旱码头,中国在尼泊尔建立了最大的合资医院,签署95%零关税换文,中国企业在尼的领域扩展到农业、药品、房地产、酒店、餐饮、旅游……

双边贸易额逐年增长。根据中国商务部的统计,截至2016年,中尼双边贸易额8.9亿美元,同比增长2.7%。其中中方出口8.7亿美元,同

① "Nepal to Ease Visa Regime for Chinese Nationals". IndiaTimes. December 27, 2012, http://www.indiatimes.com/asia/nepal－to－ease－visa－regime－for－chinese－nationals－51902.html.

② 陈香玉:《中国(西藏)与尼泊尔签署旅游合作备忘录》,中国新闻网,2012年12月19日。http://www.chinanews.com/df/2012/12－19/4418956.shtml.

比增长 4%；中方进口 0.2 亿美元，同比下降 30.6%。

这些成果的取得，和中、尼双方的共同努力是分不开的。

2007—2011 年中尼贸易统计①

	进出口		对尼出口		自尼进口		贸易平衡
年份	金额	增长	金额	增长	金额	增长	
2007	4.00	49.3%	3.86	48.4%	0.15	78.5%	3.71
2008	3.81	—4.8%	3.75	—2.7%	0.06	—59.5%	3.69
2009	4.14	8.7%	4.09	9.0%	0.05	—11.6%	4.04
2010	7.437	79.6%	7.322	79.1%	0.114	115.8%	7.21
2011	11.95	60.9%	11.81	61.5%	0.14	21.4%	11.67

（据中国商务部统计，单位：亿美元）

（三）人文交流巩固世代友好

中尼两国都具有丰富的文化历史，睦邻友好深入人心，文化交流源远流长。2008—2012 年，随着中尼两国友好关系的不断深入发展，越来越多的尼泊尔人渴望了解中国文化。通过人文交流，两国人民进一步加深相互理解，有利培育共同创造两国互利合作美好未来的舆论氛围和民间环境，培养更多的友好传承者，使中尼关系一直向前。

1. 中尼建立人文交流高层磋商

中尼人文交流有政府层面的推动，而且推动的级别较高。2012 年初，温家宝总理成功访尼，与尼领导人共同宣布 2012 年为“中尼友好交流年”。2012 年 4 月，国务委员陈至立率中国妇女代表团访问尼泊尔。尼泊尔方面在中国举办“尼泊尔文化节”，中国政府为活动成功举办给予了大力支持。这些政府高层推动的人文交流提供了政治动力，确保了中尼民间友好的可持续性。

① 中国驻尼泊尔大使馆经济商务参赞处：《2007—2011 年中尼贸易统计》，2012—07—18，http://np.mofcom.gov.cn/article/zxhz/tjsj/201207/20120708239084.shtml.

2. 媒体交流

中国国际广播电台(CRI)的尼泊尔语广播始于1975年。中国国际广播电台尼泊尔加德满都FM92.4调频台2012年10月13日正式开播,这是国际台自2006年以来在海外开设的第八十家整频率落地电台,这一电台是中国国际广播电台与尼泊尔FM92.4都市调频正式建立合作伙伴关系的结果。

3. 教育交流

2007年6月,尼泊尔和河北经贸大学合作,在加德满都大学成立孔子学院。2009年8月,中国国际广播电台在尼泊尔开设了尼泊尔广播孔子课堂。为了更好地满足尼泊尔人学习汉语的需求,加德满都大学孔子学院组织的本土汉语教师培训班2013年1月12日在尼泊尔首都加德满都开课。这是中国首次为尼泊尔培训本土汉语教师①。2012年,中国驻尼泊尔使馆组织并与莫毗国际学校、加德满都孔子学院、孔子课堂合作举行了首届中国冬令营,并于2013年1月结营。CRI尼泊尔广播孔子课堂联合中尼青年友好协会于2012年4月8日在尼泊尔著名的旅游城市奇特旺举办为期两天的"中国·尼泊尔的好邻居"主题电影展。

4. 学术交流

后王国时期中尼的人文交流取得了突飞猛进的发展。尼泊尔本国和来自国际的非政府组织非常活跃,尼方自发成立了中国研究中心,该中心出版书籍,发表公开讲话与评论,举办各类研讨会,影响着尼民众和政府对中国的态度。除了中国研究中心外,尼泊尔的大学、研究机构、政府机构也举办各种涉及中尼关系的研讨会。中尼的人文交流,在后王国时期层次繁多,内容多样,来往密切,两国人员相互沟通,促进了两国的友谊,巩固了两国世代友好的全面合作伙伴关系。这些人文活动在尼泊尔王国时期几乎是不可想象的。

尽管2008—2012年,中尼关系由于尼泊尔国内局势的发展面临着考验,但是其对华外交政策是完全一致和明确的,尼泊尔政府努力把中国给

---

① 周盛平:《中国首次为尼泊尔培训本土汉语教师》,新华网,2013—01—14。http://news.xinhuanet.com/overseas/2013—01/14/c_124226532.htm.

予尼泊尔的支持“作为优势稳定下来”[①]。尽管中尼关系在各个方面都取得了重大的突破，但是说“在许多方面，中国现在决定尼泊尔的内政和外交政策”[②]则是高估了中国对尼泊尔的影响力。

2007—2012 年尼泊尔对华外交重要突破性事件

时间	事件	意义	主要关系方	突破领域
2008 年 7 月	对支持“藏独”美国登山者实施为期两年的禁令	尼泊尔历史上首次对外国人实施这样的禁令	中尼美等多边关系	安全
2008 年 8 月	普拉昌达访华	打破了以往尼泊尔首相就任后先访印度的传统	中尼双边关系	政治
2010 年 4 月	西藏—尼泊尔经贸协调委员会第一次会议	中尼经贸联委会框架下首次建立中国西藏—尼泊尔经贸协调委员会	中尼双边关系	经济
2010 年 5 月	中国单方面无条件给予尼泊尔 60%、4721 种产品零关税待遇	扩大尼泊尔产品对华出口、改变中尼贸易失衡的单方面最大优惠政策	中尼双边关系	经济
2010 年 7 月	中尼执法安全合作首次会晤	以召开首次中尼边境执法合作会晤为契机，建立和完善两国执法机构的会晤制度	中尼双边关系	安全

① Kimberley Layton. “Nepal: Caught in the Chinese Headlights ”, 7 August 2009. http://www.ipcs.org/article/south－asia/nepal－caught－in－the－chinese－headlights－2931.html

② Niharika Mandhana. “As China Squeezes Nepal, Tibetan Escape Route Narrows”. TIMES. July 17, 2012. http://world.time.com/2012/07/17/as－china－squeezes－nepal－tibetan－escape－route－narrows/

时间	事件	意义	主要关系方	突破领域
2012年1月	温家宝总理访尼	10年来中国总理首次访尼	中尼双边关系	经济为主
2012年	尼泊尔和中国友好年	尼泊尔历史上第一次采取"友好年"的形式	中尼双边关系	文化为主
2012年4月	出席博鳌亚洲论坛	尼泊尔首次派出工商代表团出席博鳌亚洲论坛	中尼双边关系	经济
2012年4月	尼议会审议通过中尼合作开发西塞提水电站	尼泊尔历史上设计装机量最大的水电站项目	中尼双边关系	经济
2012年5月	尼青年代表团访问中国	中国和尼泊尔青年实现首次互访	中尼双边关系	人文
2012年11月	中国向尼泊尔提供95%税目7787种输华产品零关税待遇	中国和尼泊尔商贸历史上最大的经济优惠政策	中尼双边关系	经济
2013年1月	加德满都大学孔子学院本土汉语教师培训班	中国首次为尼泊尔培训本土汉语教师	中尼双边关系	人文教育
2013年2月	"中国·印度·尼泊尔三边会议"	尼泊尔国际和战略研究学会召开的学会第一届三边会议	中尼印三边关系	学术交流

二、西藏与尼泊尔的合作优势

（一）友好交往的历史传统

在古代历史上，尼泊尔的北部和中国西藏的贸易曾经在中尼贸易史上创造过辉煌灿烂的一页。长期以来，由于西藏与尼泊尔毗邻，信仰、民俗、饮食文化等方面互相影响。吐蕃时期，赞普松赞干布和尼泊尔的赤尊公主的联姻加强了西藏与尼泊尔的政治联系，还推动了双方经济、文化、贸易等方面的交流。尼泊尔农业具有相对优势，农产品丰富，而西藏畜牧业发达，畜牧产品产量大，农牧产品之间的交换使得西藏与尼泊尔传统的以物换物的边贸市场逐渐发展。及至清代，西藏地区提供给尼泊尔的货物逐渐扩大到矿产、药材等。

（二）交通的便利

中国西藏与尼泊尔等南亚国家山水相连、互为邻居。中尼公路的建成使用使得西藏与尼泊尔文化、经济交流更为便利。中尼公路以西藏拉萨为起点，然后经过日喀则和定日县两个地方，分出两条支线，称为东线和西线。东线又称为聂拉木公路：聂拉木、樟木口岸、友谊桥直接通到尼泊尔首都加德满都；西线称为吉隆公路：吉隆县城途径吉隆口岸直接通到尼泊尔。[①] 这条公路对西藏和尼泊尔具有极其重要的战略意义。西藏独特的地理位置决定了西藏是中国与尼泊尔等南亚国家和地区交往的一个重要门户，而通过西藏的边境贸易口岸，尼泊尔可以将商品辐射到内地省区，这也使西藏成为尼泊尔面向中国的窗口。近年来，随着青藏铁路、拉日铁路、中尼公路改造工程、中国与尼泊尔的新航线以及正在筹划中的中尼铁路等交通基础设施的日益完善，为中国西藏通向尼泊尔提供了更加便利的交通条件。

（三）政治上的支持

2005 年初，尼泊尔政府下令关闭了“达赖驻尼办事处”及其下属的“西藏难民接待中心”。“达赖驻尼办事处”虽被关闭，但活动借助于“西藏难

---

① 刘中奇：《“一带一路”背景下中尼公路与西藏的发展》，《企业导报》，2016 年第 19 期。

民福利办公室"以及众多的非政府组织开展活动。尼联共(毛)、尼共(联)等左翼政党在维护中国利益方面,做了以下努力:

第一,表明立场。尼共(毛)执政后,始终表态坚持一个中国的立场,认为西藏和台湾是中国领土不可分割的一部分,强调西藏问题和台湾问题是中国的内部问题,其他国家不应干涉。尼共(联)也声明反对任何势力利用尼领土从事反华活动,认为这将会损害尼与友好邻邦的关系,敦促政府采取有效措施,妥善处理此类事件[①]。2009 年,部分马德西政党的议会会见了达赖,引起了中国方面的抗议。对此,尼内政部发表声明称,尼坚持一个中国政策,任何有损中尼友谊的活动均是不允许的,参与此类活动的人将受到法律惩罚。此外,尼政府表示反对部分尼议员与达赖会面,称这是"政治错误",并要求各政党及其议员遵守尼泊尔的一个中国政策。马德西人民权利论坛也发表声明称,其部分议员会见达赖是个人行为,不代表该党,西藏是中国不可分割的一部分,该党坚持一个中国政策[②]。

第二,举行集会。尼共(毛)等左翼政党积极开展集会活动,支持中国。2008 年 9 月 28 日,蓝毗尼的中尼友好协会在鲁潘德希(Rupandehi)举行游行,抗议北京奥运会之前尼境内的反华活动,向政府施加压力。

第三,政府直接采取行动。尼泊尔王国时期,尽管政府对流亡藏人加强控制,但是总体而言要看印度的眼色行事。尼共(毛)执政以后,总理等政府首脑反复强调尼泊尔反对任何势力在尼从事反华活动。2008 年西藏骚乱中尼泊尔警察"以暴制暴"和尼泊尔政府积极协助中国奥运圣火登上珠峰这两件事更加体现这一点。

第四,反对党和民间团体直接采取行动。尼联共(毛)的党员群众,自发地驱赶藏独分子或支持藏独的外国人。2013 年 1 月 28 日,尼联共(毛)党员和群众驱赶了聚集在尼泊尔西北小镇达勒克(Dailekh)的 22 名外国

---

① 尼泊尔新闻,中华人民共和国驻尼泊尔联邦民主共和国大使馆网站,2008 年 3 月 18 日。http://www.fmprc.gov.cn/ce/cenp/chn/znbedsg/c/t415903.htm.

② 尼泊尔新闻,中华人民共和国驻尼泊尔联邦民主共和国大使馆网站,2009 年 7 月 5 日。http://www.fmprc.gov.cn/ce/cenp/chn/znbedsg/2009y7m/t571650.htm.

记者，这些记者涉嫌在当地开展支持藏独的活动[①]。

普拉昌达政府采取严厉打击藏独的措施，后来的三届政府都延续了对藏独严格管控的政策，大大支援了中国的涉藏政策。在中尼对涉藏问题严厉管控的环境下，2008年西藏人到达尼泊尔的难民接待中心年内数量急剧减少，到2008年年底有596人次，相比2007年的2156人大为减少[②]。2010年，尽管仍然有874人藏族中国人抵达了加德满都的难民接待中心。持藏独立场的人员流亡到尼泊尔的人数比2009年略有增加，但均低于2008年拉萨动乱时期的水平。2008—2010年，到达尼泊尔的流亡藏人数字已经从每年约2500人经下降到约500人[③]。不仅如此，2010年尼泊尔的涉藏政策还有重大的突破：6月份三名藏族人被遣返回中国，这是从2003年以来第一次有藏人被遣返[④]。

（四）经济贸易的升级

1. 次区域经济合作

经济不发达的尼泊尔一直高度重视外贸在国民经济中的作用。早在上世纪末就确立了将尼泊尔打造为中印之间的“转口经济体”的战略[⑤]，尝试承担中印间乃至中国同南盟国家间贸易枢纽的角色。

尼联共（毛）执政的两届政府，在经济建设方面都提出了新的构思和理论议题，代表着尼泊尔的活力。巴特拉伊政府提出尼泊尔希望在这两

---

① Associated Press，“Rights group says threats from PM's party supporters force 22 journalists to flee Nepal town”，Washingtonpost ，Published：2013，January 28，http://www.washingtonpost.com/world/asia_pacific/rights—group—says—threats—from—pms—party—supporters—force—22—journalists—to—flee—nepal—town/2013/01/28/14881762—690b—11e2—9a0b—db931670f35d_story.html.

② “2009 Human Rights Report：China（includes Tibet，Hong Kong，and Macau），Bureau of Democracy，Human Rights，and Labor，2008 Country Reports on Human Rights Practices，February 25，2009”.

③ Jyoti Thottam，“Nepal：Caught Between China and India”. New Delhi. TIMES. Mar. 02，2010. http://www.time.com/time/world/article/0,8599,1967859,00.html#ixzz2JLl9w0Gq.

④ BUREAU OF DEMOCRACY，HUMAN RIGHTS，AND LABOR，“2010 Human Rights Report：China (includes Tibet，Hong Kong，and Macau)”，2010 Country Reports on Human Rights Practices，April 8，2011，P42。http://www.state.gov/documents/organization/160451.pdf.

⑤ Bhattarai，Dilli Prasad，“Making Nepal a transit point”，The Kathmandu Post，Feb5，2005；Lamsal.

个历史悠久的地区之间充当一个充满活力的桥梁，而不是仅仅扮演一个传统的缓冲区①。中国当时提出的建设南亚贸易陆路大通道战略和建设吉隆跨境经济合作区的战略目标正切合了巴特拉伊的这种“桥梁”的构想。

首先，“转口经济体”的基础条件是中尼交通状况。西藏除了扩建公路之外，青藏铁路还将延伸到尼泊尔北部。2011年11月，尼泊尔副总理兼外长纳拉扬·卡吉·什雷斯塔向媒体证实，中尼两国已经决定启动青藏铁路延伸至尼泊尔境内的相关调查工作；到2017年末这项跨国交通工程已经有了实质性的进展。

其次，“转口经济体”的生产基地是普拉昌达设想的“经济特区”，该特区与王国时期提出的特区区别是以中国为主导。2009年11月《中尼联合声明》规定，“与中方探讨在尼合作设立经济特区，吸引中资企业投资开发”②。

“转口经济体”实现的障碍主要是印度的阻挠。2009年10月28日，尼泊尔与印度重新签署了双边贸易协定，尼泊尔商品继续享受单方面零关税待遇，由于该协定不允许中国产品经尼泊尔销往印度，因此发挥尼泊尔在中印间贸易通道作用的时机尚未成熟。

2.贸易互补

由于地理、气候环境的差异，我国西藏与尼泊尔的贸易具有天然的互补性，因此在很长的历史时期内西藏与尼泊尔的通商都十分密切。乃至近现代，我国西藏与尼泊尔的贸易规模与贸易结构等都发生了巨大的变化，中央积极扶持西藏开展对外贸易，在和平解放初期西藏经济严重困难的情况下，由国家提供外汇来发展西藏的对外贸易，当时西藏与尼泊尔的贸易主要是边民互市贸易。现今，中国是尼泊尔的重要对外贸易国和主要投资来源地，尼泊尔是西藏最大的贸易伙伴，也是我国西藏与印度转口

---

① “PM says Nepal is no more yam between two rocksbut a bridge to link China and India”. 尼泊尔新闻网，15 January 2012. http://www.nepalnews.com/home/index.php/news/1/16005－pm－says－nepal－is－no－more－yam－between－two－rocks－but－a－bridge－to－link－china－and－india.html.

② 《中华人民共和国和尼泊尔联合声明》，《人民日报》2012.01.15第3版。

贸易的重要通道。西藏和尼泊尔等国家由于地理位置、人口资源等方面的差异性，使得双方在资源禀赋、经济结构、人力资源等方面有着巨大的差异性，同时也存在着巨大的互补性。[①] 例如，在旅游、藏医药、水电、交通、机械、通讯等领域，西藏可以依托区内乃至内地企业的优势与尼泊尔进一步开展经贸等领域的合作，以促进地区经济的发展。

3. 经贸协调委员会建立

自 2009 年西藏与尼泊尔经贸协调委员会签署设立以来，逐渐成为西藏与尼泊尔建立的旨在发展双边经贸与投资关系的最重要的工作机制。西藏自治区政府副秘书长才旦南杰曾经表示，近年来随着中国西藏与尼泊尔交往的不断密切，双方政府部门和金融机构之间也启动了相应的会晤机制，在各自领域内开展了更加广泛、更加深入、更加有效的合作，双方友好关系持续加强，贸易总量迅速扩大，人文交流广泛发展，高层之间互访频繁，全面合作伙伴关系不断向前发展，取得了较好的效果。

在西藏地区和尼泊尔的共同努力下，继 2011 年双方贸易额达到创纪录的 9.45 亿美元以来，2012 年双方贸易额又突破了 10 亿美元大关，达到 14.83 亿美元。2013 年双方贸易额达到 19.42 亿美元，年均增速 43%。[②]

三、中国方面的对策

（一）中国的对策

中国除了应坚持原有已被证明有效的对尼政策外，还应立足于中国在南亚的战略布局与长远收益，充分重视尼泊尔的战略地位，更积极理性地看待中尼关系，拟定更为可行的应对措施，避免急功近利，应从以下几个方面入手：

1. 对尼投资和贸易往来应遵循“多予少取”的策略

自 1956 年以来，我国向尼泊尔政府提供经济技术援助总额 17.5 亿

---

① 许肖阳：《“一带一路”视野下的中国西藏与尼泊尔次区域合作》，《西藏民族大学学报（哲学社会科学版）》，2015 年 9 月第 36 卷第 4 期。

② 马静、胡青：《中国西藏—尼泊尔签署经贸协调委员会第五次会议备忘录》，东方网，2014－09－27。http://news.eastday.com/eastday/13news/auto/news/china/u7ai2659241_K4.html.

元人民币，均为无偿援助。在中国援助的亚洲国家中，尼泊尔的受援规模排名第二。由于中国的无私帮助，尼泊尔人民对中国人民长期怀有特殊的友好感情。如果中国企业在尼投资和对尼贸易往来过分强调中国利益优先，惠及尼泊尔的措施过少，甚至破坏尼泊尔的生态环境，必然伤害来之不易的中尼传统友好关系。因此，中国对尼投资和贸易往来要本着增强其自力更生能力原则，采取多予少取的策略，更多地惠及尼泊尔的人民，中尼友好才具有可持续性。

2008—2012年中尼经贸的制度安排，已经接近中国内地与香港2003年6月签订的CEPA。CEPA立足于共赢和合作，协助弱小的尼方开拓中国市场，也有利于中国企业借助于尼方的自由市场环境将投资和贸易扩展到印度等南盟国家。根据2012年的协议，尼泊尔的商品输入中国时享有零关税优惠，尼泊尔在多个服务领域可享有优惠待遇进入中国市场。但是在中尼贸易投资便利化和改善整体营商环境方面，仍然存在着不足。中尼“建立更紧密经贸关系的安排”可以采取类似内地与香港的CEPA模式，但不囿于该协议，可在某些领域内有所拓展。

从国家利益视角来看，中国经济发展的长远战略目标是建立以自己为中心的地区市场，实现区域内经济良性循环。通过特殊经济安排，中尼经济可走向高度融合，并率先实现“中尼自由贸易区”，并探索建立“沿喜马拉雅国家自由贸易区”，努力最终实现“中国一南盟自由贸易区”的目标。

2. 始终不渝地支持尼泊尔追求独立自主

中国应当利用本国的舆论平台和国际影响，支持尼泊尔人民追求独立自主。从中尼建交开始，《人民日报》等中国主要媒体就大篇幅地阐述尼泊尔的外交政策，介绍尼泊尔的国情，报道他们争取独立自主的努力，在舆论上同情和支持尼泊尔政府和人民。进入21世纪之后，中国媒体对尼泊尔国情和对外政策客观、中立的报道有所减少，更多地从内战、纷争的角度报道尼泊尔，以提高媒体的关注度。对此，我们认为要发挥中国作为一个地区负责任大国的优势，尽量客观报道尼泊尔对独立自主和等距离外交的正当要求，使尼安全、政治、经济的正当、合理的要求得到国际舆论特别是周边国家的理解和支持。此外，从主流舆论上报道尼泊尔的政策，客观上也能给尼泊尔留下“中国支持始终如一”的认知，有利于尼方对华友好政策的延续性。

此外，减少尼泊尔对外依赖，增强经济独立的能力，是促使尼泊尔采取等距离外交的根本因素。即使短期内无法实现该目标，采用经济多元化的办法，不把鸡蛋放在印度一个篮子里，也能够大大改善尼泊尔的对印依赖。尼泊尔民众希望中国企业能够在尼泊尔设厂、创造就业机会，增强尼泊尔企业的独立性，而不是简单的“授之以鱼”。正因为尼泊尔本国的民族企业发展有限，才导致相当数量的尼泊尔青年人到美国、欧洲等外国寻求就业机会。一些尼泊尔甚至认为，青年人才的流失是尼泊尔经济发展面临的最大障碍。

3. 在一定条件下对尼泊尔进行合理的干预

中国一向主张不干涉别国内政，但并不代表着不可以在他国的要求下合理参与该国内部的和平与发展进程。中国应当尝试帮助尼泊尔左翼政党或政党联盟解决内部分歧，尽早结束政治僵局。左翼政党或政党联盟是尼泊尔政治中的主导力量，但是力量最强大的尼泊尔共产党派别林立，势力分散。在第一届制宪会议中，议席最多的两派共产党是尼联共（毛）和尼共（联）。令人感到高兴的是，在2017年的大选尼泊尔两大共产党——尼共（联）和尼联共（毛）搁置分歧，走向联合，赢得了大选的压倒性胜利。

特别需要指出的是，影响别国向符合中国国家利益的方向发展，渠道可以是多样的，手段可以是多种的。随着民间交流的增多、新媒体的出现以及非政府组织在尼泊尔的活跃，有些不宜政府出面推行的措施可以采取民间先行、非政府组织配合的办法，使用公共外交来解决。中国应吸收尼泊尔作为“上海合作组织”观察员乃至正式成员。中尼共同遏制藏独的政策缺乏长效机制，应争取将尼泊尔吸收进“上海合作组织”。上海合作组织打击三股势力的目标定位，符合中尼两国的共同利益。尼泊尔的西藏政策立场是始终一贯的，但是在具体措施上经常受到印度、美国等西方国家的左右，如果能将尼泊尔纳入上海合作组织的框架，使尼泊尔的涉藏政策不因政府更迭或印美压力而摇摆，那么尼泊尔就能成为中国打击藏独的稳定合作者，使中尼边境获得相对稳定的安全环境。

（二）西藏的对策

在“一带一路”倡议稳步推进的背景下，国内各地方政府应当根据自身的不同情况建设“一带一路”，优先发展互联互通，逐步实现或者分步有重点的实现“政策沟通、设施联通、贸易畅通、资金融通、民心相通”。对于西藏来说，加强与尼泊尔的双边合作，应从以下几个方面入手：

1. 构建对外开放新格局，积极构建更加紧密的双边合作平台

西藏自治区政府要抓住国家“一带一路”倡议的契机，积极构建起西藏对外开放新格局。积极发挥自身在区位、经贸等方面的比较优势，加强与尼泊尔等南亚国家的沟通与协调，扩大深化与尼泊尔等南亚国家的多层次、多领域的合作。西藏自治区政府积极响应尼泊尔建立北部经济特区的构想，以及积极融入国家“一带一路”倡议，已经在中尼边境的吉隆口岸处规划了“中尼经济开放开发合作区”，有关的前期基础设施建设工程已经开始。

如前所述，早在贾南德拉时期，尼泊尔就提出了中尼合作建设经济特区的构想。2008 年 12 月，尼外长亚达夫提出建议，希望中国帮尼泊尔建设经济特区，形式接近中国投资的柬埔寨西哈努克港经济特区和埃及苏伊士湾西北经济特区。此外，尼泊尔内部各党派就经济特区政策也无法达成共识，如 2012 年 3 月，尼泊尔服装制造及出口商向政府施加压力，寻求加速批准建立两个服装、地毯和手工艺品工业的经济特区的法案。一个经济特区拟建于西马拉(Simara)，另外一个建在百拉哈瓦，接近同印度的边界，有利于削减运输成本。该法案长达三年之久没有得到批准。2017 年尼泊尔左翼联盟在大选中获胜后，释放出来的有利于中尼合作的信息对今后两国的深化合作，必将产生积极的推动作用。

2. 开展调研，制定具体实施方案

首先，组织相关人员深入区内各地市外贸企业、特色优势产业，开展有针对性的调研，了解相关企业外贸需求，找出相关产业与尼泊尔开展贸易的可行性以及可能对相关产业带来的冲击；其次，制定《西藏自治区加

快建设一带一路中国西藏与尼泊尔次区域合作计划与方案》,在方案中要布局规划各地市在参与建设“一带一路”中国西藏与尼泊尔次区域合作中的功能区定位,支持与尼泊尔接壤地市的重点功能区建设;再次,加快与尼泊尔等南亚区域国家的互联互通重大基础设施项目的建设,比如落实青藏铁路延伸线,建设现代化“陆地航空港”。现代科技的发展使喜马拉雅山的阻碍作用被限制在一定范围内。西藏政府对尼泊尔应打破原有开放口岸的旧思路,引入现代高速铁路时代的“陆地航空港”模式,尽快将青藏铁路延伸到尼泊尔。中尼铁路建成后,尼泊尔将不必再担心印度频繁的封锁,更有利于中国将其经济和政治力量投射到尼泊尔、乃至于南亚更深的地区。从政治、经济、国防等多个角度分析,中尼铁路的修建条件已非常成熟,无须因印度的戒心而延迟。西藏政府应当积极筹备铁路建设,落实区域交通建设,从而带动西藏经济社会的持续快速发展。

当然,除了传统的公路、铁路、航空、管道的建设,还有电力、电信、邮政、边防、海关、质检、规划等新领域的连通与沟通。

3.培育外贸企业,完善政府相关服务

首先,针对《西藏自治区加快建设一带一路中国西藏与尼泊尔次区域合作计划与方案》,各政府相关部门还应对合作计划进行任务的分解和细化工作。自治区政府要根据区域内各部门、各行业的具体情况,制定出详尽的促进外贸发展与旅游文化合作的政策、措施。比如在进出口、投资、税收、贸易金融等外贸相关领域,相关部门要根据尼泊尔市场的特殊性制定出适应本地区的、有利于西藏地方与尼泊尔等南亚区域国家双方发展的出口、投资、税收、金融、货币等领域的实施细则,发展和鼓励区域内中小外贸企业扩大出口,增强中小外贸企业在区域经贸竞争中的实力,促进本地区的外贸经济发展水平。其次,各地市政府还应该针对本地区产业发展优势,培育出一批针对尼泊尔贸易的龙头企业,从产业、政策等方面向龙头企业的发展提供便利,提升外贸经济发展水平。华新西藏公司水泥出口尼泊尔经过了近九年。从2008年6月8日首批出口尼泊尔100tP.042.5水泥并获得客户好评以来,华新西藏公司不懈努力,进一步扩展出口尼泊尔的外贸业务。长期的良好的贸易来往使得华新成为最受尊重的企业之一，华新水泥在尼泊尔已成为知名品牌。这也为西藏进一步开拓南亚尼泊尔、孟加拉等国际市场打下良好基础。

总结起来，中国作为安理会成员国，要多发挥在南亚地区的影响力，坚定不移地支持尼泊尔追求独立自主、贯彻和平共处五项原则的正当要求，加强合作，共同发展，建设一个和谐的周边和共赢的亚洲。而西藏自治区政府要打破旧思路，抓住"一带一路"倡议带来的历史性机遇，谋求区域合作，进而推动地区政治经济跨越式发展。

第二节　西藏与印度的传统与现实合作优势

中国和印度均为亚洲的大国，虽然两国之间存在着领土争端以及由此引发的其他矛盾，但是，两国却有很多的共同利益和相似主张，两国从古至今进行了很多卓有成效的合作，印度也是中国在全球事务中必不可少的伙伴。

一、中国与印度的合作优势

尽管印度进入21世纪以来，频繁在中国周边采取各种动作，以彰显其的存在感，为其大国战略服务。但是整体上看，印度仍然不希望和中国发生战争。由于中国和印度都是快速成长的崛起中大国，两国一旦发生战争，不但阻挡了两国崛起的进程，也是两国人民的灾难，对于域外大国而言，则是乐见中印两个世界权力的"潜在的挑战者"提前倒下。印度的战略决策者们仍然希望和平，但是寄希望于中国的让步，这实际上错误地判断了中国维护主权的决心和意志。双方的摩擦和危险近在咫尺，但两国的基本底线仍然是维持和平与合作。长远来看，中印合作具有很大上升空间。

（一）历史文化不可分割

中印两国人文交流有着悠久的历史，肇始于印度的佛教通过丝绸之路传入中国。"佛国之伟"使中国人仰慕西天，鼓动了中国高僧西进求法，推动中印宗教文化繁荣发展，进而带动其他领域的人文交流。从《国语》、

《战国策》等中国典籍中可以发现所受印度文化影响的痕迹，由此见得中印文化交流已经进行了数千年。沿着丝绸之路这条彩带，两国的宗教、艺术、舞蹈、音乐、经贸交互传播，相得益彰。广泛的交流促进了双方文学、艺术、哲学、宗教的发展，也促进了双方科学技术的昌盛。季羡林认为："在全部世界史上，要举一个文化交流双方获利的例子，非中印文化交流莫属。中印文化交流是全世界当之无愧的典范。"①

印度文化是一种多元的文化，或称复合型文化，这与中华文化如出一辙，同属"东方文化"的中印文化之间存在许多相似之处：在人际社会关系上，中印都重视伦理、道德、精神。在认知方面，中印都重经验、直觉，着眼长远，重宏观的整体综合。在自我评价方面，中印传统文化都特别强调"修身"、"反省"。从以上这些方面来看，中印文化属于同质文化。就一般而论，同质文明之间能够产生一种同心力、亲和力、吸引力，更能理解和包容对方的观念和行为，较容易沟通与交流。也许正是由于这种文化同质，使得在两国关系十分困难的年代，在许多重大的国际问题上，中印两国总是有许多不谋而合的观点。在文化全球化时代，中印两国文化的处境有一定的相似之处。文化全球化是今天客观存在的一种现象它和文化的多元化和文化的民族性是可以并存的，也可以说两者是统一的。

由于数千年的人文交流和历史文化的传承，中印文化有不可分割的联系，这使得中印合作成为不可避免的必然。

（二）印度对中国态度缓和

2013年9、10月份习近平主席提出"丝绸之路经济带"和"21世纪海上丝绸之路"倡议后，印度政府没有做明确表态。2014年2月，趁着中印边界问题特别代表第17轮会谈的时机，中国国务委员杨洁篪正式向印度发出了共建"21世纪海上丝绸之路"的邀请，印度安全顾问梅农口头上应邀并进行了积极评价。印度舆论迅即掀起了讨论该话题的热潮。印度政府面对中国态度缓和，例如莫迪和中国领导人会见时表态愿将"一带一

① 季羡林、张敏秋主编：《文化交流能推动中印社会前进》、《跨越喜马拉雅障碍：中国寻求了解印度》，重庆出版社，2006。

路”与印度经济发展对接。印度对中国“一带一路”倡议出现更多中立客观乃至友好的态度。出于经济原因,多数集中于2013年中国领导人提出丝路计划后的窗口期与讨论期,而且以看法相对中立客观并且不对中国有任何偏见、敌对意图的人士中。出于安全原因,在积极型的视野中,则认为中国是为了发展海上力量,服务于中国成为世界大国的目标。印度国家海事基金会的格普雷特·库拉纳认为,“一带一路”意在确保中国商品的海上运输安全和保障中国海外原油供应通道。印度和平与冲突研究所的特舒·辛格也持类似观点,认为“一带一路”中的“一路”有助于中国解决马六甲困境,保障中国的海上通道安全。

由于中国提出的“一带一路”倡议中涵盖印度,因此印度人自然会提出在丝路计划中印度的应对之策问题,其本质是中印关系在“一带一路”中的定位。需要说明的是,这些国家基本面的定位涉及到如何认识中印关系的性质问题,但是“一带一路”只是中印关系的局部领域。局部领域会影响中印关系的整体性质,但是局部领域有相对独立的性质。只有明确了双方关系在“一带一路”这个领域内的性质,决策者才能决定制定怎样对待对方的政策。印度和平与冲突研究所的维杰·沙胡加认为,中国的“一路”对印度来说是一个提升印度海上基础设施能力的重大机遇。印度尼赫鲁大学中国与东南亚研究中心教授狄伯杰(B,R,Deepak)在接受中国社会科学报采访时就认为应当加强中印交流与信任,两国可共促“一带一路”建设。拉吉夫·拉詹·查特维迪主张,积极回应中国的“一路”符合印度利益。印度和平与冲突研究所在2014年12月召开“确保印度在印度洋的利益”会议认为,印度和中国在印度洋具有相似的目标,中国的海上丝绸之路对印度利大于弊。印度国家海事基金会的艾提玛尼·布拉认为,“海上丝绸之路”(‘一路’)提供新的就业机会,印度可从中国的造船业技术和深海采矿经验中获益。印度国家海事基金会的曼汉兰认为,印度缺乏海上基础设施和技术来开发海上能源,因此“一路”于印度而言却是一个发展的机遇。还有一些主张加入“一带一路”的人士观点认为:“1.中国如果想干,印度挡不住。如果印度不加入,其他国家也会加入,最终印度会被这一潮流边缘化。2.‘一带一路’的核心是基础设施,印度政府没有钱,需要外界的帮助,可以从中国的战略计划中谋利。3.即使印度想影响中国的政策,待在'一带一路'里面也比待在外面好,至少可以设置议题障碍,让中国干不了多少事。印度人其实在内心深处不喜欢'一带一路',他们有自己的季风工程,香料之路,最近又提出了一个棉花之路。'一带一路'的起点是中国,终点是中东和欧洲,印度只是个过客。所以,这里面既有战略考虑,也有民族自尊心的考虑。在矛盾的态度中,印度政府的态度可能出现软化,但不太可能一步到位。事实上,印度加入亚投行已意味着部分加入了'一带一路'"。

2018 年 4 月 27 日,印度总理莫迪到武汉对中国进行非正式访问,受到习近平主席的热烈欢迎,这是自 2017 年以后出现的又一个积极变化;6 月 10 日,莫迪代表印度首次以"上合组织"正式成员国的身份参会。所有这些预示着中印两国有更加良好关系出现的可能。

(三)中印是全球事务中的重要伙伴

尽管中国和印度双边关系存在严重矛盾(结构性矛盾),在地区层面也存在激烈竞争,但在很多全球性事务中两国却有很多的共同利益和相似主张,两国过去和当前都进行了很多卓有成效的合作。

首先,中印都主张世界格局多极化,反对强权政治。中国和印度都是崛起的大国,为了在世界体系中获得应有的地位,都主张世界格局多极化,两国都成为多极世界中的重要一极。这使中国和印度,以及俄罗斯、法国、巴西等主张多极化的国家进行协调与合作,共同反对美国单极世界的主张。在国际政务中,中国和印度都反对强权政治,反对霸权主义,反对干涉内政,主张通过和平谈判解决国家间争端。从近些年的国际政治实践看,中印两国对美国发动的伊拉克战争、阿富汗战争、对利比亚的军事干涉,以及目前对叙利亚局势和伊朗核问题都持相近的立场。印度的进一步强大,如果真的成为仅次于美国和中国的世界第三经济大国,综合国力达到美国 50%以上后,同样会引发美国的担忧,强大的印度将更加独立自主。

其次,中印都主张建立国际政治经济新秩序。现行的国际政治经济新秩序由美国在二战结束后主导制定,很多规则对中印等发展中国家不利。中国和印度等发展中国家多年来一直要求建立国际政治经济新秩序,随着两国国力增加,中印合作将更有可能推动新秩序的建立。两国在WTO农产品贸易谈判中持相似立场;在G20峰会上要求扩大新兴国家在IMF等国际金融机构的投票权并获得了成功。中印还与俄罗斯、巴西和南非建立了"金砖国家"组织,在2013年"金砖国家"峰会上达成了建立"金砖国家开发银行"的决定,这将促进成员国自身的发达,并增强与西方发达国家谈判的能力。2017年6月9日上海合作组织第17次领导人峰会在哈萨克斯坦阿斯塔纳举行,会上正式接收印度和巴基斯坦加入该组织,从而使该组织成为世界上幅员最广、人口最多、潜力最大的地区性国际组织,这为中印两国扩大合作提供了平台。

在全球气候问题上保持密切合作。应对全球气候变暖已经成为当今世界最重要的全球性问题,减少碳排放成为各方斗争的核心。中国和印度都是碳排放的主要大国,在减少温室气体排放方面有重大责任。欧盟为减排制定了严格标准,并要求发展中国家也承担强制性减排义务。但碳排放是一个历史累积过程,发达国家对全球气候变暖负主要责任,中印等发达中国家面临发展问题,减排义务不能影响发展中国家的发展。中国和印度等坚持"共同但有区别的责任"原则,主张按"人均排放"和"历史累计排放"的标准确定各国的减排义务。要求发达国家对发展中国家进行技术转让,帮助发展中国家提高能源利用效率以减少碳排放。在哥本哈根气候大会,以及之后的历次全球气候问题上中国和印度都保持密切的沟通与合作关系,共同与美国以及欧盟展开斗争。

再次,印度崛起为两国创造更多的经济合作机会。中国和印度虽然都是大国,但两国长期实行内向型经济发展战略,对外贸易规模极小,1992年中印贸易额只有3亿美元,两国之间的贸易几乎可以忽略不计。两国先后实行经济自由化改革后,特别是印度90年代初实行经济改革后,两国贸易开始增长,到1995年达到了11亿美元。进入新世纪后,印度经济增长速度加快,中印贸易也高速增长,2001年达到36亿美元,2003年达到76亿美元,到2012年两国贸易达到750亿美元,远高于同期两国对外贸易增长。中国已经超越美国成为印度第一大贸易伙伴,印度成为中国第十大贸易伙伴。两国贸易互补性强，印度强于服务业及软件产业，中国强于制造业及硬件产业；印度向中国出口以原材料和初级制品为主，中国向印度出口以制成品为主。2010 年，两国领导人设定在 2015 年把双边贸易增加到 1000 亿美元的目标。印度快速经济增长受制于基础设施落后的瓶颈，而中国企业在中国基础设施建设中积累了丰富的能力和经验，在成本、质量和效率方面都极具国际竞争力，这为两国互利合作创造了机会。由于政治互信不足，印度对中国企业投资设置了很多防范和限制措施。为了进一步促进两国经济贸易合作，两国领导人同意举行“中印战略经济对话”，首次对话会议于 2011 年 9 月 26 日在北京举行，第二次于 2012 年 11 月在印度新德里举行。对话达成了共识和协议，有助于消除两国间的贸易和投资障碍，充分挖掘两国间的贸易潜力，分享彼此发展的成果。2015 年 8 月，三馆经商机构联席会议成功举办，使得中国深入了解印度经济形态，合作潜力及趋势，为下一阶段在印企业开展经贸合作打下坚实的基础。2016 年，中印双方经贸合作进入换挡提速期，两国贸易额超过 700 亿美元，中国已成为印度最大贸易伙伴[①]。2017 年 4 月，印度《经济时报》报道，中国出口到印度的太阳能设备占据了 87%的市场份额，中国成为印度最大的太阳能设备出口国[②]。

此外，中印民间交流逐渐繁荣。据印度媒体《商业标准报》报道，截至 2016 年 6 月，印旅游部数据显示，今年前 5 个月，43.4 万外国游客通过电子签赴印，同比增长 293%。其中美国占 18.52%，英国 15.63%，中国排第三，占 8.17%。去年印政府将电子签适用国家从原来的 43 个增至 150 个，中国位列其中。

总的来看，在大多数全球性事务和国际重大问题上，中国和印度都持相同或相似的立场和观点，印度崛起后这一基本状况也不会发生改变。就中印之间来讲，两国领导人都认为“世界有足够空间供中印共同发展，

---

① 胡晓明、李明：《专访：中印合作潜力巨大》，中国经济网，2017 年 9 月 2 日。http://intl.ce.cn/sjjj/qy/201709/02/t20170902_25659205.shtml.

② 《中国成为印度最大的太阳能设备出口国》，中国日报网，http://world.chinadaily.com.cn/2017-05/02/content_29171685.htm.

也有足够领域供中印开展合作”。

二、西藏与印度的合作优势

虽然中印之间仍存在领土纠纷,且外交进程十分曲折,但这无法阻挡我国西藏与印度之间的边境贸易。

(一)贸易历史源远流长

据史料记载,早在松赞干布统治的吐蕃时期,吐蕃地方政权就与天竺、尼婆罗(现尼泊尔)等南亚地区进行着频繁的文化交流和贸易往来。公元17世纪以后,西藏同印度的贸易往来愈发频繁,如用当地的羊毛、硼砂等产品交换马匹和一些日常用品。18世纪,清政府制定并颁布了《藏内善后章程二十九条》,基本确定了西藏地区与南亚国家贸易往来的地点、时间、规模,[①]因此西藏与印度之间的贸易关系变得更加密切。18世纪中期,印度沦为英国殖民地,在英印政府发动了第一次侵略西藏战争后,西藏地方政府被迫在亚东、帕里等地开设通商口岸且不纳税款。据英国官方不完全统计,在1890—1891贸易年度,中国西藏与印度之间的贸易总额为1178868卢比,在1887—1888贸易年度,经亚东商路的中国西藏与印度贸易额为369226卢比,到1894—1895贸易年度,中国西藏与印度贸易总额增长至2105015卢比,同年经亚东商路的中国西藏与印度贸易额则增至1149150卢比,到1899—1900贸易年度,中国西藏与印度贸易总额进一步扩大为2897272卢比,同年经亚东商路的中国西藏与印度贸易总额也增至2206405卢比。[②] 20世纪40、50年代,中印相继先后独立,中印签订了《中华人民共和国、印度共和国关于中国西藏地方和印度之间的通商和交通协定》,为中国西藏与印度开展边境贸易奠定了良好的基础。此后,西藏与印度的贸易量明显增加,此外,西藏的阿里地区确定了6个山口、10个市场对印度开放,双方地区贸易取得了一定的发展。

---

① 狄方耀:《西藏经济学导论》,西藏人民出版社(拉萨),2002年4月版,第248—249页。

② 周伟洲:《英国、俄国与中国西藏》,中国藏学出版社(北京),2000年版,第130—131页。

(二)西藏经济资源丰富

西藏位居青藏高原的主体地带,地域辽阔,地貌壮观、资源丰富,其重要的战略地位和独特的自然、地理、气候、资源及人文条件,使其具备了发展边境贸易的特殊优势。西藏丰富的自然资源为实现对外开放提供了得天独厚的物质条件,其自然资源总丰度和人均占有优势均居全国第一。农牧业在西藏国民经济中占有非常重要的地位。农牧业人口占全区人口的 80%,耕地面积 343.14 万亩,其中有效灌溉面积 25.57 万公顷,占 79.4%;农业作物品种繁多,青稞和小麦是主要品种,此外还有水稻、玉米、大豆、高粱等粮食作物和花生、烟草、茶树、苹果、梨、核桃等经济作物以及大白菜、油菜、萝卜、西红柿、黄瓜等蔬菜作物。西藏是我国五大草原牧区之一,天然牧草地面积居全国之首,为 6479.68 万公顷;牦牛是主要的家畜,此外还有黄牛、犏牛、绵羊、山羊、马、驴、骡、猪、鸡等。西藏自治区水利资源丰富,是中国河流与湖泊最多的省区之一。亚洲著名的恒河、印度河、湄公河的上源都在西藏;在西藏境内流域面积大于 1 万平方公里的河流有 20 多条,雅鲁藏布江为西藏的第一大河,全长 2057 公里,是我国第五大河。西藏面积大于 1 平方公里的湖泊有 600 多个,湖泊总百积 24183 平方公里,约占我国湖泊总面积的三分之一,是世界上湖面最高、范围最大、数量最多的高原湖区。① 据《中国水资源评价》资料,多年平均降水量为 7123 亿立方米,径流量为 4482 亿立方米。西藏的森林和野生动植物资源在全国名列前茅。森林面积达 1267 万公顷,居全国第四位;木材蓄积量达 20.84 亿立方米,居全国首位;常见的成林树种主要有松、杉、柏等。主要的野生植物有药用植物、糖类和淀粉类植物、纤维植物、油脂植物、芳香油植物、鞣类植物等六大类,其中以药用类最为丰富,达 1000 多种,有的畅销国内外。野生动物有兽类、鸟类、鱼类。兽类中的藏羚羊、野牦牛等系青藏高原特产珍稀动物,白唇鹿为中国特有的世界珍稀动物;鸟类已发现的有 473 个品种,其中西藏黑颈鹤为中国所特有;鱼类共已发

---

① 西藏自治区国土资源厅:《西藏资源总体情况》,2012－07－23。http://www.mlr.gov.cn/kczygl/kczydjtj/201207/t20120723_1123619.htm.

现有64种,以鲤科的鱼类为最多。目前,西藏有五个自然保护区,它们是:羌塘野牦牛、藏野驴、藏原羚保护区;芒康滇金丝猴保护区;申扎黑颈鹤保护区;林芝东久红斑羚保护区;类乌齐长岭马鹿保护区。1991年,西藏还成立了野生动物保护协会。西藏拥有特殊的地质构造,被学界公认地处全球三个重要的成矿带,具有很好的成矿条件。西藏自治区国土资源厅的资料显示:截至2005年,西藏已经探明的矿种多达101种,探明矿产地1858处,探明储量的矿床达132个。其中铬、铜、铁、硼、黄金不仅是目前中国短缺的矿产资源,也是今后一个时期此类矿产的重要后备基地。在已经发现的矿产资源中,西藏有17种矿产位居全国各省(区、市)前9位。其中,铬铁矿已探明的储量居全国之首,锂的远景储量居世界前列,是中国锂矿资源的基地之一。铜的远景储量居全国第二位。除此之外,西藏的金、铅、锌、钼、锑、铁、铂族金属以及石油、天然气等非金属矿产也都具有广阔的勘查前景。西藏矿产资源的潜在价值在6000亿元以上。另外,西藏现有盐湖2000多个,面积6万平方公里,盐湖中的矿产资源高达十几种,仅日喀则地区的大扎布盐湖,其潜在开发价值就高达数千亿元。在有色金属和稀有金属矿中,西藏锂的远景储量居世界前列,是中国锂矿资源的基地之一。西藏锂的远景储量居全国第二位。在非金属矿中,硼的储量大、分布广,已探明的储量在国内名列第三位。此外,冶金辅助原料菱镁矿,探明的储量居全国第三位。化学工业需要的重晶石、砷,储量分别居全国第三、第四位;建材工业上广泛利用的石膏、陶瓷土,储量分别居全国第二、第五位;国防、电子工业不可缺少的白云母,储量居全国第四位。能源矿产的蕴藏量也有新的发现,已探明的泥炭储量达800多万吨,居全国第四位。太阳能资源居世界第二位,风能发电也极具潜力。[①]此外,西藏有秀丽的山川河流和异彩纷呈的民族风情,是发展旅游观光、登山探险、科学考察的理想场所,西藏发展旅游业的前景十分广阔。

西藏的民族手工业品种类繁多,西藏的地毯,不仅历史悠久,而且工艺独特,色泽鲜艳,古朴大方,极具民族特色,图案丰满,绚丽多姿,在国内

① 石生泰主编,关连吉、杨伟良编著:《西部大开发系列丛书:西部民族经济》,甘肃人民出版社(兰州),2001年版,第64—65页。

外均享誉盛名。特别是江孜卡垫,久已闻名于世。只要注意改进花色品种,适应国际市场的要求,重新振兴地毯业,拓展国际市场是不成问题的,近些年由于西藏本区市场狭小,区内商品容易饱和,许多民族手工业品出现了供大于需的现象,这就需要寻求更为广阔的市场,把供需渠道外张到区外。国外,鉴于西藏周边一些国家与其消费水平相似,许多民族手工业品完全可以通过边贸打入其市场。因此,西藏有些产品的生产,不仅具有一定的影响力,而且还有一定的外张能力。和平解放50多年来,西藏的改革开放迈出了重要步伐,随着对外开放的不断扩大,西藏经济逐步从封闭型转向开放型,作为西藏开放型经济重要组成部分的边境贸易,在西藏的对外开放中发挥着举足轻重的作用。

(三)产业结构互补

中国与印度的边境贸易发展不单取决于我国,印度乃至整个南亚地区的经济社会因素也存在着很大的影响。以印度为中心的南亚地区与西藏基本上宗教同源。宗教联系广泛,特别是与印度、尼泊尔、不丹,在民俗风情、消费习惯、需求特点等方面相互了解,具有同一民族内部密切的血缘、心理、姻亲关系,形成了互补性市场的初级基础。南亚地区人口众多,巨大的消费需求使南亚成为潜力巨大的贸易市场,并且日益受到世界的关注,西藏毗邻南亚市场,具有特殊的地理优势,这就为西藏发展边境贸易创造了基础。另一方面,西藏与南亚地区具有较为明显的产业结构互补性,例如,西藏的畜牧业在地区经济结构中占据重要地位,而南亚各国,尤其是印度等主要国家,种植业在经济结构中也是占据重要地位。又如,印度的高新技术产业发展较快,特别是计算机软件、矿产品、医药制品、珠宝、纺织品、航空与空间技术产业等,而西藏的产品技术含量较低,差异的存在表明西藏与南亚邻国在经济上具有一定的互补性,在发展互通有无的贸易和以各自优势参与合作方面具有一定的发展潜力,为中印双边经贸的进一步发展创造了条件。

(四)印度市场潜力巨大

印度是南亚地区的第一人口大国,仅次于我国而居世界第二位,也是一个面积广阔但国民收入处于低水平的发展中国家。印度庞大的消费族群使该国成为全球30个新兴零售市场中最具投资吸引力的国家。印度经济增长主要来源于个人支出。摩根士丹利经济学家斯蒂芬罗奇估计，私人消费占到了印度经济的64%，超过欧洲的58%，中国的42%。印度能转入高速增长的轨道，很大程度是世界上最年轻人口新兴的消费主义的结果。零售业的发达给予对外贸易许多机遇，也为西藏的产品，特别是一些中低档产品打入邻国提供了有利条件，西藏应当利用互补性的商品交易，进入印度零售业市场。

（五）西藏连通印度与中国内地具有地缘优势

如前所述，中国和印度都是世界人口大国，国际贸易的发展趋势和双方进一步扩大对外开放等多方面的因素，形成了中印双边贸易和经济合作的巨大发展潜力，凭借西藏与印度相接壤的区位之便，中国内地与印度的贸易将会逐步发展。随着改革开放的不断深入，国营企业、集体企业以及个体工商户参与西藏边贸的逐年增多。特别是各边贸市场上，开办商业或餐饮业的多数是来自内地各省区的商户，西藏边贸的不断扩大，对国内其它省区的经济产生了市场拉力。① 随着亚东口岸的即将开放，外省区参与西藏的边贸企业和个体户的人数将越来越多，这就对促进内地经济的发展开辟了一条新的道路。与此同时，西藏作为中国与印度开展贸易最便捷的地区，自然就担当了中国西南地区与印度开展经济合作的重要桥梁。比如西南与印度的贸易可以通过川藏公路连接边境贸易的陆上通道进行，随着青藏铁路的通车，将为这一连接缩短更多的时间，贸易物资可以通过已经开放的普兰—贡吉口岸或即将开放的亚东口岸运往印度，这将大大促进西南地区发展与印度的经贸文化交往。② 此外，旅游业也将成为双方合作的重点，由南亚进入西藏的旅游线路一经开通，将在很大程度上促进西藏的旅游业发展，使其真正成为西藏经济发展的特色支柱产业。印度和中国可以将西藏作为这一旅游线路的中转地，从中国内地出

① 肖怀远、卓扎多基：《西藏边贸市场建设与个体私营经济发展》，西藏人民出版社（拉萨），1994年版，第93页。

② 晏世经、陈继东：《中国西南对印度贸易问题研究》，四川大学出版社（成都），1998年版，第145—146页。

发，经由西藏进入印度等南亚国家；也可以由印度进入西藏再游览中国内地。这样，世界各地的旅游者通过以此旅游，就可以领略东方两大古老文明的独特风貌和迷人景色，既方便了旅游者，又有利于开发双方拥有的丰富旅游资源，促进经济的发展。

三、中国方面的对策

（一）中国的措施

实际上，在历史上很长时期，道路的不畅通，交通工具的匮乏限制了中印两国政府和人民之间的往来。进入近代后，印度遭受英国的殖民统治，虽然有以印度人为主的英国军队多次入侵中国，但其实质上还是中英关系。现代意义的中印关系实际上始于1947年印度的独立和1949年中华人民共和国建立。在经历了上世纪50年代初短暂的友好关系后，1959年后两国关系恶化，到了1962年发生两国边界战争，之后一直处于紧张和冷淡之中，直到1988年印度总理拉吉夫甘地访华后才逐步回暖。进入新世纪后，两国经贸关系高速发展，从世纪初的约30亿美元增加到2011年的700多亿美元，两国高层互访和会晤频繁，双边关系稳定发展。但两国关系中的固有矛盾并没有彻底解决。2016年，中印贸易额则为711.8亿美元，印度是中国第七大商品出口国和第27大商品进口国。在印度出口至中国的商品种类中，排名靠前的主要为钻石、棉线、铁矿石、铜和有机化学品；印度则是中国最大的肥料和抗生素出口国。可以说中国和印度在未来的合作发展中仍存在很多问题，为了实现共同发展，本文认为中国应采取如下措施：

第一，中印要妥善管理或处理好边界问题。中印领土争议是由帝国主义侵略造成，中印都是受害者。对于边界线的基本事实是“两国边界从未划定”，中国对边界领土的主张是传统习惯线，印度的主张依据是英国人划的“麦克马洪线”，而此线却未得到中国政府的承认。两国政府应将秉承基本事实，两国间争议地区并非固有领土，降低民众因领土争议而导致的敌意。在未达成共识之前，中印应维持现状，暂时搁置争议，不能激化矛盾，不让边界争议阻碍两国关系的全面发展，为未来妥善解决边界问题创造条件。对于媒体经常对中印边界对峙的不实和夸大报道要及时澄清，以免激化两国民众的负面情绪和增加和平谈判解决边界争议的难度。此外，还应妥善处理由于边界问题而衍生出的“西藏问题”和“中巴关系问题”。中国应积极倡导印度对西藏流亡组织的分裂活动加以有效制止，以加强双方的战略互信。

第二，中国应加强对印度的公共外交、民间外交与文化外交。一方面，中国应与印度媒体加强日常沟通交流。许多印度媒体的记者、编辑和撰稿人对中国的方针政策缺乏具体认识，如果中国能够加强与印度媒体的沟通交流，通过印度媒体正面阐述中国的相关计划，那么印度媒体对中国战略计划的报道相对而言会比较客观，这样可以有效减少印度公众对中国的负面评价。第二方面，中国应注重对印度的广播、宣传和新媒体营销，以正面宣传中国对印度人的益处。这意味着中国需要设定一系列主题进行宣传和双边交流。第三，还需要应加强与印度智库、学者的长期联系。印度的智库与学者在印度外交决策中扮演着重要角色。在印度的中国研究极其薄弱的大背景下，难以指望印度人形成对中国的发展计划的正面印象。因此，协调与整合印度的中国研究力量，开展两国智库与学者的深入交流，能够推动印度政府对中国发展计划的认知并进一步形成决策影响力。例如“尽管印度在回应中国所提‘一带一路’上有所保留，但通过合理的路径选择，比如探讨如何实现‘21世纪海上丝绸之路’计划与印度‘跨印度洋海上航路与文化景观’计划的对接、推动孟中印缅经济走廊建设，以及加大文化交流，舒缓和软化双方民意对立面等，实现中印在‘一带一路’框架下的合作是可能而且可行的”①。

第三，中国应对不同的对华力量采取分类应对的策略。针对不同的国家以及一个国家内部的不同群体（民众与政府、亲华与反华团体及个人）应开展不同的对策，军事和政府加强沟通与理解，在议会强化游说手段的应对，对媒体增强解释和透明度。另外，对与印度有关的周边四类国家政策也应差异化：对大国实施战略协调，发挥友好国家的示范作用，对

① 杨思灵：《“一带一路”：印度的回应及对策》，《亚非纵横》2014年第6期。

不稳定国家实施帮扶政策，对反向国家进行说服。

第四，加强中印教育交流，推动学生到对方国家留学。民众间的相互了解和信任是发展国家间友好关系的基础，如果没有坚实的民间基础国家间的友好难以持久。中国和印度是世界第一和第二的人口大国，两国有世界最大的教育规模，中印高等教育具有较高的水平和各自的特色。中国和印度是世界上两个最大的留学生输出国，但两国之间相互留学的规模却非常小，以 2011 年为例，有 12 亿人口的印度来华留学生只有 9,370人，而只有 5000 万人口的韩国来华留学生高达 62,442 人①；而中国赴印度留学的人数更少，目前估计只有 2000 人左右②。两国政府应通过增加政府奖学金，给予对方留学生学费国民待遇等多种方式扩大相互留学的规模。如果中印相互留学规模到了目前韩国在华留学生的水平，不但有利于增进两国的相互全面了解，还有利于在两国间发现和创造合作机会，为未来中印关系建立坚实的民间基础。

(二)西藏的措施

西藏处于沟通印度与中国内陆的桥梁低位，在构建与印度的合作关系时，应注重结合地区特色，谋求区域发展共赢，为中印关系友好发展打下基石。为此，我们认为西藏应当采取以下措施：

1. 加快基础设施建设

基础设施落后是长期以来制约西藏对外经贸合作发展的重要因素之一。中印双方已经逐步认识到基础设施建设在发展两国边境贸易中的至关重要的作用，随着西藏与印度边贸往来的日益密切，完善西藏边贸发展的配套服务体系势在必行。

(1)发展交通运输。第一，整治中尼公路和普兰到仲巴、吉隆境内公路，改善边贸货物运输困难的现状，逐步建设南亚陆路贸易通道，并将此纳入西藏公路交通建设总体规划。第二，青藏铁路开通后，应尽快修筑拉萨—亚东—印度噶伦堡—新德里的铁路干线。改扩建拉萨至亚东的干道

---

① 据《中国教育年鉴》(2011)来华留学统计。

② 中国和印度的教育统计中均没有找到在印度的中国留学生数量，此为咨询中国驻印使馆工作人员的估计数。

公路,加大投资力度,优先安排建设项目,争取早见成效,以适应青藏铁路通车和亚东商路恢复后对公路运输的新要求。

(2)建设通商口岸。第一,充分利用目前的有利形势,争取在尽可能短的时间内,把亚东口岸建成国家一级口岸。[①] 第二,积极发挥乃堆拉山口的作用。乃堆拉山口将给印度东北和东部地区的经济发展带来机遇,当地政府积极要求中央政府投资维修公路、建造仓库、设立海关和移民局。

(3)连通印度边境地区。西孟加拉邦首席部长认为,西孟加拉邦的西里古里最适合成为通过乃堆拉通道的货物中转运输中心。地处平原的西里古里,位于印度国家高速公路发展项目的东西走廊上,是印度东北和东部地区的运输枢纽,拥有海关、仓库等基础设施,以及较好的公路和铁路运输网,而且此地的基础设施建设成本也相对较低。此外,印度西孟加拉邦正在积极准备使北部重镇西里古里成为乃堆拉山口开放后经过那里的所有贸易中转站,为此该邦一方面加强与锡金当局的协调,另一方面也在加强仓储建设,拓宽道路以及改建机场等基础设施方面的建设。从这些情况看,在不刺激印度敏感神经的前提下,西藏应当积极谋划连通西里古里方案。

(4)建立完善的信息网络设施。在网络盛行的新时代,建设现代国际开放市场的必要因素就是信息通畅。长期以来,信息的闭塞严重阻碍了西藏对外贸易的发展。因此,建立通畅完备的信息网络至关重要。

中国政府一直以来对西藏的投入是十分巨大的,加上西部战略的实施,这就为西藏的交通建设创造了良好发展条件,预计到2050年,要建成西藏公路、铁路、航空、管道运输、信息网络方式齐全的现代立体交通网络。这样通过中国西藏与印度连接的南亚大通道战略构想很快就可以实现了,从而将会极大地促进中印边境贸易发展。

2.建立健全边贸管理体制

开展边境贸易的根本目的是为了发展边境地区的生产,改善边境少

① 陈继东:《西藏开拓南亚市场及其特殊性研究》,巴蜀书社(成都),2003年版,第202—205页。

数民族的生活现状,使边境地区的人民尽快富裕起来。在这样的前提下,中印双方应当尽快改变目前边境贸易在管理上较为混乱的状况,统筹规划两国边境贸易的发展现状,对贸易资源采取有效配置,逐步开展形式、内容更加多元化的边贸合作。

第一,国家要宏观调控。在宏观上进行统一管理,并适时下放必要的权限,给予一定的优惠政策,吸引商人进行边境贸易。

第二,西藏自治区要以《宪法》和《民族区域自治法》为依据,充分运用国家赋予民族地区开展边境贸易的优惠政策,在贯彻执行国家《边境贸易暂行办法》和《外汇管理暂行条例》的基础上,结合本地实际,鼓励和支持边民及区外国营、集体企业和个体商户通过西藏外贸部门积极参与边境贸易,并按照全国税率征收关税和工商统一税,从而促进中印边境贸易的快速发展。目前,西藏在已经确定为中印边境贸易开放区普兰、亚东等县成立了以工商管理部门为主的边境贸易市场管理委员会,代表政府对边境贸易行使管理权,建立了边防检查站、海关、工商等机构,并致力于使这些口岸的管理规范化。

第三,地方政府加强建设力度。西藏自治区政府对边境项目给予大力支持,统筹规划,突出重点口岸市场建设的办法,先后在樟木、吉隆、普兰、亚东等口岸建成了一批集贸市场,促进了边民贸易市场的规范化。为维护边境贸易活动的正常进行,建立了一支以工商为主,税收、物价、公安等部门相结合的边贸市场管理队伍。

第四,引导贸易内容。西藏自治区政府应当大力拓宽贸易领域,发展来料加工、来件装配、补偿贸易、中外合作经营、劳务输出,建立生产供应基地等多种内容的非商品交换,促进边境贸易向更高层次的经济技术合作发展,发展深加工制造业和高精尖技术产业。

3.合理开发,开展特色产业

中印两国的边境地区同属自然资源极其丰富的地区,良好的生态环境造就了当地独特的物产资源,独具特色的自然美景和历史悠久的人文风情又成为了无数探险者和游客梦想的乐园,随着两国边境地区的逐步开放,边贸资源的可持续发展问题成为了当前关注的重点之一。西藏幅员广大，气候多样、地形复杂、生态资源十分丰富。面对种类繁多的资源，西藏应该学会合理开发利用，避免过度开发导致资源枯竭。例如，西藏的药用植物极为丰富，分布也十分广泛。据初步统计，全区有药用植物1000多种，占全国药用植物的65%－70%。[①] 而印度等国对中国特有生物制成的药品尤为需要。这些药品疗效明确、价格不高，具有极强的竞争优势。西藏政府应大力发展藏医药业，并使其走上产业化、规模化的道路。

此外，民族手工业是西藏传统、特色的优势产业，在西藏国民经济中占有重要地位。改革开放后，西藏民族手工产业已经初具规模，其中卡垫、首饰、地毯等手工制品远销欧美等地，渐渐进入国际市场。由于文化、宗教信仰等，西藏的民族特色手工制品在印度以及南亚国家很有市场，西藏应再接再厉，在原有良好发展的基础上，大力发展民族手工业，将产品多样化、高规格化、高档次化，以此提升产品竞争力，扩展印度市场乃至整个南亚市场。

4.“适度开放”原则

鉴于多个口岸开放而可能出现的一系列新情况，为了确保西藏边防和社会的稳定，促进中印边贸活动健康、有序地发展，我方应当在中印边境贸易中采取“适度开放”的原则，把可能的负面影响降低到最小限度。

第一，考虑口岸接纳能力。由于口岸的各项配套设施建设需要一个过程，因此在各项设施未能全部到位的情况下，应当充分考虑该口岸的接纳能力，根据具体情况适时调整开放规模和进度，以确保边境贸易的顺利进行。

第二，区分军用民用线路。由于乃堆拉中国一侧的沿线上由驻军把守，因此早已设立了一些必要的军事禁地，在乃堆拉山口开放后，在所规划的发展中印边贸的开放范围时，这些重要的军事设施应当明确和对外开放的经商、旅游出入境线路严格区分开，以确保军事安全线以内我方军事目标及军事禁区的隐蔽和安全。同时还应当定期派遣巡逻队沿边境线进行巡查活动，增强处理紧急突发事件和边境纠纷的能力。

---

① 多杰才旦、江村罗布：《西藏经济简史》，中国藏学出版社，1995年8月出版，第328页。

第三，对边境地区的居民开展教育、督导。让边民拒绝参加任何危害国家和社会稳定的非法活动，对于出现的情况主动进行检举揭发。

开展中印边境贸易是促进西藏对外经济发展的有益选择，顺应了历史发展的潮流，但是对外开放并不是完全开放，而应当在保障国家战略利益和地区安全的前提下进行适度开放，只有这样才能确保中印边贸活动沿着正常的轨道向前发展。

第三节　西藏与不丹的传统合作优势

在西藏建设"面向南亚开放大通道"的周边国际环境中，位于喜马拉雅山南麓的不丹应当是一个独特而不可或缺的重要组成部分。不丹虽是中国陆地邻国中唯一没有和中国建立正式外交关系的国家，但双方友好合作的历史和积极的态度，都是有目共睹的。借助于官方评价，就是"中不迄未建交，但保持友好交往"[①]。加之不丹一直希望中国能制衡印度在不丹长期形成的安全与经济优势，借助中国力量形成某种均衡，故而不丹从上至下对中国的合作持积极的态度。这使得不丹与中国的友好合作关系，无论是从民意基础还是从现实需要，都具有极大的发展潜力。目前中不关系由于受到印度的制约，无法充分发展，当国际政治条件允许时，中国与不丹的关系有可能会出现跨越式的发展。西藏建设"面向南亚开放大通道"的过程中，既可以利用西藏地区各民族的语言、风俗、文化相近以及悠久的历史联系与不丹进行前期的"公共外交"铺垫，也可以借助于西藏的地位，形成"经济先行"，边境与建交谈判靠后的策略，从而为中国与不丹关系发展奠定良好的基础。

不丹和中国的关系，可以区分为中国中央政府与不丹中央政府的关系、中国西藏地方和不丹边境的安全与经济联系。

---

① 中华人民共和国外交部："中国同不丹的关系"（最近更新时间：2016 年 12 月）。外交部网站。http://wcm.fmprc.gov.cn/pub/chn/gxh/cgb/zcgmzysx/yz/1206_6/1206x1/t5535.htm.

一、中国与不丹的合作优势

在国际政治环境中，西藏地方与不丹关系发展的好坏，取决于中央政府与不丹政府之间的大环境。中央政府形成的与不丹良好关系，构成了西藏地方建设“面向南亚开放大通道”最坚强的后盾。中国与不丹的合作优势，会向西藏地方释放出巨大的“利好”，从法律、政策、行动等角度形成多维的互动与利益的增加。

1. 地理上，不丹位置较为险要，与中国西藏地方具有双方合作的天然地理优势。不丹是喜马拉雅地区的内陆国家，总面积仅为 4.65 万平方公里。不丹地势北高南低，山多、森林茂盛。不丹北面与西北面与中国西藏相邻，有着长达 470 公里的边境线；西面紧靠印度锡金邦，边境线长约 605 公里；西南则与印度孟加拉邦接壤；南面和东南面接壤印度阿萨姆邦；而在东面则紧靠中印边境东段领土争议区。此外，在西面，不丹隔着锡金与尼泊尔对望，距离仅为 88 公里；而在西南面，印度的孟加拉邦将不丹和孟加拉共和国分隔在南北两边，之间的距离也仅为 60 公里。不丹扼守喜马拉雅山东段，居高临下俯视印度东北部平原地区，对西里古里走廊具有强大的控制能力。对中国来说，我国西藏亚东口岸是南亚陆路通道的战略交汇点，向北可顺利进入我国西藏腹地，向南即可以最短距离进入孟加拉湾和印度洋。但是，我国西藏亚东地区向南的突出部却恰好被印度锡金邦和印度有驻军的不丹左右夹击在内。从军事上说，一旦印度从这两个方向出兵，亚东地区就会极为危险，会使我国在南亚处于极端不利的地位。另一方面，对印度来说，印度东北部布拉马普特拉河流域的七个邦被不丹和孟加拉共和国紧紧卡住，在印度和孟加拉国素来不睦的背景下，不丹的一举一动都会对印度东北部的领土构成威胁。由于不丹的独特地理条件，因此在“面向南亚开放大通道”建设中，不得不考虑不丹的特殊地缘地位以及它的战略作用。可以说，不丹的地理状况，在和平时期是巨大的优势，而在战争时期，则可能转化为劣势。由于和平、发展与合作是时代的主题，因此从目前来看，在“面向南亚开放大通道”预期中，不丹的地理基本上是一种合作的天然优势。

2.政治上，中不双方一直保持政治互信，在国际政治环境中，不丹不仅从未伤害中国的核心利益，还在国际舞台上给予中国支持。1971年10月25日，对于中华民族来是，是具有历史意义的一天，联合国大会第1976次会议以76票赞成、35票反对、17票弃权的压倒多数，通过了阿尔巴尼亚、阿尔及利亚等23个国家提出的要求“恢复中华人民共和国在联合国的一切合法权利，立即把蒋介石集团的代表从联合国一切机构中驱逐出去”的提案。在这个重要的历史时刻，不丹也是对此投赞成票的国家。1974年，不丹邀请中国驻印度使馆临时代办马牧鸣出席第四世国王吉格梅·辛格·旺楚克的加冕典礼。从1979年起，两国领导人每年均互致国庆贺电，以特殊的方式保持着友好的沟通。特别需要指出的是，中国高度赞赏不丹“在涉台、涉藏等重大问题上一贯坚定支持中方立场”，不丹也一再表态“不丹坚定奉行一个中国政策”[①]。双方的“肯定”与“承诺”，构成了中不关系中最核心的基础。在不丹的对外政策与中国政府的主张高度契合[②]，同时在国际政治场合，不丹也高度欣赏中国对发展中国家的帮助。“不丹对外政策两大主要目标是，加强和维护不丹主权和独立、实现经济自主。主张大小国家一律平等，奉行不结盟政策，在和平共处基础上同所有国家发展友谊与合作，特别是同邻国友好相处。”可以说，有了这些好的合作历史与政治上的互信，使得中不建交实际上只剩下“一里路”。2004年以来，不丹外交大臣坎杜·旺楚克、财政部秘书和国家妇女儿童委员会执行主任扬吉·旺楚克、内政与文化大臣吉格梅·廷里等先后访华。第59届、第60届联大及2005年“亚洲合作对话”外长会期间，李肇星外长会见不丹外交大臣坎杜·旺楚克。2007年4月，李肇星外长在印度出席第14届南盟峰会期间会见不丹首相兼外交大臣坎杜·旺楚克。6月，杨洁篪外长在出席亚洲合作对话第六次外长会期间会见不丹信息与通讯大臣雷凯·多吉。2008年4月，温家宝总理和杨洁篪外长分别致电不丹首相

① 新华社:“温家宝在里约热内卢会见不丹首相吉格梅·廷莱”，中央政府门户网站，2012年06月22日。http://www.gov.cn/ldhd/2012-06/22/content_2167309.htm.

② 根据中华人民共和国外交关于“不丹”的描述，不丹对外政策两大主要目标是，加强和维护不丹主权和独立、实现经济自主。主张大小国家一律平等，奉行不结盟政策，在和平共处基础上同所有国家发展友谊与合作，特别是同邻国友好相处。

吉格梅·廷里和外交大臣乌金·策林，祝贺其就职。5月，中国驻印度大使张炎访问不丹。11月，中国驻印度大使张炎赴不丹出席第五世国王吉格梅·凯萨尔·旺楚克的加冕典礼。2009年10月，不丹第五世国王分别给胡锦涛主席、吴邦国委员长、温家宝总理发来亲笔贺信，对新中国成立六十周年表示祝贺。2010年4月，外交部副部长王光亚赴不丹出席第十六届南盟峰会，分别会见不丹第四世、五世国王和首相。中国驻印度大使赴不丹出席第五世国王的加冕典礼和婚礼。2012年6月，温家宝总理在联合国可持续发展大会期间与不丹首相廷里会见，这是中不两国政府首脑首次会面。两国外长在多边场合经常见面。中不两国在国际场合保持良好合作。不丹在联合国人权会上和世界卫生大会上连续支持中国挫败反华、涉台提案。

3.经济上，双方经贸发展虽滞后，但发展潜力巨大。不丹是世界上最小的经济体之一[①]。不丹在联合国被归为中低等收入的国家，贫困人口长期维持总人口比例的12%(2012－2017年)，经济建设严重依靠印度、联合国开发计划署、世界银行、亚洲开发银行等外部援助。进入21世纪后不丹经济增长率一度高达17%(2007)，2016年也达到了6.17%[②]。所以总体来说，不丹经济发展具有基数小、增长快的特点。不丹正由过去单一的农业结构向多元化的产业结构转变，重点和特色的水电业和旅游业快速发展。不丹的水电受印度的控制，中不合作受到阻碍，但是，不丹独天得厚的旅游业可以给中国企业提供机遇。不丹是世界公认的最有价值的旅游胜地之一，2014年到访的外国游客达133480人[③]。据研究，不丹的游客来源主要是美国、日本、中国等地，2011年分别占其游客总量的16.61%、10.52%、7.73%，到不丹的游客数量也从2007年的21094名攀升到2011年的37479名[④]。所以中国与不丹的经贸合作空间，实际上是

① "World development idicators". The World Bank Group. Retrieved28 December 2013.

② 全球宏观经济数据库一不丹，查询日期2017－07－01。http://finance.sina.com.cn/worldmac/nation_BT.shtml.

③ BHUTAN TOURISM MONITOR. ANNUAL REPORT Archived 14 August 2015 at the Wayback Machine.. Tourism Council of Bhutan (2014).

④ 李宁:《试析不丹旅游产业的成就与问题》,《陕西行政学院学报》2014年第1期。

非常广阔，不过由于印度的制约，无法发挥其潜力。

4. 文化关系上，中不是山水相连的邻邦，在历史、文化与宗教等方面有着悠久联系。不丹自8世纪即为吐蕃（西藏）的一部分，元朝统一西藏后，它自然就成为中国的领土，到清朝时才逐步游离出去，称为“布鲁克巴”，但作为清朝的藩属国，深受藏族文化的影响。不丹与中国的联系，可谓是历史与地缘的自然形成。一方面，不丹地方首领接受过明清两朝的册封，另外一方面，中国也参与过不丹内部事务的调解，如1372年，帕竹政权二世第悉（王）释迦坚赞受中国明朝册封灌顶国师并次年遣使入朝内附。1406年，明朝册封五世第悉札巴坚赞为阐化王，自此成为定制。1651年不丹政教领袖夏仲·阿旺南杰（1594～1651年）圆寂后，不丹内部陷入混乱。1729年不丹发生内乱，1730－1731年清政府派西藏地方官员颇罗鼐调停不丹内乱，1736年不丹第十任第巴（国王）米旁旺布接受中国清朝政府册封“额尔德尼第巴”名号。

5. 文化教育方面，双方交流密切。两国在文化、教育等其他领域的交往近年来取得较大发展。2001年和2002年，两国审计部门实现互访。2005年4月，中国文化部部长助理丁伟率中国艺术团首次赴不丹演出获得成功。2006年6月，不丹反腐败委员会主席藏莫访问中国香港特别行政区。2009年8月，不丹内政与文化大臣明朱尔·多尔吉来华出席在内蒙古鄂尔多斯举行的“亚洲文化部长圆桌会议”。2010年9月，不丹松珠活佛赴西藏朝圣。当年11月，不丹亲王、不丹奥委会主席吉格耶尔·乌金·旺楚克赴广州出席第十六届亚洲运动会开幕式。2011年至2012年，不丹公主德禅·旺姆·旺楚克先后赴西藏和山西五台山朝佛。2014年2月，中国文化部组织中国艺术团赴不丹首都廷布举行访演。2015年11月，不丹政府官员来华观摩中不足球赛并赴北京、拉萨参观访问。2016年10月，不丹农业大臣益西·多吉率跨部门代表团来华访问。

二、西藏地方与不丹的合作优势

西藏地方与不丹的关系源远流长，历史上双方形成了特殊的政治关系。在西藏建设“面向南亚开放大通道”中，不丹的一些政治经济情况，可以形成潜在的合作优势。

1. 国际环境看，不丹外交政策可构成西藏经贸向南亚拓展的政治“软”平台。不丹同所有南亚国家均建立了外交关系，来往日益密切。作为南盟成员国，不丹积极主张加强南亚区域合作。不丹人担任过南盟第八任秘书长，主办2010年第十六届南盟峰会和2011年南盟峰会部长级会议，不丹还加入了“环孟加拉湾多领域经济技术合作倡议”。不丹虽小，但在多边领域也颇为活跃。1985年开始，不丹开始发展跨地区外交，先后同荷兰、丹麦、瑞典、瑞士、挪威、日本、芬兰、韩国、奥地利、泰国和巴林等国建交。2002年以来，又分别同澳大利亚、新加坡和加拿大建交。在气候、环境保护、旅游等国际论坛上，常见到不丹的身影。由于不丹在南亚和西藏之间具有的特殊地理枢纽作用，因此西藏未来可借助于该平台开展合作。20世纪早期，不丹的主要外交对象就是英属印度和西藏地区，因此西藏与不丹发展关系，带有“恢复”、“复兴”的色彩。

2. 边境贸易看，不丹可构成西藏经济贸易与文化通往南亚、东南亚、甚至非洲的中转站。中国和不丹经济联系并不紧密完全归因于喜马拉雅山的空间阻挡并不恰当，其关键原因在于印度在不丹对外经济关系中的垄断、排他性地位。但是西藏在建设“面向南亚开放大通道”的过程中，可以借助于不丹的作用。目前，在不丹的对外贸易体系中，主要进出口对象系地缘上临近的印度、孟加拉国、尼泊尔等南盟国家以及缅甸、泰国、新加坡等东盟国家。其中印度是不丹的主要贸易对象。不丹的主要出口伙伴是印度，占其出口商品的58.6%，其他两大出口合作伙伴是香港地区(30.1%)和孟加拉国(7.3%)。[①] 与西藏边境关闭，不丹和中国之间的贸易已经几乎不存在。不丹的进口合作伙伴包括印度(74.5%)、日本(7.4%)和瑞典(3.2%)。最核心的优势是，由于不丹和印度实行开放边界，自由通商。印度允许不丹从第三方市场进口和出口运输印度没有关

① “Bhutan—The World Factbook”. Central Intelligence Agency.

税[1]。因此，西藏可以借助于印不边境以及印不《贸易、商务与转运协定》向印度等南亚地区开展贸易。

3.从交通上看，不丹可构成成本较低的陆路联通优势，构成南亚大通道建设的“一带一路”枢纽。从地形勘探上来说，从西藏亚东县的南部沿着山脊修建公路，其自然条件要优越于中尼边境，甚至在某些局部地区要优越于中巴边境、中印边境。

可以看出，不丹对中国的西藏安全非常重要。由于人文、语言、宗教和西藏较为接近，因此不丹在20世纪中期中印交恶时期，接收了大量的流亡藏人。不丹对流亡藏人的严格管控，使藏独分子在不丹失去了活动基地，但是不丹2008年实行君主立宪制，藏独势力蠢蠢欲动，有向不丹渗透的趋势。这些情况说明不丹对打击西藏边境附近的极端主义影响具有重要价值。不丹南部靠近印度的东北各邦，这些邦是分离主义、极端主义、恐怖主义的重要活动基地。我国与不丹建立更紧密的关系，有利于从不丹对该地区进行监控。

4.不丹可构成西藏与南亚地区进行宗教、文化教育关系的枢纽通道。西藏阿里的冈仁波齐(神山)是佛教、印度教等信众心中的“圣地”。无论是印度境内的教徒，还是不丹、斯里兰卡等国家的教徒，都可以借助于不丹的交通来西藏朝圣拜佛。2015年之前，印度香客由阿里地区普兰县强拉山口进入西藏朝圣。2015年6月起，中印乃堆拉通道正式向印度香客开放。在这种情况下，不丹可以构成中印相互进行文化教育宗教合作与交流的纽带，不丹和藏传佛教的特殊关系，也可以形成较大的文化优势，有助于相互理解与沟通。

三、我方的对策与建议

在以上分析的基础上，我们倾向于认为要推动不丹在西藏建设国际大通道中发挥作用，既不能求快，更不能等待。不丹方面既需要发展对华

---

① “MEMBER INFORMATION: India and the WTO”. World Trade Organization(WTO). Archived from the original on 22 April 2009. Retrieved 23 April2009.

关系，但又不急于建交，因此，中国对不丹的政策要稳步推进。具体建议如下。

（一）近期目标

1. 不断开展对印度和不丹的公共外交，寻求印度的谅解和不丹政府认知的改变。

有中国学者认为，在中印领土争端没有解决的情况下，不丹不会考虑与中国建交。这是有一定道理的。但是西藏在建设南亚大通道时，不宜与建交捆绑在一起，而是强调建设国际大通道的经济与文化本意，对印度采取劝说、沟通的软政策。“面向南亚开放大通道”沟通了原本毫无进展的不丹北部贸易，给印度造成的影响巨大，自然受到了印度各界的高度关注。由于历史上形成的与不丹的特殊关系及带来的巨大政治、经济利益，印度政府不会轻易让中国与不丹提升边境的贸易和交通关系，一定会用各种手段进行干扰西藏“面向南亚开放大通道”的建设过程，给中不两国制造困难。因此，中国在目前应对印度和不丹开展公共外交，寻求印度和不丹改变原有的认知。

2. 搁置领土争议、经济先行、建交缓行的政策

从尼泊尔和印度关系的发展史来看，增强不丹的经济独立自主是加大不丹话语权的关键因素，“面向南亚开放大通道”建设客观上具有这样的作用。中国的庞大资本可以快速进入不丹，这种直接的经济投入将会逐步改变不丹对于印度的单方面依赖，有效影响到不丹在此地的政策选择。因此，中国政府可考虑与不丹先行快速提升经济联系，“面向南亚开放大通道”和贸易区建设，帮助不丹经济造血、减少对印度经济依赖为主要方向。中国可以参照与台湾、香港的模式，建立与不丹更加紧密的经济安排，绕过建立外交关系的政治性障碍，先行在经济角度谋求重大突破。

3. 寄希望于不丹人民的力量

“一带一路”在实际的推动过程中将不丹纳入其中，有利于在不丹国内形成一个能够借助于议会促进建交的经济压力集团。同时，也可以通过公共外交来塑造中国与不丹民间的友好关系，形成上下结合的推动

力量。

英国威斯敏斯特大学藏学家迪比耶什教授认为,“不丹并没有打算在中国和印度之间走等距离外交,不丹人对印度总体来说是满意的,但是不丹希望减少对印度的依赖。因此,不能把不丹对华姿态仅仅看成是中国和不丹之间的关系,而应该视为不丹希望与其他邻国(孟加拉国、泰国)发展关系的表示”①。卡罗林布拉萨德(Caroline Brassard)曾经提到,私营企业,包括不丹商会不断向政府施压,要求其解决与中国的边界争议,目的就是与中国发展更加密切的经济关系②。

(二)远期目标

中期目标是实现起来较为困难,但对中国国家利益更为重要的目标,是中国外交努力的方向。

1. 与联合国常任理事国“打包建交”政策

长期以来,不丹都奉行不与联合国常任理事国建交的传统政策。因此,可以考虑实行联合国常任理事国“打包建交”的政策,从而彻底解决“面向南亚开放大通道”的政治因素。不丹是否会很快投向中国,印度舆论则看法不一。印度国防分析所的一位专家非常肯定地指出,不丹对中国采取了非常谨慎、防御性的和实用的外交政策。考虑到不丹与印度关系是建立在信任和共同利益基础之上,不丹不大可能很快“倒向”中国。有三个原因将会妨碍不丹向中国倾斜:第一,不丹的工业地带在南部,地理上的贸易设施使其更容易与印度保持关系。第二,不丹与中国的边界争端没有解决,在这之前两国不大可能发展经济关系;第三,为了建立与中国的关系,不丹需要转变其长期奉行的不与联合国安理会五大常任理事国有任何外交关系的政策,这意味着不丹也需要与美国以及其他国家发展外交关系。

2. 推动不丹建立中印不三边关系的等距离外交

摩根索认为:“小国的独立总是依靠权力均衡,或者依靠某一保护国

---

① 唐璐:“不丹与中国建交还需迈几道坎”,《国际先驱导报》2012—07—09。

② Medha Bisht,“Chinese Inroads into Bhutan: Diplomatic Gimmick or Strategic Reality”,Policy Brief,2012—8—12. http://www.idsa.in/idsacomments/ChineseInroadsintoBhutan_mbisht_140812.

的优势，或者由于对帝国主义的贪欲缺乏吸引力。这些小国维护其中立地位的能力始终来源于这个、那个或全部这些因素”[1]。对于不丹而言，在中国和印度之间保持等距离，是国家利益最大化的重要途径。所以，对于西藏建设“面向南亚开放大通道”而言，建设成功固然重要，但是长期的国际政治稳定环境能起到维系、巩固通道的作用。如果只重视建设，而忽视了维持的成本，那么“面向南亚开放大通道”的意义就会大打折扣。“等距离外交”政策能从政治与外交层面对“面向南亚开放大通道”形成重要的国际关系支撑。

3.鼓励不丹采取更加开放的多边外交政策

目前不丹国内只有三个国家的使馆，不丹外交仍然较为封闭。从长远来看，不丹外交不仅要在南亚内部与斯里兰卡、孟加拉国、巴基斯坦加强关系，而且在更宽广的领域内拓展对外关系，实现更加开放的多边外交，走向中国和不丹国家利益的双赢。不丹方面已经意识到他们考虑的不仅是中国，而是在多边外交和整体外交的视野下全方位扩大不丹的对外关系。“面向南亚开放大通道”建设如果直通存在困难，可以考虑经由印度本土进行建设，从而走“之”字形的迂回建设政策，甚至可以考虑某种程度上加入印度的“季风计划”，在该计划中寻找“面向南亚开放大通道”的契合点，从而减少来自印度方面的阻力。

综上所述，不丹是西藏建设“面向南亚开放大通道”的一个基本上处于正面的积极因素，具有极大的潜力。尽管边界问题和印度的阻挠会影响不丹接受“面向南亚开放大通道”，但不丹其实是高兴和愉快的。因此，中国需要花大力气与不丹建立更紧密的关系，激发不丹政界和商界的对华友好因素，以耐心细致的公共外交为主要依托，致力于塑造建设“面向南亚开放大通道”的条件，而不追求一蹴而就。

---

① 【美】汉斯·摩根索、【美】肯尼思·汤普森修订：《国家间政治（第五版）》，徐昕、郝望、李保平译，王辑思校，北京大学出版社2012年版，192页。

第四章　西藏建设“南亚大通道”的路径与载体

在面前几章的有关内容已经讲到，南亚地区是与中国相邻的一个重要区域，是连接和沟通“丝绸之路经济带”和“21 世纪海上丝绸之路”桥梁与纽带，必然的成为中国政府推动“一带一路”倡议的有机组成部分；西藏是“一带一路”国内规划建设中 18 个省区市承担重要任务的省份，肩负着北接“丝绸之路经济带”、南联“21 世纪海上丝绸之路”的重要战略任务，是中共中央在 2015 年 8 月下旬召开的第六次西藏工作座谈会上确定的“把西藏打造成我国面向南亚开放的重要通道”。结合中国国家领导人于 2015 年尼泊尔“4.25”大地震后分别向印度、尼泊尔国家领导人所提出的共同建设“中尼印经济走廊”倡议、并得到积极回应的情况，本章结合西藏的具体情况提出构建由中国——尼泊尔——印度——不丹等 4 国共同建设“中尼印不经济走廊”，西藏是这个经济走廊的必经之地。“为了切实有效地推进西藏与南亚相邻国家经济贸易与旅游文化交流，我们认为就应当根据国家战略的需要，积极构建由中国西藏——尼泊尔——印度——不丹 4 国组成的‘中尼印不经济走廊’，将这个经济走廊作为国家‘一带一路’倡议走向南亚的另外一条重要抓手，西藏在这个经济走廊中将扮演‘桥头堡’的作用。”[①]我们认为中央已经勾画了这个经济走廊基本轮廓、并向外界释放将倾力打造这个经济走廊的重要信息，随后必然会全力支持西藏精心打造这个经济走廊，努力使其成为我国走向南亚的又一个重要通道和新时期振兴西藏经济社会的重要抓手。我们在本书宏观架构下，论证构建“中尼印不经济走廊”的必要性、可行性和具体思路。

---

① 狄方耀等《西藏经济学概论》，厦门大学出版社，2016 年 7 月第一版，第 245 页。

第一节　路径与载体设想

一、构建“中尼印不经济走廊”的必要性

如前所述，“一带一路”倡议这个文件对西藏的功能定位是“推进西藏与尼泊尔等国家边境贸易和旅游文化合作。”2015 年 5 月中旬印度总理莫迪访华期间，中共中央总书记、国家主席习近平向其提出了建立“中尼印三国经济走廊”的倡议。2015 年 8 月下旬中央召开的第六次西藏工作座谈会上国务院总理李克强明确指出“把西藏打造成为我国面向南亚开放的重要通道”。我们认为这是中央对西藏建设“中尼印三国经济走廊”战略任务的目标定位和要求的表达。以上中央的这些意见和决策，为我们论证和积极构建中国——尼泊尔——印度——不丹 4 国组成的“中尼印不经济走廊”提供了政策依据和动力，而这个经济走廊的必经之地就西藏，这是西藏在中国进入改革开放新的历史时期所迎来的最大发展机遇。

人民网 2015 年 6 月 27 日有消息称：6 月 25 日，中国外交部长王毅在尼泊尔加德满都会见印度外长斯瓦拉杰并接受记者采访时说，莫迪总理访华期间（2015 年 5 月），中国领导人曾提出中印共同帮助尼灾后重建和探讨建立中尼印经济走廊，莫迪总理对此作出积极回应，并提议建立联合研究小组探讨中尼印经济走廊倡议。希望中印双方抓紧落实两国领导人这一新的重要共识。斯瓦拉杰表示，印方对中尼印经济走廊倡议持积极态度，愿通过建立联合工作组，探讨和推进这一进程。同时，尼泊尔外长潘德也向王毅外长表示，尼方支持三国经济走廊倡议，感谢把尼泊尔纳入地区合作进程。[①]

2016 年 4 月 26 日，在第一财经日报（上海）上，中国人民大学重阳金融研究院研究员陈晓晨在《“一带一路” 促中尼印三方合作》一文中认为，在目前形势下，中尼印三方合作，打造中尼印经济走廊，共建“一带一路”。

---

① 王毅：中印就共同参与尼泊尔重建以及探讨中尼印三国经济走廊达成共识。2015 年 06 月 25 日 21:12:32 来源：新华网。

我们应当强调，加强中尼之间的道路、电力、航空、贸易与金融的互联互通，最终有利于中尼印共同发展，将中国和印度通过尼泊尔联结起来。[①]

又据新华社加德满都2016年8月10日电(记者周盛平)："中尼印经济走廊：可行性与方法"学术研讨会，10日在尼泊尔首都加德满都举行，来自中国、尼泊尔的数十位官员、学者围绕如何利用"一带一路"的机遇推进和平、发展区域经济进行了探讨。中国现代国际关系研究院院长季志业在研讨会上说，全球经济正在放缓，反全球化浪潮高涨，而尼泊尔的两个近邻——中国和印度经济发展势头良好，因此在南亚地区深化合作显得尤为迫切和重要。时任中国驻尼泊尔大使吴春太认为，中尼印三国的经济贸易往来几千年之前就已经存在，经济走廊这个现代概念，带来的将是双赢。他还饶有兴致地与与会者分享了过去3年来中尼两国深化合作取得的成绩。以民航领域合作为例，形势喜人：中国公司承建的佛祖机场正在施工，博卡拉国际机场即将正式动工，西藏航空和尼泊尔雪人航空联合投资的喜马拉雅航空公司运转顺利，尼泊尔购买的4架中国产飞机即将交付。[②] 2016年11月中旬，第71届联大还通过一份特别文件，呼吁世界其他国家参与"一带一路"建设。尼泊尔在北京的驻华大使馆2016年12月29日发布新闻通稿，称中国和尼泊尔两国政府已经正式签署协议，中方向尼泊尔提供10亿人民币援助，将用来维修和改造沙拉公路(尼境内连接中国吉隆口岸一段长达24公里的公路，由中国政府援建)、对尼泊尔公务员医院进行改造升级。此外，这笔钱还将用在一些其他灾后重建的项目上，以落实中国帮助尼泊尔的承诺。

从以上中国官方和学者们的观点中可以看出，从推进"一带一路"倡议和加强与南亚的关系等角度来讲，目前已有的"中巴经济走廊"和"孟中印缅经济走廊"，还不足以承担起中国政府提出的"一带一路"倡议所要走向南亚的重大任务。因此，还必须适时推出新的经济走廊来弥补以上两个经济走廊空间缺位和重要区域。正是基于这样的考虑，我们从2015年

---

① 陈晓晨："一带一路"促中尼印三方合作。2016－04－26 06:39:59 来源：第一财经日报(上海)。

② 周盛平：中尼两国热议共建中尼印经济走廊．新华网广西频道 2016－08－10 20:39。

7月就在思考和论证，不仅要积推进“中尼印经济走廊”，而且还要将这个经济走廊的参与国家进行适当的拓展，力图在更大的地域空间中构建由中国——尼泊尔——印度 —不丹 4 国组成的“中尼印不经济走廊”，将这个经济走廊作为国家“一带一路”倡议走向南亚的另外一个重要抓手，西藏在这个经济走廊中将扮演着不可替代的角色。实际上这几年来西藏积极落实国家的定位，较有成效的开展了一些工作，在 2018 年 1 月召开的西藏自治区两会上齐扎拉主席在工作报告中就过去五年的工作进行总结时讲到，西藏积极对接国家“一带一路”建设，启动中尼跨境经济合作区建设，成立南亚标准化（拉萨）研究中心，等等。

根据以上情况，我们认为随着国内外各个层面对“一带一路”倡议认识的不断深化和由此带来的实际效益不断彰显，目前已经形成的六大经济走廊（中蒙俄、新亚欧大陆桥、中国－中亚－西亚、中国－中南半岛、中巴、孟中印缅）的格局，在全面推进“一带一路”这个恢弘倡议过程中已经显现出布局上的相对不足，今后随着国内外对“一带一路”倡议的不断了解和认同，必将会有更多的“经济走廊”获得国家和国际社会的认可。

经济走廊名称	官方首次提出时间
中国——中南半岛经济走廊	2006 年 7 月
中巴经济走廊	2013 年 5 月
孟中印缅经济走廊	2013 年 5 月
中蒙俄经济走廊	2014 年 9 月
新亚欧大陆桥经济走廊	2015 年 3 月
中国——中亚——西亚经济走廊	2015 年 3 月
中国——尼泊尔——印度——不丹经济走廊（目前尚未全面实施）	2015 年 5 月

综合以上情况，我们认为要想在国家“一带一路”倡议规划扎实推进的情况下，积极推进西藏与南亚相邻国家经济贸易与旅游文化交流，进而把西藏打造成为我国面向南亚开放的重要通道，就应当将“中尼印不经济走廊”作为具体抓手和措施保障。

总之，目前积极推动“中尼印不经济走廊”的建设，已经具备了以往所没有的条件，出现了以前无法预计到的好环境。抓住机遇，乘势而上，共同努力，这是历史赋予我们的神圣使命。

二、分段推进“中尼印不经济走廊”的可能性

我们提出和规划的“中尼印不经济走廊”，是“一带一路”倡议推向世界和付诸实施过程中所遇到的国情最为复杂、建设难度最大的一个，抑或是建成以后在运营和维护的过程中也会遇到许多棘手的问题，这就需要我们认真筹划，周密设计，用制度和协议等办法为该经济走廊的实施提供保障。当然，在此我们也可对这个难度很高、要求很高、期望很高和影响重大的工程，采取灵活的办法分段实施、逐步推进策略。经过分析我们认为“中尼印不经济走廊”中，目前的中尼关系初步具备了优先实施该经济走廊中的“中尼段或中尼经济走廊部分”的相关条件。

尼泊尔各界对“中尼印不经济走廊”的态度积极。尼泊尔官方、学界、经济界和民间等，对于“中尼印经济走廊”的建设基本都持积极态度。早在2013年，尼泊尔国际与战略问题研究所所长柯伊拉腊(Bhaskar Koirala)就曾提到关于中尼印三边合作的问题，认为中印尼三边合作将代表当代国际关系的一种全新趋势，并为促进地区和平、稳定与发展提供卓越平台。印中庞大的人流交织起来，将为边贸尤其是农业和旅游业方面提供巨大商机。[①]

2015年6月，中国外交部部长王毅在加德满都会见印度外长斯瓦拉杰时表示，希望中印双方抓紧落实两国领导人建设“中尼印经济走廊”这一新的重要共识。斯瓦拉杰表示，印方对“中尼印经济走廊”倡议持积极

① 尼泊尔·国际与战略研究所所长：构建中印尼三边合作 http://www.chinanews.com/gn/2013/02—04/4546773.shtml. 上网时间：2018年5月10日。

态度,愿通过建立联合工作组,探讨和推进这一进程。尼泊尔外长潘德也向王毅外长表示,尼方支持三国经济走廊倡议,感谢把尼泊尔纳入地区合作进程。2016 年 5 月,时任尼泊尔总理奥利访问中国人民大学,并出席中尼“一带一路”智库对话。他表达了对中国“一带一路”倡议的支持,并谈到尼方相信“一带一路”战略的发展旨在让“一带一路”沿线国家和人民获得更快更好的经济发展。这个倡议是共同发展的一段旅程,不只是让亚洲受益,也会让全球受益。2016 年 8 月,围绕共同建设“中尼印经济走廊”的可行性问题,尼泊尔的两个重要智库——中国研究中心和世界事务委员会,在首都加德满都举行了学术研讨会,主题为“中尼印经济走廊:可行性与方法”,来自中尼两国的数十位官员、学者,就如何利用“一带一路”的机遇推进和平、发展区域经济进行了热烈探讨,达成了广泛的共识。

2017 年 1 月 17 日在尼泊尔首都加德满都召开“2017 中尼智库对话会”上,尼泊尔前总理、尼共(联合马列)前总书记内帕尔强调尼泊尔应该积极参与并落实“一带一路”项目,与中国共同发展。2017 年 3 月 23 日至 28 日,尼泊尔时任总理普拉昌达在对中国进行国事访问期间,对“一带一路”倡议给予积极评价,表示尼泊尔愿同中方在这一框架下加强合作,希望实现互利共赢。2018 年 4 月 18 日,尼泊尔外长贾瓦利访华,表达了尼泊尔积极参与“一带一路”建设、迅速改变贫穷落后面貌的强烈愿望。他表示,尼泊尔希望与中国一起,促进跨喜马拉雅地区的经济社会发展,减少跨喜马拉雅地区的贫困,打造跨喜马拉雅的立体互联互通网络。

此外,尼泊尔商界、经济界、民间智库等,纷纷表达了对建设“中尼印”经济走廊的倾向,希望加强与中国方面的合作,深化中尼友好关系。

总之,由于种种原因所决定,“中尼印不经济走廊”的建设必将是一个巨大的世纪性工程、世界性工程、系统性工程,全面启动和实施该经济走廊需要具备更为充足的条件,需要较长时间的酝酿准备。然而,中尼两国完全可以采取先易后难、友者为先、分段实施的策略,密切合作,积极启动该走廊的“中尼走廊”部分进行优先建设。这是基于中尼双方的关系、尤其是尼泊尔的现实需要而做出的策略选择。通过“中尼经济走廊”部分的建设,可以为“中尼印不经济走廊”全线建设积累经验、提供示范,力争使

"中尼印不经济走廊"早日付诸实施、惠及南亚更为广泛的十多亿人口,也为中国与南亚国家、尤其是与南亚地区大国印度的建立更加紧密的友好关系奠定日益坚实的基础。

三、构建"中尼印不经济走廊"的具体思路

从一般意义上来讲,跨越国境的经济走廊一般是指连接两个或两个以上国家和地区的狭长地带,是指相关国家和地区在其相连或相近区域进行的一种次区域经济合作形式。以上所讲的现有6个经济走廊就是这样设计的。根据以上6个经济走廊的具体运作方式,我们认为构建"中尼印不经济走廊",也同样必须有具体的路线图和物质载体。国家在"一带一路"倡议中提出的"政策沟通、设施连通、贸易畅通、资金融通、民心相通",就是要求应当有具体的措施来扎实推进"一带一路"倡议的实施。作为经济走廊,必须要有关于"路"的因素和相应的交通与运输等方面的连接方式。在此,我们初步设计了"中尼印不经济走廊"的连接方式和物质载体。我们认为该经济走廊所经过的地区,应当由两个通道构成。实际上中央在第六次西藏工作座谈会是提出的"把西藏打造成我国面向南亚开放的重要通道",就是要使世纪屋脊上120多万平公里的西藏承担起连接我国与南亚的枢纽功能;在这个巨大的"扇形枢纽"区域上,近4000公里的边境线会形成由诸多陆路口岸连为一体的"边境黄金经济带"、更具活力的经济增长极,由诸多空港组成的航空交通网络,将会凝聚西藏经济起飞跨越新引擎。下面就是我们关于"中尼印不经济走廊"的通道设想:

第一条通道(西线):具体的路径是青海格尔木(以藏青工业园为起点,并对接"丝绸之路经济带")——拉萨——日喀则——吉隆——加德满都(尼泊尔首都)——巴特那等(印度的宗圣地,位于比哈尔邦东部恒河南岸),在此与印度的铁路和公路等交通设施连通,最终也形成该经济走廊走向印度洋,进而实现与"21世纪海上丝绸之路"的联接。从目前国内外的实际情况分析,我们也可以将该条线路确定为"中尼印不经济走廊"的主要线路,或主干线路。这条线路之所以要以位于青海省格尔木市的"藏青工业园"为起点,就是便于将承担"中尼印不经济走廊"重任的西藏与青

海省、进而与构成“丝绸之路经济带”重要内容的“新亚欧大陆桥经济走廊”和“中国——中亚——西亚经济走廊”进行对接;进而通过印度南下,在印度洋实现与“21世纪海上丝绸之路”的对接和联通,使西藏处于国家“面向南亚开放的重要通道”上无法取代的战略枢纽地位。

第二条通道(东线)具体的路径是:格尔木(以藏青工业园为理论起点)拉萨——日喀则——江孜——康马——亚东——廷布(不丹首都)和印度锡金邦。从近期来看,该条通道的实际作用稍逊于第一条通道,但是,从长远或战略意义上看,该通道的地位与作用不容忽视,具有长远的战略意义。首先,该通道能够使印度东北部较为落后的地区迎来经济社会发展的历史性机遇,与印度一起共建“命运共同体”;其次,将不丹纳入该经济走廊的范围,不仅会为该国经济社会发展提供新的机遇,同时也会为两国而后的建交创造条件、营造氛围;最后,也可以等待机会将该经济走廊、通道,向南延伸与“孟中印缅经济走廊”等实现对接,进而达到与“21世纪海上丝绸之路”的对接和联通,为实现党中央在十九大上提出的“陆海内外联动、东西双向互济的开放格局”作出具体贡献。

第二节 交通运输与其它连接方式

在本节里我们将首先阐述“中尼印不经济走廊”的铁路、公路、航空、口岸和管道等连接方式与载体的思路与设想。

一、铁路

根据各种运输方式的修建成本和运输效益,在地质条件和环境条件许可的情况下,修建铁路和而后的铁路运输,是目前所有经济走廊建设过程中不可或缺的重要内容。所以,“中尼印不经济走廊”将铁路的修建作为重要的运输载体,既有较为良好的客观环境,也有历史渊源和现实的迫切需要与可能。

中国驻尼泊尔前大使曾序勇曾以亲历者身份撰文回忆:1973年,时任尼泊尔国王比兰德拉在北京会见毛泽东主席时,表示希望进一步加强同中国的关系，毛泽东回应说，中国将修建通往拉萨的青藏铁路，最终会通到加德满都。2015 年 4 月上旬，尼泊尔外交部发布公告称，中国西藏自治区政府主席洛桑江村上周三（4 月 1 日）对到访的尼总统拉姆·巴兰·亚达夫表示，青藏铁路将从日喀则延伸 540 公里，在 2020 年延伸至两国边境的吉隆。2014 年底，中尼两国在王毅外长出访尼泊尔期间就青藏铁路由日喀则延伸至尼泊尔边境达成协议。2015 年 4 月初，尼泊尔总统亚达夫在访问中国西藏自治区时讲到西藏自治区是中尼交往的重要通道，加强双方航空、道路、口岸特别是铁路方面的互联互通，对共享机遇、共创繁荣作用巨大，尼方对尼藏贸易合作的巨大潜力和美好前景充满信心，尼方坚定支持并愿意参与“一带一路”建设，并表达了希望尽快建成中尼铁路的愿望。① 尼泊尔驻华大使马赫什·库马尔·马斯基也在出席中国的有关论坛时表达了尼方的这一诉求。2016 年 3 月在中尼两国总理举行会谈时，尼方还请求中方在 2020 年直接从西藏日喀则将铁路延伸至两国边境城市吉隆，然后将尼泊尔三大城市都衔接起来。中方采纳了中尼铁路提案。又据尼泊尔铁路局局长阿查亚介绍，2016 年 8 月，已有 7 家中国公司向铁路局提交了申请，要求获得对加德满都—吉隆铁路进行可行性研究的资格。承建博克拉国际机场的中工国际工程股份有限公司已经利用过去几年时间，完成了对加德满都—博克拉电气化铁路和加德满都—吉隆铁路等项目的初步可行性研究。② 2017 年 3 月，时任尼泊尔总理普拉昌达访华，与习近平会见时表示，尼方支持“一带一路”倡议，愿积极拓展同中方在贸易投资、交通运输、基础设施、旅游、航空等领域合作，密切人文交流，以更好造福两国人民。2017 年 7 月，尼泊尔前总理卡奈尔在演讲中称，中国的“一带一路”倡议可以促进尼泊尔的经济发展，为尼泊尔在铁路和公路领域发展提供了良机，同时也进一步巩固中尼两国友好关系。2017 年 9 月，尼泊尔副总理兼外长马哈拉访华期间，与中国外交部长王毅会谈时表示，尼方坚定支持并将积极参与中方“一带一路”伟大倡议，愿与

---

① 赵书彬　玉珍：尼泊尔总统亚达夫一行在藏参观访问。《西藏日报》，发布日期：2015－04－07。

② 新华社记者周盛平：“一带一路”点燃尼泊尔人的铁路梦．2016 年 08 月 28 日。

中方在“一带一路”框架下拓展双边务实合作，推动经贸投资、跨境铁路、互联互通、旅游等各领域合作进一步向前发展，并达到新水平。马哈拉外长的此次访华，与中国就跨境铁路修建、中尼传统公路修复达成了协议。根据尼泊尔《加德满都邮报》2017 年 11 月 6 日的报道称，中方代表团计划和尼方人员一起走访中尼边境城市吉隆、尼泊尔第二大城市博卡拉、距加德满都 360 公里的蓝毗尼等地，对加德满都—吉隆与加德满都—博卡拉—蓝毗尼的铁路进行基础性研究。尼泊尔基建和运输部发言人夏马异常兴奋，他对媒体表示：“加德满都一吉隆铁路线不再是遥不可及的梦想。”据夏马介绍，中尼双方在会晤期间分享了在铁路方面的经验，“这是我们第一次会晤，双方就铁路建设提交论文，也讨论了未来在基建方面进一步的合作问题”。尼泊尔《喜马拉雅时报》7 日称，中尼的铁路可行性研究是在“一带一路”倡议框架下进行的。尼泊尔外交部官员说，中国政府已经在该倡议下优先考虑尼泊尔与中国之间“强大的连通性”。尼泊尔可以从中国政府获得技术支持，从亚投行获得金融援助。“中方也在等待我们政府的决定，对这些项目作出高政治级别的承诺”，尼外交部匿名消息人士说，尼内阁的决定将是发出积极信号，鼓励中国加速项目进展。《加德满都邮报》7 日称，尼泊尔东部山区靠近中尼边境的当地居民说，改善与中国的连通性是实现当地经济转型的关键。尼泊尔东部发展区的塔普勒琼、潘切塔和伊拉姆县认为，互联互通为该地区绘制出发展蓝图。不仅会带来贸易，还能促进旅游业。报道说，对于东部的塔普勒琼民众来说，由于交通不便，到达中尼边境需要 3 天的时间，如果路况能改善，不到半天就可到达。尼泊尔议会议员候选人卡特尔说，在尼泊尔东部与中国增加连通性，将改变整个地区的面貌。

从以上情况可以看出，尼泊尔高层和民众对于中尼铁路建设的迫切期待，也在很大程度上反映了其之所以支持中尼印经济走廊建设的一个很重要原因，即尼泊尔希望融入地区互联互通进程当中。西藏自治区主席齐扎拉在 2018 年 1 月所作的政府工作报告关于今后实施的 10 大工程中讲到，要大力推进边境地区基础设施建设，增加边境地区路网密度和通达深度，开工建设日喀则至吉隆口岸铁路。这说明，修建通往边境地区的铁路，也是西藏经济社会发展的迫切需要。我们经过研究认为，本文研究的铁路线路由以下两条构成：

第一条线路（西线）：格尔木——拉萨——日喀则——吉隆——加德满都——巴特那，我们初步估算这条铁路线总长度约为2100～2200公里（其中格尔木——日喀则1300多公里铁路已经通车运营）。从我国“一带一路”倡议向国际社会发出后，该条铁路已经在发挥着连接南亚、通向南亚的作用。2016年5月11日，甘肃省开通“兰州号”（兰州—日喀则—加德满都）南亚公铁联运国际货运列车。“兰州号”南亚国际列车采用公铁联运方式，分三段运输，从兰州到日喀则约2431公里，为铁路运输；从日喀则到出境尼泊尔的吉隆口岸约564公里，为公路运输；从吉隆口岸到尼泊尔加德满都约160公里，为公路运输，全程约10天。这趟列车全列采用铁路集装箱，共计43车86个标准箱，货物品类包括日用百货、家用电器等多个品类。①

据南方日报讯，2016年11月30日上午继我国成功试运行了从兰州出发到尼泊尔的国际联运货运班列“兰州号”后，又成功地从广州发往尼泊尔一趟货运班列。消息称，在广东省、西藏自治区和广州市政府及相关

① 甘肃省首发“兰州号”南亚国际货运班列，甘肃商务网2016－05－1314：23。

部门领导的见证下，国内首列“广州—南亚”公铁联运国际货运班列开通暨中尼产业合作物流园合作意向签约仪式、广东广物国际铁路经济产业园运营有限公司揭牌仪式在广州白云区大朗隆重举行。尼泊尔商会代表和广铁集团、中铁集装箱集团等合作企业代表参加仪式。南亚班列的开通，是继中欧班列开通并常态化后在国际班列方面的又一突破，打通了广东—西藏—尼泊尔公铁联运通道，填补了广州—南亚国际货运班列的空白。[1]

通过班列混合编组实现国内贸易与国际物流无缝对接，打通广州与西藏的内陆通道的同时，成为广东首条贯穿沿海内陆直达尼泊尔、印度等国家的南亚通道。这两列货运班列在西藏和内地之间搭建了一条便捷、高效的贸易通道，也为与尼泊尔等南亚国家的对外经济贸易合作提供了物流新通道。由此可以看出，西藏已经是、并将最终成为我国通向南亚的一条重要通道，也必将发挥出“我国面向南亚开放的重要通道”的作用。

第二条线路（东线）：格尔木——拉萨——日喀则——江孜——康马——亚东——廷布和印度锡金邦后再向印度东北部的铁路网延伸。初

① 欧志葵　马喜生　通讯员/陈松珂　岳俭宣　云宣南方日报报道，2016 年 12 月 1 日。

步估算这条铁路线总长度约1700多公里(其中格尔木——日喀则1300多公里铁路已经通车运营)。该区域是印度相对贫困的地区,也是印度对华在军事上比较敏感的地区。由此推断,印度在近期对我们的这个设想会保持戒心或抵触情绪。因为从较长的历史来看,对于印度这样的国家,一旦经济社会发展计划与其军事安全考量相冲突时,它总会选择军事至上的原则。

二、公路

公路运输对地形状况要求相对较低,施工难度较小,修建的成本也比较低,由此决定了它是经济走廊中最为基本、也最为重要的一种连接方式和运输方式。我们设计的该经济走廊中公路交通运输,应当与该经济走廊中铁路线路基本保持同一方向而并行,二者之间的功能与作用是互为补充和相互支持的。具体来讲,该经济走廊的公路连接方式也有以下两条通道。

第一条线路(西线):格尔木——拉萨——日喀则——吉隆——加德满都——巴特那,然后与印度的公路交通网络相连。目前,这条公路中的中方一侧的公路设施情况较好、并不断向好,尼泊尔一侧约二三十公里的公路设施情况较差。据我们于2017年7至8月到吉隆口岸、普兰口岸、日屋一陈塘口岸等进行调研时了解到的情况,尼方一侧的公路改造已经由我国通过援助的方式进行修建与改善,预计在近几年内就会得到解决。即就是在目前的情况下,该条公路的畅通性也是比较好的,已经发挥着经济走廊的连接作用。

第二条线路(东线):格尔木——拉萨——日喀则——江孜——康马——亚东——廷布和印度锡金邦。若由拉萨——浪卡子——江孜——康马——亚东,则可以缩短100公里左右。目前,这条公路通往印度锡金邦的畅通性比较好,已经发挥着经济走廊的连接功能和作用。至于什么时间能够将这条公路修建到不丹的首都廷布,这要等到两国间交易后、或者说两个国家通过一个特别的方式在建立外交关系之前,让经济贸易在民间组织的协调之下优先进行,这种方式也不是不可以的。

三、航空

在当前的社会历史背景下，航空运输是最为快捷和已经大众化的运输方式，可以想见，在不久的将来这种运输方式一定会成为人们出行和货运的重要选择。在本课题所涉及的这个经济走廊中，我们对航空线路是这样进行设计的。由于西藏的地理条件和南亚相关国家的可能性需要，我们认为，通往南亚的空中通道至少应当有三条。第一条线路为北线：拉萨国际航空港——阿里昆莎机场（以后还会有普兰机场）——新德里机场；也可以是拉萨——阿里昆沙机场（以后还会有普兰机场）——加德满都机场或蓝毗尼。第二条线路为中线：拉萨国际航空港——加德满都的航班，该航线已经开通多年，实际上已经发挥着空中经济走廊的作用。第三条线路为东线：拉萨国际航空港——亚东机场——不丹帕罗机场（Paro Airport）。中央在第六次西藏工作座谈会召开后不久宣布，决定将在西藏修建普兰、亚东等支线机场以及通用机场。根据 2018 年 6 月上旬的最新消息称，中国民航局和西藏自治区政府合作并宣布，将在新建山南隆子机场、日喀则定日机场、阿里普兰机场等 3 个支线机场，并力争 2021 年建成并投入运营。届时，这条空中走廊也应会更加紧密地连接中国与南亚相邻国家，为西藏实施“一带一路”规划又增添了新的内容、注入了新的动力。

2014 年 8 月 19 日，中国西藏航空公司在加德满都与尼方合作伙伴签署协议，联合成立喜马拉雅航空公司。2015 年 3 月 10 日，喜马拉雅航空获得尼泊尔民航局 AOC（运行合格审定证书），原计划航线为加德满都至拉萨、成都等。喜马拉雅航空由西藏航空、尼泊尔喜马拉雅航空投资公司和尼泊尔雪人航空三家共同投资建设，其中西藏航空占 49%的股份，尼泊尔两家合作方共占 51%的股份。该公司于 2016 年 4 月 3 日获得 A320 飞机运行许可，于当年 4 月 12 日自尼泊尔首都加德满都至科伦坡首航成功。自此喜马拉雅航空公司正式投入运营。从以上情况来看，该走廊的空中联系是贯通的，其作用正在日益彰显。[①]

---

① 藏吧扎西：喜马拉雅航空 4 月 12 日首飞加德满都至科伦坡. 中国西藏新闻网消息，2016—04—1312：15。

四、管道

此处所讲的管道设施，是指修建一条由中国西藏通往尼泊尔的石油运输管道，属于能源基础设施建设的范畴，这也是“丝绸之路经济带”的重要内容，是经济走廊的重要物质载体之一，应当是该经济走廊中中尼两国之间“设施联通”不可或缺的重要内容，它与我们后面要讲的“中电尼输”工程一样，应当是双方能源合作的重要领域方面和战略工程，对尼泊尔以及中尼关系将会产生深远影响。所以，我们认为，“中尼印不经济走廊”也同样有必要、也有可能铺设由格尔木（理论起点；实际的起点应当是拉萨市）——日喀则——吉隆——加德满都的输油管道，将中国的石油产品输往尼泊尔，缓解尼泊尔对石油需求的压力，帮助尼泊尔实现能源供应的多途径选择。对于中尼石油管道的想法，尼方对此有迫切的愿望，我们应当顺势而为、借力推动，将这个工程做成我们国家的战略工程。该输油管线也可以考虑由新疆的南疆某个地点作为中方的输出接口，然后再经西藏普兰至加德满都。以上这些设想还应当进一步测算，比较其经济成本、政治安全成本和社会效益等。在以后也可根据不丹的要求，将中国的石油产品输往该国。

第三节　输电线路、金融与网络

一、电网工程

尽管尼泊尔的有丰富的水利资源，但是将水能转化为电能的能力相对有限。在此，我们也应当考虑在未来将西藏过剩的电能输往尼泊尔等国，积极推动西藏能源走出国门，实现“中电尼送”。

该工程包括由中国与相关国家共同修建电站、电网联通等能源合作的内容，是经济走廊建设的重要内容之一。因为在“一带一路”沿线的国家在能源上各有优势，当然也是各有劣势，这种情况为相互之间的优势互补提供了机会。比如，尼泊尔这个位于喜马拉雅山脉南麓的国家，从理论上来讲，水电蕴藏量为8300万千瓦，约占世界水电蕴藏量的2.3%，其中2700万千瓦可发展水力发电，这种丰富的水力资源在当今世界上是位居前列的。有外媒曾指出，尼泊尔的水电行业一直被印度控制，目前印度公司和个人目前直接或间接控制着尼大约1万兆瓦的水电站项目，但交付期限一拖再拖，对尼造成了巨大损失。① 该国基础设施落后，能源电力严重短缺，是全球49个最不发达国家之一。在这中情况下，我们建议中尼双方应当采取以下两个方面的合作：

第一，积极实施“中电尼输”计划，将西藏的过剩电能通过电网向尼泊尔、尤其是向尼泊尔北部地区输送，以缓解其对电能的迫切需要，真真切切帮助尼泊尔发展经济、推动社会进步、提升加工制造和出口能力，从而造福当地民众。如果这个措施能够落实，也将会减轻尼泊尔在能源方面对印度的过度依赖，并由此带来的能源风险、社会风险。

第二，由中国能源企业帮助尼泊尔修建水力发电站等能源设施。据路透社报道，尼泊尔投资委员会日前宣布，中国三峡集团负责承建尼泊尔境内一项总价值达到16亿美元的水电站项目，这也是该国单笔项目价值最高的海外投资。尼泊尔议会外资审查委员会说，这个在该国西赛提河(West Seti)上的水电站计划一旦完成，便能提供750兆瓦的电力。2012年，尼泊尔议会的一个委员会已经批准了这一项目。但是由于需要经过投资委员会的审批，加之尼泊尔国内政治势力的拉锯，因此又持续了两年多的时间。中国专家在2014年年底完成了技术考察。计划兴建的西赛提水电站项目预定在2021至2022年之间完成，尼泊尔官方表示，水电站所处当地的居民可以免费用电，其余的发电量将输往尼泊尔其它地区。西赛提水电站项目总造价16亿美元，是尼最大的水电站项目之一，中国企业的进入且有望打破印度在尼水电站领域的垄断。国际社会都知道，中国并不是尼泊尔唯一求助的对象，2014年10月，尼泊尔与印度签署了关于电力贸易和跨边境输电线路联网建设的协议。除此之外，2014年尼

---

① 尼泊尔批准中国三峡集团16亿美元建水电站 该国最大海外投资。http://www.guancha.cn/Neighbors/2015_04_14_315804.shtml.

泊尔还同印度签订了两项价值 24 亿美元的水电工程项目。[1] 在中国的“一带一路”计划中，倡议各方共商、共建、共享，印度与中国一道共同帮助尼泊尔的发展水电产业，也是合情合理、公平竞争的体现，在这一过程中将会进一步增强三国之间的相互了解。

又据中国水利电力对外公司网站消息，2014 年 1 月 5 日下午，公司尼泊尔经理部刘杰与那苏瓦卡里水电有限公司成功签署了那苏瓦卡里水电站项目 EPC 总承包合同，合同金额约为 9700 万美元。该电站是三峡集团所属中水电对外公司以 EPC 形式承建，由中国电建集团所属水电七局承担施工任务。该站项目坐落于尼泊尔与中国西藏交界处的垂树里河上，位于首都加德满都西北向 146 公里处。本工程属于尼泊尔境内垂树里河最上游的第一级水电开发项目，为径流式电站，将安装有 3 台混流式机组，总装机 111MW，是尼泊尔第三大在建水电站。该项目的成功实施将缓解目前尼泊尔面临的电力短缺问题并促进当地经济加速发展，同时将为公司巩固传统市场以及提升品牌形象谱写新的华彩篇章。此外，我们通过网络搜索还发现，中国电建集团在尼泊尔正承建上塔马克西、上马相迪、库里卡尼、那苏瓦卡里水电站等多个工程项目。以上情况说明，中尼双方的能源合作已经处于积极推进的过程中，数年之后，尼泊尔的电能供应、以及由此带来的经济与社会发展进步，一定会发生较大的变化。

二、金融

“一带一路”倡议规划中提出的“资金融通”应有之义，就是让人民币沿着“一带一路”走向沿途各国、进而实现国际化，当然也视为相关国家提供建设资金支持。据 2015 年 11 月 24 日官方消息，中国央行当日发布新闻称，已与尼泊尔央行签订双边结算与合作协议补充协议，中尼人民币结算已从边境贸易扩大到一般贸易，并扩大地域范围。[2] 这标志着中尼两国在金融合作方面进入实质性阶段，也必将会对南亚其他国家起到积极地

---

① 尼泊尔批准中国三峡集团 16 亿美元建水电站 该国最大海外投资。http://www.guancha.cn/Neighbors/2015_04_14_315804.shtml.

② 广州日报讯(记者李婧暄)：中国央行和尼泊尔央行签双边结算协议.2014－12－24。

示范作用。2016年10月1日,人民币也正式加入了国际货币基金组织(IMF)特别提款权(SDR)货币篮子。也就是说,人民币可作为一国的外汇储备,将进一步加快人民币国际化的进程,改变原来人民币国际化主要依靠央行间货币互换的途径,这对构建"中尼印不经济走廊"必将产生积极影响。根据中新网拉萨2017年10月18日电(孙翔)18日,中国人民银行拉萨中心支行与尼泊尔驻拉萨领事馆就共同推进双边金融合作与发展进行座谈。中国人民银行拉萨中心支行副行长刘家荣表示将积极推进西藏自治区商业银行在尼泊尔设立分支机构。刘家荣还说,将在中尼之间扩大双边本币结算、强化双边反洗钱部门间合作、加强双边金融基础设施建设等,以促进双边经贸、文化合作与发展。尼泊尔驻拉萨领事馆总领事卡尔基介绍,目前,中国是尼泊尔第二大投资国,2016年尼泊尔从中国进口的货物量约值13亿美元。针对在尼设立商业银行分支机构,卡尔基建议邀请尼泊尔国家银行和有关商业银行赴华调研考察,还建议由双边使馆或有关政府部门详细沟通建立分支机构的程序。[①]

另外,亚洲基础设施投资银行(Asian Infrastructure Investment Bank,简称亚投行,AIIB)是一个政府间性质的亚洲区域多边开发机构,重点支持基础设施建设,成立宗旨在促进亚洲区域的建设互联互通化和经济一体化的进程,并且加强中国及其他亚洲国家和地区的合作,总部设在北京。亚投行法定资本1000亿美元。2013年10月2日,中国国家主席习近平提出筹建倡议,2014年10月24日,包括中国、印度、新加坡等国在内21个首批意向创始成员国的财长和授权代表在北京签约,共同决定成立亚洲基础设施投资银行。2015年4月15日,亚投行意向创始成员国确定为57个,其中域内国家37个、域外国家20个。2015年6月29日,《亚洲基础设施投资银行协定》签署仪式在北京举行,亚投行57个意向创始成员国财长或授权代表出席了签署仪式。2015年12月25日,亚洲基础设施投资银行正式成立,全球迎来首个由中国倡议设立的多边金融机构。2016年1月16日至18日,亚投行开业仪式暨理事会和董事会成立大会

① 中国新闻网:《西藏商业银行将在尼泊尔设立分支机构》,2017年10月18日19:58:32.

在北京举行。根据设计规定，亚投行初期投资重点领域包括：能源与电力、交通和电信、农村和农业基础设施、供水与污水处理、环境保护、城市发展以及物流等。根据2016年6月24日FX168财经报社（香港）讯：亚洲基础设施投资银行周五批准了首批四笔贷款项目，共计5.09亿美元，其中三笔将与其他多边发展银行合作，所投项目包括1.65亿美元的孟加拉输电网建设等。亚洲基础设施投资银行的设立和正常运营，将会从基本层面上保障“中尼印不经济走廊”工程的资金需求。另外，中国也会从“中尼印不经济走廊”相关国家的实际情况出发，采取一些更加灵活金融支持办法，从而保障包括电力能源合作在内工程顺利推进。

三、网络与信息

在通讯基础设施建设方面，“中尼印不经济走廊”也应当包含这方面的内容。很难想象在经济走廊的建设中没有通讯与网络联通的内容，因为，通讯与网络是联系物质运输和人员往来的神经系统，假若缺此内容，其它联系与沟通将会无从谈起。比如，“中国——中亚——西亚经济走廊”建设过程中，在通讯基础设施建设方面相关国家密切合作，成效显著。中国华为公司与哈萨克斯坦电信公司合作建设的覆盖哈全境的4G通讯网络项目，[①]中哈俄、中吉、中塔跨境光缆项目等，基本完成，联通中国、中亚、西亚的“信息丝绸之路”基本形成。这对于我们积极建议实施的“中尼印不经济走廊”具有借鉴意义。用网络的方式将中国与尼泊尔、印度等南亚国家联通，并且由中国提供通讯设备与技术等，实现在通信与网络等方面的相互连通，信息共享，这对中国与相关国家深化合作都具有重要意义。根据中国青年网2017年7月14日的消息称，《印度快报》13日引述尼泊尔《共和国报》的报道称，尼泊尔8月起将可接入中国企业提供的互联网服务，印度在该领域的“垄断地位”将被终结。[②] 据埃菲社2018年1

---

① 禹伟良、林雪丹、黄文帝、张光政、程晨：《开启中国——中亚合作新窗口》，《人民日报》2014年9月30日。

② 中国青年网：《尼泊尔8月将接入中国互联网 印度“网络垄断”将被终结》，2017－07－14 04:55:00。

月 11 日报道，尼泊尔电信部门发言人普拉蒂巴·维迪雅告诉记者："最近几周我们一直在进行测试，我们将于 1 月 12 日开启同中国的商业连接。这将缓解在线流量并改善供应的可靠性。"报道称，中国与尼泊尔之间之所以能够进行光纤连接，依靠的是两国边境处拉苏瓦堡的一个连接点。拉苏瓦堡位于加德满都以北 175 公里处。尼泊尔信息与通信部长莫汉·巴斯内特和中国驻尼泊尔大使于红将为光纤连接举行启动仪式。同时根据参考消息网 2018 年 1 月 13 日报道又证实，尼泊尔将从 1 月 12 日起通过中尼两国边境处一个光纤连接点接入中国宽带，结束印度在尼泊尔宽带领域占据的垄断地位。

总之，在国家着力推动"一带一路"倡议实施的背景下，根据地缘政治、地缘经济和地缘文化的相关理论，以上铁路、公路、航空、"中电尼输"、输油管道、金融和网络与信息等 7 个方面的连通手段相互配合，为"一带一路"倡议在南亚的顺利实施、为该经济走廊的顺利实施奠定更加坚实的物质基础与技术支持。

第四节　口岸设施、物流园区与开放实验区

一、口岸设施

（一）基本情况介绍

从以上关于经济走廊的概念中，就可以解读出国与国之间连接的节点就是各自的口岸，有口岸，就必然会有相应的设施。西藏与南亚各国、尤其是与陆地相毗连的国家之间的联系，基本上是通过陆路口岸连接的。

如前面有关章节所述，西藏地处中国的西南边疆，其南部和西南部分别与东南亚和南亚的缅甸、印度、不丹、尼泊尔及克什米尔等国家及地区接壤，国境长达约 4000 公里。在全西藏的 7 个地市中，除那曲市和拉萨市外，其他 5 个地市的 21 个县、203 个乡镇、770 个村均分布在边境线上，边境地区总面积达 34.35 万平方千米，人口近 40 万人，约占全西藏总人口的 1/8。边境线上有对外通道 312 条，其中常年性通道 44 条，季节性通

道 268 条，其中分布在中尼边境 184 条、中印边境 93 条、中不边境 18 条、中缅边境 5 条、克什米尔地区 12 条。

由于与众多国家、地区接壤，通行与连接的道路多，所以，历史上在西藏与相邻国家、地区的各通道边境线上就自然形成了许多边民间的自由交易市场。新中国成立后、特别是在改革开放后，根据与相邻国家的历史传统、边民的生产与生活需要及中国与邻国外交关系等情况，先后在西藏边境地区约 4000 公里的地带开设了 6 口岸：樟木口岸、普兰口岸、吉隆口岸、亚东口岸（边贸市场）、日屋一陈塘口岸、里孜口岸，其中吉隆口岸、樟木口岸、普兰口岸为国家一类陆路通商口岸和国际性口岸，亚东口岸（边贸市场）为国家二类陆路通商口岸（目前因为印度的原因处于待恢复开放阶段，只是发挥着传统贸易市场的作用，或者叫做准口岸）。樟木、吉隆、日屋一陈塘、里孜口岸等口岸面向尼泊尔开放；普兰口岸兼容中印、中尼边境贸易；亚东口岸在历史上兼顾中印、中不边境贸易。下面我们可以进一步介绍各口岸的情况。

进入“十二五”以来，尤其是 2015 年国家三部委联合发布“一带一路”倡议后，在国家的关心和有关对口援助省市的大力支持下，西藏边境贸易口岸的硬件设施和软件及人文环境得到了较快的改善。比如，基隆口岸的通关设施条件及物流园建设、普兰口岸的国门建设及新的国际贸易市场城建设、亚东新的边贸市场建设、日屋一陈塘口岸的交通设施与口岸的通关设施、仲巴县里子口岸建设，以及交通道路的升级改造等等，对于保障和促进边境贸易的持续快速发展起到了很好的作用。

同时，西藏各口岸的信息化建设工作也在加快。“……今年将在西藏自治区各口岸上线运行卡口系统，实现电子自动放行作业，打破关区界限，形成覆盖通关全流程的一体化管理机制和运作模式。拉萨海关党组书记、关长王文喜介绍，今年将深入推进‘三互’大通关建设，强化执法信息资源、口岸监管等设施共享共用，全面落实关检合作‘三个一’，全面启用海关通关辅助系统。加强与口岸管理部门的协作配合，适时推进建设‘单一窗口’，探索实施‘一站式’作业，打造通关‘高速路’。为更好地融入全国通关一体化，创新多式联运监管制度，今年西藏自治区将在各口岸上线运行卡口系统，实现电子自动放行作业，打破关区界限，形成覆盖通关全流程的一体化管理机制和运作模式，为‘一次申报、分步处置’、税收征管方式改革和功能型海关建设奠定基础。”①

1.普兰口岸。该口岸为国家一类口岸、国际性口岸，位于西藏阿里地区普兰县，兼容中尼、中印边境贸易，1954年正式对外开放，1962年中印边境形势恶化后对印贸易中断，但对尼泊尔贸易和人员往来从未间断。1992年7月，中印两国政府重新换文，宣告中国普兰与印度贡吉相互开放，两国间的边境贸易又正式恢复开放。2012年中尼双方在加德满都签订《中华人民共和国政府和尼泊尔政府关于边境口岸及其管理制度的协定》，双方再次重申“普兰—雅梨”为国际性口岸，口岸两侧分别为中国西藏自治区普兰县普兰镇和尼泊尔胡木拉地区玉萨村。2015年《国务院关于支持沿边重点地区开发开放若干政策措施的意见》（国发[2015]72号）“沿边重点地区名录”中明确了西藏樟木、吉隆、普兰为“沿边国家公路口岸”。普兰口岸管委会自2014年3月正式组建以来，按照《西藏自治区普兰口岸发展规划（2011－2010年）》（藏政发[2012]95号）相关规划内容，积极稳妥推进普兰口岸基础设施建设项目。已完成了总投资1198万元的普兰口岸货物联检现场改扩建建设项目和与之配套的455.07万元办公设备采购项目、总投资4394万元的普兰口岸斜尔瓦国门区基础设施建设项目和与之配套的301万元办公设备采购项目、总投资390万元的拉孜拉边贸市场建设项目已获批复。总投资2亿元的普兰口岸唐嘎国际边贸市场建设项目于2016年4月正式开工建设，计划2017年年底年竣工验收，目前正在建设过程之中。总投资1569万元的普兰口岸斜尔瓦入境货物查验场建设项目、总投资2000万元的普兰口岸一站式服务中心建设项目、总投资1695万元的普兰口岸斜尔瓦基础设施边坡治理建设项目、总投资2765万元的普兰边检站信息指挥中心建设项目、总投资500万元的普兰口岸斜尔瓦“一关两检”保障用房建设项目等重大口岸基础设施建设项目完成了可研论证和前置审批的各项工作，待自治区下达建设资金后

① 中央政府门户网站，打造通关“高速路”—西藏自治区各口岸将实现电子自动放行，www.gov.cn 2016－03－25 09:54 来源：西藏日报。

可立即进入施工建设阶段。以边防公路、口岸公路、旅游公路建设为重点，普兰至狮泉河二级公路建设项目已立项；已建成2个机场气象观测站，为普兰机场建设采集气象数据。总之，截止2017年中期，中国一侧的相关设施经过两年多的建设基本到位。但是，由于在该口岸中印、中尼之间不通公路，对方的基础设施较为陈旧。所以，目前的普兰口岸主要以边民互市贸易为主（主要是小额贸易）。2014年普兰口岸实现进出口贸易额3664万元人民币，货物量2200吨，货运车辆868辆（次），出入境人数为24589人次（含边民），来口岸固定经商的外商达到339家，其中印度商户20家，尼泊尔商户319家，从业人员1025人。据不完全统计，2016年，普兰口岸出入境人数达到3.6万人次，同比2015年增长155%；出入境游客2.3万人次，占总出境人数的63%，同比2015年增长456%；普兰口岸进出口贸易总额达3362万元；普兰口岸出口活畜182批、3950头（只、匹），同比2015年分别增长112%、54%。2017上半年，普兰口岸贸易总额已实现459.6万元人民币，其中进口343.7万元人民币、出口115.9万元人民币；口岸出入境总人数19418人次，其中出境9375人次、入境1043人次；口岸贸易总量185.9吨，其中出口177.3吨、进口8.6吨。

2. 吉隆口岸。吉隆享有“一条吉隆沟，半部西藏史”、“喜马拉雅五条沟（樟木沟、吉隆沟、亚东沟、陈塘沟、嘎玛沟），最美吉隆沟”和“西藏最后秘境”等美誉。该口岸位于日喀则市吉隆县吉隆镇境内，喜马拉雅山中段南麓吉隆藏布下游河谷，与樟木口岸隔山为邻，同属于国家一类口岸和国际性口岸。该口岸是传统的中尼边境贸易场所，1961年经国务院批准对外开放，曾经设有海关、商检等部门，1972年被国务院批准为国家二类陆路口岸，1978年被国务院批准为国家一类陆路口岸，后因樟木口岸的繁荣，20世纪80年代初期吉隆口岸开始萎缩，海关、出入境检验检疫等部门相继撤出。吉隆口岸交易除以物易物外，多以尼币和人民币作为支付手段。由于喜马拉雅山口每年大雪封山3个月，吉隆口岸属于季节性边贸市场。由于口岸基础设施薄弱，口岸功能弱化，边境贸易仅限于日常生活用品，出口货物主要是活羊、糖类、服装、酒类、大米、面粉、青油等，进口货物主要是虫草等药材及辣椒、香料、金银首饰、民族手工艺品等。

吉隆口岸在西藏历史上属于对尼泊尔的最大的陆路通商口岸，素有“商道”、“官道”、“战道”之称，有过悠久的对外贸易历史。吉隆口岸距离拉萨700多公里，距离尼泊尔首都加德满都约130公里，目前是中尼边境贸易的主要通道。“十二五”期间，国家和西藏重新对该口岸进行定位，提升了它的重要地位，尤其是2015年“4.25”尼泊尔大地震以后，该口岸因多重优势已经被西藏和国家确定为西藏与尼泊尔、甚至是“一带一路”背景下中国通往南亚的重要通道。目前，吉隆口岸逐渐加强基础工作建设，边境贸易也日趋活跃。一是成立了吉隆口岸管委会，建立健全了口岸建设和发展的协调、管理和服务机制。二是启动了热索一线检查检验基础设施项目的建设工作。三是组织制定了吉隆口岸扩大开放区域的方案，已经报自治区审批。四是积极开展对尼交往工作，坚持“引进来和走出去”的发展政策，为商户提供补贴，激励尼方商户入驻吉隆镇经商、引导吉隆镇商户入驻尼泊尔夏如镇经商。五是坚定不移实施“边贸兴县”战略，积极打造“两点一片”（夏村达当、贡当边贸点和热索片区）的边贸网络格局，提高边贸互市的效益，增强了吉隆口岸开放的人气，使民间贸易逐步向规模化发展。在此背景下，吉隆口岸的货运量也逐年升高。进入2016年以来，吉隆口岸全面推广通关作业无纸化改革，企业全天24小时均可通过互联网向海关进行货物申报，不受海关工作时间和地点限制，足不出户便可完成所有海关通关手续。规划要求加快吉隆口岸基础设施建设，完善口岸通关功能，先行发展现代物流、加工贸易和旅游观光服务；建设边境经济合作区，为跨境经济合作区的建设奠定基础，着力打造西藏开放型经济发展的关键口岸。

根据吉隆边境经济合作区总体规划，其分阶段目标为：

近期目标（1—3年）：构建和发展中尼吉隆边境经济合作区，积极申请享受国家经济技术开发区和边境经济合作区双重优惠政策。目前，吉隆口岸尚未具备申请国家经济技术开发区的条件，但可以以“一带一路”规划为契机，以边境经济合作区为载体，申请享受经济技术开发区的优惠政策，从而吸引更多外来投资，加快发展，力争用3年时间把吉隆口岸建设成为西藏一流有影响的口岸。按照口岸发展开放的思路，建立吉隆口岸生产加工区、仓储物流区、口岸作业区、进出口查验区、综合服务区及配套服务区，最终把吉隆口岸打造成中尼能源储备区、电力投资和工程承包基地、特色产品加工基地、国际物流中转基地、国际文化旅游商贸会展一体化基地。

中期目标(3—5 年)：打造综合保税区。按照吉隆边境经济合作区总体规划的功能、布局，建设物流园区，申请保税政策，基础建设全面完善。具备 GDP 总量、进出口贸易额、机制等条件后，申请建立综合保税区。

远期目标(5—8 年)：打造自由贸易区。

2016 年吉隆口岸出入境人员 10.32 万人次(含边民 6.63 万人次)、交通运输工具 2.15 万台(辆次)，进出口货物量 10.45 万吨、进出口额货值 33.53 亿元。2017 年一季度，出境人员 2 万人次(含边民 1.71 万次)，交通运输工具 6963 台(辆次)，进出口货物量 2.61 万吨，进出口货值 5.75 亿元。口岸货种主要是日用百货、家用电器、手工艺品、活畜、针纺织品、粮食、植物油、铜器、食品、水果等。服务范围是中国、尼泊尔旅客出入境，一般贸易，边境小额贸易及边民互市贸易等。目前吉隆口岸的贸易形式主要为边境小额贸易，具备人员往来功能，设施建设方面，一线设施基本到位，二线设施——一关两检、停车场、小商品市场基本到位，道路改造正在进行中。

3. 日屋－陈塘口岸。西藏对该口岸的定位是“一口岸两通道”，即、日屋－陈塘口岸下设日屋通道和陈塘通道。其中日屋通道位于西藏日喀则市定结县境内，距离定结县 7.6 公里，距日喀则市区 303 公里。西南与尼泊尔的哈提亚市场对应，20 世纪 60 年代曾一度关闭，1986 年经国务院批准正式开放。历史上，日屋口岸就是中尼两国传统的边民互市贸易市场。日屋口岸受地理、交通、通讯等条件的限制，至今仍然保持着边民人背马驮的传统物物交换、以物易物形式，仅存有少量边民互市贸易往来。2014 年，日屋口岸边贸总额为 2800 万元人民币，货物量 1000 多吨，出入境人员 3300 人次，运输工具 600 辆(次)，进出口商品主要有羊毛、茶、牲畜、木材、日用百货等。陈塘通道(又称陈塘口岸)，位于定结县陈塘镇，位于定结县西南部，喜马拉雅山脉中段南坡，珠峰东南侧的原始森林地带，东南与尼泊尔联邦民主共和国隔河相望，距拉萨市738公里，距日喀则市384公里，距定结县县城150公里，有5个山口通尼泊尔，与尼泊尔的基玛塘遥遥相望。由于该口岸所在地是夏尔巴人最集中的居住地，具有极其浓郁的夏尔巴传统文化特色，被誉为“夏尔巴文化宝库”。该镇曾是日喀则唯一不通公路的乡镇，也是西藏的未改乡(没进行过民主改革)。这里是边境地区，也是单一的夏尔巴人的聚居地，平均海拔2040米，属亚热带季风气候。2009年有6个行政村，390户1963人，2017年陈塘镇列入自治区特色小城镇示范点建设名录。正以为如此，该口岸或通道将被西藏建设成为以旅游为主要内容的服务型口岸。

4.亚东口岸。该口岸位于日喀则市亚东县，地处喜马拉雅山脉中段南坡谷地，海拔2800米，距离拉萨市区460公里，距离印度港口城市加尔各达410公里，距离不丹首都廷布约300公里，有41个对外通道。亚东自17世纪中叶开始，逐渐成为中印两国间最大的陆路通商口岸，也曾经是西藏境内条件最好的国家一类口岸之一。1956年口岸边境贸易额为3000万元人民币，交易对象包括印度、尼泊尔、不丹等国。1961年国家和西藏自治区在亚东设立海关和各类外贸机构，公路交通、能源、通信等基础条件基本具备。1962年中印边境冲突后，中印两国相继撤销了原边贸市场的海关等机构，乃堆拉山口由军队把守，边贸通道被铁丝网隔离。2006年7月，乃堆拉山口仁青冈临时边贸市场建成并正式开通与印度的贸易，乃堆拉山口被喻为“西藏通向南亚的钥匙”，目前，位于中印边境地带的亚东口岸也在积极争取早日复关，现今只能是一个边贸市场。中央六次西藏工作座谈会提出支持亚东等二级口岸功能升级。此外，西藏自治区正在筹划建设帕里、涅如等边贸市场。

5.里孜口岸。该口岸是西藏新设立的陆路通商口岸，直接面对尼泊尔市场，它位于西藏日喀则市仲巴县境内。根据我们于2017年8月初在该县的调研情况所知，目前仲巴县正在按照自治区政府和日喀则市政府的要求，加快口岸国门、以及国门连接219国道等基础设施的建设。

(二)各口岸的总体状况简介

从西藏现有的6个国家口岸(含拉萨空港口岸)和开放的边贸市场硬

件设施、市场建设情况来看，大多数都较为简单，有的只有一条街道和为数不多的简易铺面；口岸畅通性受制于自然环境的影响。具体来讲有这几种情况。

第一，交通道路整体情况不好。目前西藏的各口岸只有公路基本畅通，通达性基本能够满足目前的需要。但是，这些公路基本上是处在高山峡谷之中，地质情况极其复杂，经常受到恶劣气候环境（降雨、降雪）和地质灾害的影响（比如，樟木口岸因受到2015年“4.25”尼泊尔大地震的影响可能会永久废止）。

第二，由于受到各口岸地理环境、交通条件、贸易水平和西藏经济发育水平等因素的综合影响，使西藏各口岸的基础设施建设整体情况较为落后，与国内东北、西北、南方等省区的边贸市场和口岸设施比较起来仍有很大的差距，与沿海地区口岸条件相比较差距更大。高级别、高规格的通商口岸明显偏少，功能较差，迫切需要在国家“一带一路”加快推进的背景下进行彻底的更新和建设。

第三，服务水平与软件环境处于较低的水平。相对于国内其他沿边省区的口岸状况而言，由于西藏各口岸的营业规模较小，致使其经营水平相对较低。

2004—2016年西藏对外贸易及边境小额贸易一览表

单位：万美元

年份	西藏全区对外贸易			边境小额贸易		
	进出口额	出口	进口	进出口额	出口	进口
2004	22355	13009	9346	9052	8563	489
2005	20539	16532	4007	12220	11581	639
2006	32840	22222	10618	17618	17158	460
2007	39348	32638	6710	24892	24585	307
2008	76543	70721	5822	23949	23675	274
2009	40202	37535	2667	24878	24526	352

年份	西藏全区对外贸易			边境小额贸易		
	进出口额	出口	进口	进出口额	出口	进口
2010	83594	77102	6492	50055	49765	290
2011	135861	118310	17551	93033	92420	613
2012	342397	335501	6896	168648	167739	909
2013	331939	326905	5034	192389	191396	993
2014	225494	210086	15408	198190	196462	1728
2015	90799	58179	32620	48544	48013	531
2016	77796	47027	30768	44961	44572	389

数据来源:《西藏统计年鉴·2017》

2004—2016 年西藏边境贸易进出口情况

单位:万美元

年份	进出口额	出口额	进口额	进出口差额
2004	9052	8563	489	8074
2005	12220	11581	639	10942
2006	17618	17158	460	16698
2007	24892	24585	307	24278
2008	23949	23675	274	23401
2009	24878	24526	352	24174
2010	50055	49765	290	49475
2011	93033	92420	613	91807
2012	168648	167739	909	166830
2013	192389	191396	993	190403
2014	198190	196462	1728	194734
2015	48544	48013	531	47482
2016	44961	44572	389	44183

数据来源:《西藏统计年鉴·2017》

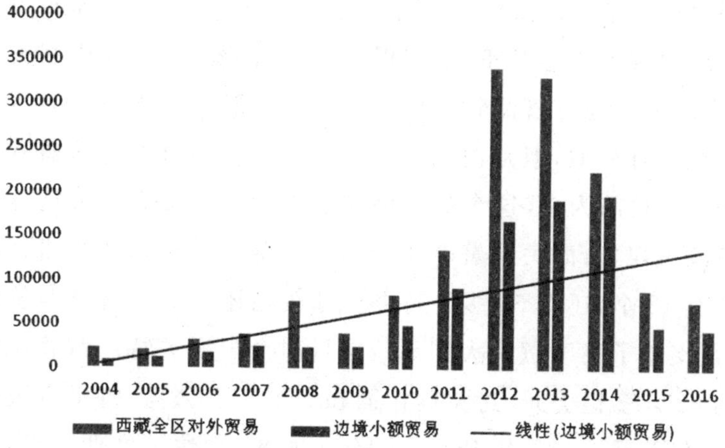

图3 西藏对外贸易及边境小额贸易增长趋势图

数据来源:《西藏统计年鉴·2017》

第四,西藏尚无海关特殊监管区域。截止2017年末,西藏是全国唯一未设立海关特殊监管区域的省份。所谓的海关特殊监管区域是指经国务院批准,设立在中华人民共和国关境内,赋予承接国际产业转移、联接国内国际两个市场的特殊功能和政策,由海关为主实施封闭监管的特定经济功能区域。海关特殊监管区域现有六种模式:保税区、出口加工区、保税物流园区、跨境工业园区(国内现有珠海跨境工业园区、霍尔果斯边境合作区等)、保税港区、综合保税区,进口保税仓库、出口监管仓库、保税物流中心(分为A型和B型)这三种模式属于保税监管场所。

经过国家和西藏自治区多年的培育和扶持,西藏区域经济参与外贸程度逐渐增强,海关特殊监管区域的设立有望成为拉动西藏外贸经济发展的新亮点、新引擎。为适应西藏对外开放和经济发展的需要,建议自治区政府应充分利用国家对中西部地区经济发展的特殊优惠政策,把握良机,在拉萨、日喀则及吉隆口岸等条件相对较好的地方设立海关特殊监管区域。

关于我国目前的海关特殊监管区域发展的情况,国家海关总署副署长孙毅彪在发布会上表示,可以概括为总体平稳、稳中提质、需求很旺、作用突出。下一步的考虑,是把海关特殊监管区域的发展跟"一带一路"的国家战略衔接起来。他指出，海关特殊监管区域，是由国务院批准在我国关境内实施税收等优惠政策，开展保税加工、保税物流、保税服务等多元化业务，由海关实施监管的特定区域。国外一般叫自由贸易园区。这跟自贸区的概念有相似，但是内涵不一样。目前全国海关特殊监管区域共有 129 个。到目前为止，这个数字仍在发生变化。设立海关特殊监管区域为国务院事权，由海关总署牵头会同十个部委共同审核报批。我国正在办理的有 12 个，还有 50 多个待办。孙毅彪还说海关特殊监管区域的作用：一是支撑了我国贸易大国地位。目前全国海关特殊监管区域年进出口值约 6300 多亿美元，封关运作面积 277 平方公里，每平方公里进出口值达 23 亿美元。二是提升了国际分工水平，加快了产业转型，有众多跨国公司入住。三是促进了东中西部区域协调发展。孙毅彪表示，2012 年国务院出台了国发 58 号文，去年又出台了《加快海关特殊监管区域整合优化方案》，十八届三中全会全面深化改革将此列为改革任务之一。因此，海关会同十个部门一起来办这件事，研究怎么能够让它发展得更好。一是整合优化区域类型和数量。现在有保税区、出口加工区、保税物流园区、保税港区、综合保税区、跨境工业园区六种类型，今后的方向是原则上统称为综合保税区。因此，海关最近在进行整合，现在除了青海、西藏，其他省市都已有海关特殊监管区域，基本上是这样的布局。[①] 从这个讲话精神中可以看出，国家海关总署已经在考虑为西藏等设置海关特殊监管区域的问题，一旦这个措施落实到位，相信西藏的边境贸易等，会有一个较大的起色。

以上这种状况和国家“一带一路”倡议的要求差距较大，与构建“中尼印不经济走廊”的要求同样有较大差距。

二、物流园区等新型开放经济类型的设计

（一）物流园区

根据国内相关省区市在“一带一路”建设过程的做法、特别是沿边有

① 新华网：海关特殊监管区域下一步考虑与“一带一路”衔接，2016 年 10 月 20 日 17:07:39。

关省区的做法，西藏构建国家提出的“打造我国面向南亚开放的重要通道”和建设“中尼印不经济走廊”的过程中，也一定要建设一批与经济走廊相适应的物流园。

根据2015年6月1日商务部等10部门关于印发的《全国流通节点城市布局规划(2015－2020年)》，拉萨市被列为37个国家级流通节点城市之一，日喀则被列为全国66个区域级流通节点城市之一。另外，位于青海格尔木市、西藏那曲的物流园、日喀则仓储物流园等都有一定的规模。当然也不排除在各个口岸所在地或者附近，都会有一些物流园的建设规划，这是沿着“经济走廊”跨国过门、走向国外的必备条件之一。

（二）开放试验区

内陆开放型经济是指具有内陆地区发展特点的开放型经济。其特点在于内陆地区的区位差异。相对于外向型经济，内陆开放型经济强调经济发展的全面协调可持续性，更加注重提高贸易产品的质量和科技含量，以提升区域对外开放的整体功能和区域创新能力。

一般而言，一国经济发展水平越高，市场化的程度就会越高，越接近于开放型经济。在经济全球化的趋势的大背景下，发展开放型经济已成为各国的主流选择。开放型经济与外向型经济的不同在于：外向型经济以出口导向为主，开放型经济则以降低关税壁垒和提高资本自由流动程度为主。在开放型经济中，既出口，也进口，基本不存在孰重孰轻的问题，关键在于发挥比较优势；既吸引外资，也对外投资，对资本流动限制较少。根据这个原则的精神，我们认为西藏以吉隆口岸为重点加快与尼泊尔合作，成立开发与开放经济合作区或自由贸易区。从我们了解的情况得知，早在2012年前后，西藏自治区及其下辖的日喀则市的有关口岸就开始着手论证中尼跨境经济合作的论证工作，曾经将具体的合作最低点放在樟木口岸附近，随后又更改为吉隆口岸。从可行性的条件来看，吉隆口岸是最佳选项。根据国家商务部2017年5月15日网站提供的消息称，9日，中国商务部部长钟山与尼泊尔政府副总理兼财政部部长克里希纳·巴哈杜尔·马哈拉正式签署《中国商务部与尼泊尔工业部关于建设中尼跨境经济合作区的谅解备忘录》(以下简称《备忘录》)，成为“一带一路”国际合作高峰论坛成果之一。中尼跨境经济合作区建设开创了中尼两国经贸合作新途径与边境合作新模式，有利于进一步深化中尼经贸合作，推动两国边境地区的繁荣稳定和共同发展。《备忘录》的签署是中尼跨境经济合作区建设的重要里程碑。双方将按照《备忘录》安排，抓紧磋商，积极推动后续各项工作。

（三）自由贸易区

中华人民共和国国民经济和社会发展第十三个五年（2016－2020年）规划纲要，在关于强化区域和双边自由贸易体制建设的内容中指出，加快实施自由贸易区战略，逐步构筑高标准自由贸易区网络。积极同"一带一路"沿线国家和地区商建自由贸易区，加快区域全面经济伙伴关系协定、中国一海合会、中日韩自贸区等谈判，推动与以色列、加拿大、欧亚经济联盟和欧盟等建立自贸关系以及亚太自贸区相关工作。全面落实中韩、中澳等自由贸易协定和中国一东盟自贸区升级议定书。继续推进中美、中欧投资协定谈判。①

根据中证网综合报道，2016年3月21日，商务部部长高虎城与尼泊尔商业部长迪帕克·博赫拉签署《中华人民共和国商务部和尼泊尔商业部关于启动中国－尼泊尔自由贸易协定联合可行性研究谅解备忘录》，宣布正式启动双边自贸协定联合可行性研究。双方同意成立工作组，尽快就共同关注的领域开展全面研究。

近年来，中尼经贸关系持续健康发展。商务部提供的资料显示，2015年，中尼双边贸易额8.66亿美元，中方对尼非金融类直接投资3203万美元，中国已成为尼第二大贸易伙伴和主要投资来源地。中尼自贸区建设有利于进一步扩大双方贸易和投资往来，将为两国经贸关系注入新活力，西藏这一我国面向南亚的重要门户枢纽也将迎来更大的发展空间。② 如前所述，2016年以来中尼之间的经济技术合作又有了巨大的发展。

从上面的这则消息可以看出，西藏与尼泊尔之间的协商设立自由贸

① 新华网，推进一带一路建设 加快实施自贸区战略，2016－03－17 20:32:03。

② 中国证券报官方网站，中尼自贸区将构建 西藏板块受关注，2015年1月13日。

易区已经被两国政府初步认可，处于双方共同研究的过程之中，这为我们的进一步研究提供了动力。从已有的研究和官方的初步规划设计来看，西藏的首个自贸区也会落地吉隆口岸，这里已经具备设立自贸区的基本条件。

（四）保税区

根据西藏2017年1月召开的“两会”消息称，拉萨综合保税区将于2017年3月开工建设，预计到2020年进出口商贸额将达到350亿元人民币，建成之后将成为辐射南亚的国际商贸中心，未来或将升级为自由贸易区：“今后的发展不是就西藏讲西藏，而应通过对外贸易来转变旧的思维，创造出新的发展模式，这才是拉萨综合保税区及未来建设自贸区的意义所在。”全国政协委员、政协西藏自治区委员会常委索朗多吉2017年1月11日接受中新社记者采访时如是说，无论从国家发展政策还是市场潜力来看，西藏已具备设立综合保税区、进一步加大对外开放的条件。索朗多吉认为，要“进化”思想，需要有综合保税区发展经验的积累，在扩大对外贸易的过程中吸收先进的理念、人才、体制、机制，营造西藏的战略支柱产业，从而进化发展模式。“综合保税区的意义就在于此。”①

我们从2018年01月03日中国西藏新闻网获得消息称，拉萨综合保税区规划建设选址地位于拉萨市堆龙德庆区乃琼镇，规划建设面积为0.883平方公里，包含口岸作业区0.078平方公里、综合服务区及保税物流区0.345平方公里、保税加工区0.46平方公里。规划区三面环山，紧邻青藏铁路拉萨西货站、拉萨西环线、109国道，距离市中心12公里、拉萨机场35公里，区位优势突出、交通优势明显，其规划设计采用“产城一体化”的设计理念，将综合保税区及其配套区域作为拉萨市的城市卫星城进行综合考虑，与规划建设中的堆龙德庆区东嘎镇核心区紧密衔接、产城互补，推动形成产城融合发展。据拉萨经开区相关负责人介绍，借鉴国内已封关运行的综合保税区、保税港区的成功经验，结合西藏产业发展特点，重点发展口岸作业、保税加工、保税物流及保税服务四大功能，并以保税

① 中国新闻网：西藏政协委员：用贸易开放促思想“进化”，2017年01月11日20:55。

物流功能为支撑，通过物流集聚效应，吸引适合西藏发展的相关产业落户，加速推进对外贸易、金融服务等业务的全面发展。同时，根据紧邻南亚国家特点，结合西藏特色资源、区位优势，重点支持来料加工贸易、进料加工贸易、出口加工贸易、跨境电子商务、国际贸易、跨境金融服务等产业；重点发展轻工业机械生产组装、净土健康产业农副产品加工出口、西藏本土特色产品加工出口等产业；重点推动现代物流和现代服务业全面发展。为积极融入"一带一路"倡议和"孟中印缅经济走廊"建设，该负责人介绍，从深入对接国家"一带一路"倡议、"孟中印缅经济走廊"和面向南亚开放国际大通道建设等重要商贸物流节点需求出发，以生产、加工、物流、内外贸易、公铁联运为基础，集保税物流、保税加工、商贸商务为一体，逐步发展成为面向南亚开放发展的重要门户和贸易节点，吸引国内外先进制造、现代物流、商贸流通企业等，加快拉萨及周边地区产业结构调整和经济增长方式转变，推动拉萨市发展成为新的经济增长中心。截止2017年底，该综合保税区的征地工作基本完成，开始进入具体的施工建设阶段。

如果以上这些设想能够得到顺利实施，那么，西藏在推进"一带一路"建设过程中的具体内容——建设"中尼印不经济走廊"的实施过程就会有比较丰富的内容和更加坚实的基础。

总之，通过以上的简要阐述，我们的目的就是要将西藏近4000公里的边境线打造成一个对南亚和东南亚国家开放的"黄金经济带"，在这个巨大"扇形"开放地带上，将镶嵌着普兰、里孜、吉隆、樟木、日屋－陈塘、亚东等陆路边境口岸群，以及跨境经济合作区、开放试验区、自由贸易区等，其中吉隆、普兰、亚东等口岸，会分别达到年上百亿元人民币、甚至更多的贸易和通关量，这些口岸相互配合、相互照应、相互支持，形成西藏、乃至于中国向南亚开放的联动效应；以拉萨贡嘎机场为龙头、以昆莎机场、普兰机场、定日机场、和平机场、隆子机场、林芝机场、邦达机场、那曲达仁机场、帕里机场等为骨架的空港群，将会成中国与南亚、东南亚国家空中联系的桥梁和空中经济走廊；以中尼油气管道运输、中尼网络（以后可能还会有中国与不丹的油气管道和网络联通）、中尼输电线路等，也会构成中国与南亚、东南亚密切联系重要方式。

通过以上的集中阐述我们还会发现，国家“一带一路”倡议下的西藏“南亚大通道”，就像一条拉链一样——“一带一路”倡议是“拉片”和“拉头”、“南亚大通道”上的陆路口岸群是“链牙”，将中国通过位于世界屋脊之上的西藏自治区与南亚紧密的连接为一体，打造成友好交往、互惠互利、合作共赢的“利益共同体、命运共同体”。

第五章　西藏建设“面向南亚开放大通道”的配套支持

第一节　基础设施建设支持

基础设施建设是西藏建设面向南亚重要通道的重要内容之一，习近平主席在2017年5月14日启幕的“一带一路”国际合作高峰论坛开幕式上表示，“目前，以中巴、中蒙俄、新亚欧大陆桥等经济走廊为引领，以陆海空通道和信息高速路为骨架，以铁路、港口、管网等重大工程为依托，一个复合型的基础设施网络正在形成。”

以“中国建造”为核心的基础设施建设，对“一带一路”的重要意义不言而喻，其不仅为互联互通打下了重要基础，还将带动相关产业链的转型升级。目前，中国各级政府、建设行业各大企业已开始推进“一带一路”发展规划，积极“走出去”，为中国经济发展注入新的活力。西藏建设面向南亚重要通道的重点支持内容之一是完善西藏区域内“一带一路”基础设施，主要包括道路交通基础设施、口岸基础设施、园区基础设施等。

一、西藏综合运输条件逐步完善。

在中央、西藏各级政府支持下，西藏干线公路基本实现路面黑色化，通县油路、乡镇和行政村通公路水平显著提高，大通道公路基础设施逐步得到完善。铁路建设运营方面，青藏铁路平稳有序运行，拉日铁路开通运行，这些铁路的建设对于增大通道物资吞吐量、降低物资运输成本具有相互作用。航空运输方面，大通道沿线主要地市均建有机场，区内支线航空网络基本建成，运输效率得到大幅提升。西藏综合运输条件在支撑和内地的经济产业联系、加强各地市之间的物资运输上的能力日益完善，依托国内通道实现对内对外双向开放的机遇已经显现。

（一）中尼国际通道

立足南亚大通道和环喜马拉雅经济合作带的建设前景，中尼国际通道将服务于两国加工贸易、文化旅游、商贸物流合作中的人员往来和货物运输。针对目前中尼通道现状问题，应重点打通公路瓶颈环节，提升公路等级，畅通拉萨、日喀则至边境口岸及尼泊尔境内主要城市的公路通道，建设日喀则联通边境口岸的铁路通道。结合陆路交通通道，建设南亚能源和通信大通道。

根据西藏自治区的“十三五规划”，2016—2020年，重点恢复重建樟木公路、吉隆至热索桥公路，改造提升强拉山口至普兰口岸公路，加快推进拉萨至日喀则至吉隆口岸高等级公路建设，支持尼泊尔加快推进吉隆至加德满都公路建设，以及定结县萨尔乡至陈塘口岸公路改造工程；加密拉萨至加德满都、以及至南亚其他国家重要节点城市航线；开展中尼铁路日喀则至吉隆段、中尼电网联网工程、中尼油气管道的前期研究、设计建设等相关工作；继续完善中尼跨境光缆联通，提高通信互联互通水平。

（二）中印国际通道

中印经济发展过程中虽然存在局部的摩擦，总体上良好的发展态势仍然是主流，为应对未来日益增长的贸易需求，亟需畅通与印度陆路通道，形成与传统海上贸易通道互动发展的陆路交通运输格局。近年来我国与印度在能源等领域的战略合作步伐逐步加大，应对日益增长的贸易需求，亟需畅通和加强两国间的陆路通道，形成与传统海上通道互动发展的态势。远期应打通通过亚东口岸和普兰口岸连接印度的互联互通通道（比如铁路交通），并延伸连接至印度东北部主要城市以及孟加拉等国家，进一步增强西藏和南亚最大经济体的陆路联系。

根据西藏“十三五规划”，2016—2020年，推动亚东口岸恢复开放，完善口岸服务设施，加强双边陆路贸易往来。从长远的规划中提出，2021—2030年，建设日喀则至亚东段铁路，开辟拉萨、日喀则至印度新德里、孟买、加尔各答等城市的国际航空通道。

（三）中缅国际通道

打通林芝至云南、乃至于通达缅甸国际通道，积极推动环喜马拉雅跨境旅游合作、积极参与“孟中印缅经济走廊”建设。目前，我国与缅甸主要通过云南各口岸互通往来，特别是中缅两国在“孟中印缅经济走廊”大的框架下，积极推动“中缅人字形经济走廊”建设。缅甸与西藏在宗教、语言等方面渊源较深，且林芝市清洁能源产业具有一定建设，为西藏的东向发展提供了机遇，拓展更广领域的合作空间。

为此，西藏要有针对性的根据察隅边贸市场发展需求，完善察隅边境公路建设，改造提升林芝县至察隅县S201公路等级，推动中缅察隅边境口岸开放，开发察隅—缅甸跨境旅游线路。

（四）国内支撑通道

青藏通道。青藏通道作为公路、铁路全程贯通的进藏通道，发挥西藏融入丝绸之路经济带、联系内地的先导性和基础性的作用。今后的青藏通道重点是提升青藏公路等级，分期规划建设格尔木经那曲至拉萨高速公路；对青藏铁路进行扩能改造并实现电气化，开展玉昌铁路（青海玉树至昌都）相关工作。

川藏通道。川藏通道目前以公路连接，建设川藏铁路，将形成西藏融入长江经济带的支撑通道。公路方面加快推进德格（川藏界）至昌都高速公路前期工作，铁路方面在“十三五”期间将全线开工建设起自成都，经雅安、康定、昌都、林芝，到达拉萨的川藏铁路，提高铁路的设计标准，增强西藏与成渝经济圈的联系，充分利用内地先进技术和市场资源。

滇藏通道。滇藏通道是西藏对接“孟中印缅经济走廊”的支撑。滇藏通道重点在“十三五”期间打通G219线米林至墨脱至察隅至云南贡山段，建成滇藏铁路与川藏铁路并线的拉萨至林芝段，并研究建设滇藏铁路香格里拉一邦达段。

新藏通道。新藏通道是西藏融入丝绸之路经济带、对接中巴经济走廊的主要通道，也是我国西南—西北沿边战略保障通道。重点建设G216线新疆民丰至西藏改则公路，对G219线区界至萨嘎段进行升级改造，研究新疆和田经狮泉河到日喀则的铁路，形成连接新疆和西藏的铁路通道。

航空通道。实施拉萨、林芝、昌都机场改扩建工程，迁建或新建拉萨新机场并打造成为国际门户机场，推动日喀则、林芝、阿里机场升级为国际机场；启动普兰、亚东、定日、隆子、当雄等机场前期工作，建设通用机场网络，完善机场布局；开通拉萨、日喀则、林芝、昌都、昆莎等中心城市到国内外航线，形成区内外、国内外协调联动的航空网络。

专栏一：通道建设项目
西藏自治区拟开工通道建设项目： (1)公路通道 近期：G219线西藏段沿边横向大通道建设，G6线格尔木至拉萨高速公路建设，樟木公路、吉隆至热索桥公路重建，强拉山口至普兰口岸公路改造，拉萨至日喀则至吉隆口岸高等级公路建设，陈塘至吉玛塘卡至坎德巴利至丹库塔公路建设，德格（川藏界）至昌都高速公路前期工作； 远期：国内通道（青藏线、滇藏线、阿里环线、川藏南线、川藏北线、川藏中线、新藏线建设改造），西藏内部通道（唐蕃古道、山南环线、四大名沟线建设改造）。 (2)铁路通道 近期：青藏铁路格尔木至拉萨段扩能改造，川藏铁路拉萨至林芝段、林芝至波密至昌都至康定段建设，中尼铁路日喀则至吉隆段建设； 远期：青藏线（昌都至玉树段建设，青藏线格拉段电气化改造），滇藏线（邦达至香格里拉段），新藏线（日喀则至狮泉河至和田段），西藏内部通道（拉萨至墨竹工卡货运专线，拉日线电气化改造，那曲至昌都段，中印铁路日喀则至亚东段）。 (3)机场建设 近期：拉萨机场、林芝机场、昌都机场改扩建； 远期：普兰、亚东、定日、隆子机场建设。 (4)能源通信通道 中尼电网联网工程、中尼跨境光缆、中尼油气管道建设。

二、口岸建设

在面向南亚开放大通道建设过程中，需要发挥西藏地处我国西南边疆的沿边区位优势，完善口岸基础设施建设，提高通关效率和服务水平，提高口岸节点服务边境贸易和国际旅游的能力，培育南亚大通道关键门户、枢纽节点。

（一）口岸布局建设

重点建设吉隆口岸。根据尼泊尔“4.25大地震”后樟木口岸受损情况，以及吉隆口岸的地理环境优势，国家和西藏将该区域的口岸建设重点放在了吉隆。所以加快吉隆口岸基础设施建设，完善口岸通关功能，先行发展现代物流、加工贸易和旅游观光服务，就成为西藏建设南亚大通道的重点工作；建设中尼跨境经济合作区，进而为两国今后更大范围、更大规模的合作区奠定基础，打造西藏开放型经济发展的关键口岸。

科学恢复樟木口岸。尼泊尔“4.25大地震”使樟木口岸受损严重，目前尚处于关闭状况。为此，国家和西藏经过多次的勘察和专家会商，提出了科学恢复樟木口岸的思路。

加快发展普兰口岸。完善普兰口岸基础设施建设，拓展面向尼泊尔的商品交易服务，构建便利的客运通关体系，将普兰口岸打造成连接中尼、中印两大旅游环线的连接点、环喜马拉雅大旅游线路的重要通道以及中国与南亚地区跨境旅游、国际贸易的结合点。

恢复开放亚东口岸。依托乃堆拉边贸通道，推动恢复中印亚东口岸开放，升级亚东口岸设施和通道，完善边境贸易和物流服务能力，建设面向南亚市场的重要商贸物流中心，推动中印贸易增长和沿边通道之间的互动发展。

完善航空口岸布局。进一步完善拉萨航空口岸基础设施，将拉萨航空口岸建设成为基础设施完备、配套服务完善、通关能力强的现代化国际航空口岸，树立良好国门形象，满足国际旅游和商务服务需求。积极申请日喀则、阿里、林芝机场开放，提升为国际航空口岸，构筑面向南亚开放的大通道国际航空运输体系。

开辟内陆铁路口岸。以拉日铁路向边境口岸延伸为契机，结合日喀则作为面向南亚国际物流枢纽基地和南亚国际贸易先导区的地位，以及中国铁路总公司将拉萨西货站确定为西藏自治区铁路货运枢纽，依托日喀则、拉萨的铁路货运基础，谋划开辟日喀则、拉萨铁路口岸，建设多式联运海关监管中心和多式联运跨国物流通道，将边境口岸报关、查验、联运功能前移至中心城市，促进国际贸易便利化。探索开通南亚班列的新模式，实现与丝绸之路经济带中欧班列的对接。

推动口岸扩大开放。推动日屋一陈塘口岸、里孜口岸等双边性口岸扩大开放，研究开放中尼绒辖口岸，为远期南亚大通道多层次、多通道的通关服务提供基础。改扩建林芝下察隅边贸市场（争取早日建成中缅双边性口岸），提升交通、住宿、餐饮等基础设施条件，改善边民互市贸易发展环境，推动西藏察隅境内的中缅边境口岸开放建设。在中国和不丹外交不断发展的背景下，开展探索帕里边贸市场新模式的相关工作。

加强边贸通道建设。新建改（扩）建边贸市场和边民互市贸易点，完善传统边境贸易点和边境贸易通道设施，重点建设什布奇、楚鲁松杰、独木契列、绒辖、吉态等边民互市贸易通道，改善边民互市贸易发展环境，为边民增收致富提供便利。

专栏二：口岸建设项目
西藏自治区拟开工口岸建设项目： (1)口岸改扩建 吉隆口岸建设工程，樟木口岸恢复重建工程，普兰口岸扩建工程； (2)口岸开放 亚东口岸恢复（扩大）开放，日屋一陈塘口岸开放，里孜口岸开放，日喀则航空口岸开放，林芝航空口岸开放，阿里航空口岸开放，拉萨铁路口岸开放等。 (3)口岸信息化 西藏电子口岸建设。

（二）提高口岸节点服务边境贸易和国际旅游的能力

为了加快边境贸易的发展，自治区曾多次召开会议，仔细研究“一带一路”倡议规划，结合自身经济现状，利用边贸发展优势，统筹考虑、相互配合。作为对外开放的重要通道和中国与南亚国家合作的最前沿，我认为西藏应当在“一带一路”倡议构想的指引下，实现交通、贸易、产业、能源、人才等五大领域的跨越式升级，努力在边境基础设施建设、双方贸易与投资、自身产业结构升级、能源合作、人才引进等方面发挥着积极有效的作用。

1.交通。“要想富，先修路”的口号说明交通运输在发展经济中承载着不可替代的作用。当前，应当加大基础设施投资金额，加强部分路段整改扩建工作，提高道路使用优良率；同时增加交通建设项目数量，努力提高交通网络化水平，基本形成公路、铁路、民航等相互配合的综合交通运输体系，为边贸经济的发展提供便利的交通条件。

2.贸易。加强与邻国之间的政治互信，秉承“一带一路”建设的原则——共商、共建、共赢、共享，加快完善口岸的建设，积极参与南亚大通道建设，使西藏逐渐成为中国与南亚发展经济关系的重要一环。要大力加强南亚陆路交通建设，积极打造中国与南亚经济合作区；加大对边境口岸基础设施综合治理，提高吉隆、普兰、日屋一陈塘口岸的使用效率；大力发展特色经济，不断开拓贸易市场，不断丰富进出口产品类型。

3.产业。应以市场为导向，企业为主体，逐步调整与完善产业结构。要调整农牧业内部结构，加快畜牧业的专业化和规范化养殖，形成种植、养殖、加工、销售一条龙式产业化经营；加大力度发展新型工业，优先扶持清洁能源、藏医药业等新兴产业，提升产业创新竞争力；大力发展特色旅游业，以旅游为特色，带动交通运输、能源开发等相关产业的发展；努力提升第三产业发展水平，改善区域产业结构，积极有效地提高经济的整体效益。

4.能源。努力提高藏东南水电能源基地开发水平，按照自治区能源开发总体规划，积极开展终端市场消纳能力统一规划工作。打通输电通道，建立健全“藏电外送”电源及配套设施，争取将“藏电外送”纳入国家战略。根据西藏自治区发改委有关数据显示，2014年藏木水电站两台机组正式投产发电，全区电力装机容量同比上年增长32.4%，让西藏迈向了“大电力”时代。同时尽快建立完善综合能源体系，大力开发能源，努力把西藏丰富的能源优势转化成经济优势，也将为“一带一路”的可持续发展做出应有的贡献。

5. 人才。人才作为经济发展中的重要资源，必须引起重视。要加大引进人才投入，调整人才分布结构，积极培育经济社会发展中所需要的应用技术型人才。根据《西藏自治区2010年—2020年人才资源开发规划纲要》，一方面要实施农牧区实用人才和特色优势产业人才培养工程，努力开展青年英才和高层次人才引进计划；另一方面要推进人才资源信息库建设，建立并完善人才培养社会保障体系，提高人才工作队伍业务水平，为边境贸易的发展和西藏经济的可持续发展提供坚实的人力保障。

三、园区建设

（一）中心城市产业园区

拉萨——南亚大通道发展核心。围绕面向南亚开放的大通道建设和扩大西藏对外开发开放，加快培育新的经济发展增长极，推进拉萨首府经济圈和拉萨综合保税区建设，切实增强首府城市经济发展带动引领作用，提升拉萨国际影响力，将拉萨打造成为对面向南亚开发开放的国际贸易、总部经济、金融服务、科技创新和旅游与文化合作中心，重点建设拉萨藏文化交流中心、南亚国际航空、铁路运输中心、南亚商品交易集散中心，大力支持拉萨经济技术开发区在土地、财税、金融、投资、外贸、科技创新、管理体制等领域先行先试。

日喀则——南亚大通道发展中心。强化日喀则市作为西藏第二大经济、文化中心地位，增强桑珠孜区的综合承载能力，带动江孜、拉孜和口岸城镇等重点区域发展，壮大雅鲁藏布江中上游城镇带，将日喀则综合物流园区打造成为面向南亚开放、以及经贸往来和开放型产业发展服务平台。将日喀则重点建设成为南亚国际物流枢纽基地、西藏开放型产业示范区、特色产业集聚发展中心。

林芝——南亚大通道发展副中心。着眼将该市建设成为世界级生态旅游目的地，加快推进以巴宜区为中心，带动米林、扎木等为重要节点的尼洋河中下游城镇带发展，将林芝经济开发区打造成为面向南亚开放的大通道对外旅游服务、能源资源合作和特色产业发展支点。将林芝发展成为西藏生态旅游产业组织平台、水电能源产业服务基地、特色产业集聚发展中心。

阿里——南亚大通道发展副中心。依托阿里独特的文化旅游资源和口岸优势，完善旅游服务基础设施，打造国际文化旅游目的地；依托新藏通道，增强新疆和西藏产业、能源等方面的密切协作与联系，打造西藏面向南亚开放联通中亚、西亚、欧洲的交通枢纽，将阿里发展成为具有世界影响力的文化旅游基地、中国与南亚、西亚等物资转运中心。

（二）边境口岸产业园区

吉隆边境经济合作区。前有所述，在国家“一带一路”倡议下，根据中尼双方的协商，西藏积极论证和规划了“中尼跨境经济合作区”，该合作区承接日益增长的中尼经贸交流和人员往来，中尼跨境经济合作区定位为旅游合作、边境贸易、进出口商品物流与流通加工基地、工程承包产业服务基地、以及边境文化旅游商贸会展一体化服务基地，远期以吉隆为口岸依托建设中国—南亚自由贸易试验区。

普兰国际旅游开发开放试验区。该开放试验区将发挥普兰县地处中、尼、印三国边界的区位优势，利用阿里朝圣国际旅游资源，提升边贸旅游服务水平，建立普兰国际旅游开发开放试验区，整合阿里地区西部四县资源，实现边境一线连片发展。

（三）境外区外产业园区

加德满都（中尼）综合产业园区。积极筹划在尼泊尔首都加德满都建设涉及农畜产品加工、纺织服装加工、商贸物流等产业的综合园区，依托两国在人力成本和技术水平上的互补性，推动我国对尼泊尔由产品输出走向产业输出。重点发展特色农畜产品初级加工、服装鞋帽制造、家用电器组装、摩托车组装等加工业态，产业园区产品直接进入尼泊尔，间接进入印度市场，部分可运回中国进行产品精深加工，实现两国产业链的有效对接，促进两国间经贸往来。

通泽（中尼）商贸物流产业园区。谋划在尼泊尔距离吉隆口岸 30 公里的通泽建设商贸物流产业园区，重点发展商贸物流产业和加工产业，使得经吉隆进入尼泊尔的物资在通泽产业园区进行集散、加工，再分拨到尼泊尔其他地区。在产业园区引入国内对外贸易、电子商务、运输物流企业，输出国内电商平台，探索对尼泊尔贸易线上和线下的有机结合，使得通泽产业园区和吉隆边境经济合作区形成良好的互动发展态势，提高两国在经贸上的互利共赢水平。

格尔木藏青工业园。依托格尔木藏青工业园，利用青藏高原优势矿产资源冶炼及深加工产业链，发展循环经济，发挥对口援藏省市的资金、技术和管理优势，深度挖掘矿产资源深加工产业发展潜力，探索破解西藏经济发展制约的途径，推进西藏与青海两省区资源优势向经济效益转化，实现藏青两省区优势互补、互惠互利、合作共赢，打造跨省产业合作示范区。

成都藏川产业园。谋划建设成都藏川产业园，依托西藏农牧业发展基础和特色资源，发挥成都科技孵化器作用，打造农牧业科技成果转化示范基地，建立藏川科研技术成果交易平台，推动合作创新成果与两地产业对接，带动西藏产业转型升级。

兰州藏甘物流产业园。依托兰州位于丝绸之路经济带的枢纽区位，发挥青藏铁路、公路的支撑作用，建设现代物流产业园区，远期连接中欧班列和南亚班列，承接南亚和中亚、西亚、欧洲货物的双向往来，成为面向南亚开放的大通道连接西北省份的重要枢纽节点。

专栏三:园区建设项目

西藏自治区拟开工园区建设项目：

(1)中心城市产业园区

拉萨经济技术开发区，日喀则综合物流园区，林芝经济开发区。

(2)边境口岸产业园区

吉隆边境经济合作区，普兰国际旅游开发开放试验区。

(3)境外区外产业园区

加德满都(中尼)综合产业园区，通泽(中尼)商贸物流产业园区，格尔木藏青工业园，成都藏川产业园，兰州藏甘物流产业园，西藏(上海)科技·文化创新孵化园。

西藏自治区拟开工项目：

序号	项目类别	重点项目	项目分解	启动时间
1	通道建设项目	西藏内部公路通道建设改造	·G219沿边国道西藏段建设 ·樟木公路、吉隆至热索桥公路重建 ·强拉山口至普兰口岸公路改造 ·拉萨—日喀则—吉隆口岸高等级公路建设 ·陈塘—吉玛塘卡—坎德巴利—丹库塔公路建设	2016
2		国内公路通道建设改造	·G6线格尔木至拉萨高速公路建设	2016
3		西藏内部铁路通道建设改造	·拉萨至林芝段建设 ·日喀则至吉隆段建设	2016
			·拉萨至墨竹工卡货运专线建设 ·拉日线电气化改造 ·那曲至昌都段建设 ·日喀则至亚东段铁路建设	2020
4		国内铁路通道建设改造	·格尔木至拉萨段扩能 ·林芝—波密—昌都—康定段建设	2016
			·青藏线(昌都至玉树段,青藏线格拉段电气化改造) ·滇藏线(邦达至香格里拉段建设) ·新藏线(日喀则至狮泉河至和田段建设)	2020
5		机场建设	·拉萨机场改扩建 ·林芝机场改扩建 ·昌都机场改扩建	2016
			·普兰机场建设 ·亚东机场建设 ·定日机场建设 ·隆子机场建设	2020

序号	项目类别	重点项目	项 目 分 解	启动时间
6	口岸建设项目	口岸改扩建	·吉隆口岸建设工程 ·樟木口岸恢复重建工程 ·普兰口岸扩建工程	2016
7		口岸开放	·日屋—陈塘口岸开放 ·里孜口岸开放 ·日喀则航空口岸开放	2016
			·拉萨铁路口岸开放	2018
			·亚东口岸恢复(扩大)开放 ·林芝航空口岸开放 ·阿里航空口岸开放	2020
8		口岸信息化	·西藏电子口岸建设	2016
9	园区建设项目	中心城市产业园区	·日喀则综合物流园区	2014
			·林芝经济开发区	2015
			·拉萨综合保税园区	2016
10		边境口岸产业园区	·吉隆跨境经济合作区	2015
			·普兰国际旅游开发开放试验区	2016
11		境外区外产业园区	·成都藏川产业园	2016
			·兰州藏甘物流产业园	2016
			·加德满都(中尼)综合产业园区	2016
			·通泽(中尼)商贸物流产业园区	2018

第二节　政策支持

充分发挥市场在资源配置中的决定作用，更好发挥政府职能，从营造发展环境、推进经贸开放、财税金融支持和体制机制保障四方面，为南亚大通道建设构建创新、协调、开放、共享的发展平台。

一、中央特殊的政策和金融支持

党的十七大明确提出要“提升沿边开放水平。”2008 年财政部颁布了《关于促进边境贸易发展有关财税政策的通知》，提出如下内容：(1)加大对边境贸易发展的财政支持力度。在现行边境地区专项转移支付的基础上增加资金规模，加大对边境贸易发展的支持力度，为企业的发展创造良好的外部环境。2008 年全年按 20 亿元掌握，实际执行期为两个月；以后年度在此基础上建立与口岸过货量等因素挂钩的适度增长机制。具体办法由财政部会同有关部门另行制定。地方财政部门要结合本地实际，并根据支持边境贸易发展和边境小额贸易企业能力建设的要求，认真落实中央补助资金，切实发挥资金使用效益。要充分利用财政和审计部门的监督检查力量，保证专项转移支付的资金能真正发挥促进边境贸易发展的作用。(2)提高边境地区边民互市进口免税额度。边民通过互市贸易进口的生活用品，每人每日价值在人民币 8000 元以下的，免征进口关税和进口环节税。为加强管理，由财政部会同有关部门研究制定边民互市进出口商品不予免税的清单，有关部门应对政策执行情况进行及时跟踪、分析。(3)关于边境小额贸易进口税收问题。以边境小额贸易方式进口的商品，进口关税和进口环节税照章征收。

2010 年中央召开的第五次西藏工作座谈会明确提出要鼓励西藏“建设南亚贸易陆路大通道战略和吉隆跨境经济合作区”的重要工作任务。在西藏的“十二五”规划提出“要不断提升区域经济协调发展水平，不断拓展对外开放的广度和深度，积极推动南亚贸易陆路大通道建设。同时要加快边境地区发展，把边境地区作为推进西藏跨越式发展和长治久安的重点区域。”

习近平在庆祝西藏和平解放六十周年讲话中指出：“加快发展，是解决西藏所有问题的关键。要始终坚持以经济建设为中心、坚持四项基本原则、坚持改革开放，进一步把中央赋予的特殊优惠政策同西藏的具体实际紧密结合起来，积极推进‘一产上水平、二产抓重点、三产大发展’的经济发展战略，努力在科学发展的轨道上推进西藏实现跨越式发展。要继续加强全区基础设施建设，稳步提升农牧业发展水平，加快发展特色优势产业，加强生态环境保护，进一步提高对外开放水平，切实增强西藏自我发展能力。”国家对西藏的发展政策具体而明晰，要实现西藏的跨越式发展，关键就是找准经济增长点，加大出口贸易对经济的拉动，以出口贸易为动力，盘活一、二、三产业协调发展，产业结构的优化是自我发展的关键。如前所述，南亚贸易战略是推动西藏产业结构均衡发展的关键，是西藏对外开放的核心要旨，习近平指出“进一步提高对外开放水平”，正是西藏今后发展的方向和重要措施。

2013年后，中国政府提出了“一带一路”建设的倡议，得到了国内外的理解与支持，亦成为中国新时期的重大总体外交规划。在此当中，针对西藏这个特殊的边疆民族地区，如何贯彻“一带一路”倡议，党中央也作出了一系列部署。

在2015年前后国家相继出台和下发了多种文件，召开有关会议。2015年3月28日，国务院授权国家发改委、外交部和商务部联合发布了《推动共建丝绸之路经济带和21世纪海上丝绸之路的愿景与行动》，对西藏的功能定位是：“推进西藏与尼泊尔等国家边境贸易和旅游文化合作”。同年8月，在中央召开的第六次西藏工作座谈会，对此有明确的规定和要求：确立了西藏“两屏四地一通道一前沿”的战略定位，提出要把西藏打造成为我国面向南亚开放的重要通道，而南亚地区在国家“一带一路”规划中，是陆上丝绸之路和海上丝绸之路的交汇点，同时拥有中巴和孟中印缅两大经济走廊，区域合作和开放市场潜力巨大。中央对西藏的新定位为西藏对接“一带一路”规划，加快推进“中尼印不经济走廊”建设注入了强大动力。

2017年4月自治区政府召开专题论证会，对《西藏面向南亚开放重要通道规划》进行评审。会议认为，由区商务厅、国家开发银行西藏分行、国家发改委综合运输研究所三方合作，按照“政府＋金融机构＋智库”模式研究起草的《西藏面向南亚开放重要通道规划》与《研究报告》，指导思想明确、内容全面、资料详实，对建设面向南亚开放重要通道具有重要意义。

二、营造发展环境

以构建安全屏障、生态屏障为前提，努力打造法治化、便利化的营商环境，为加快建设面向南亚开放重要通道提供良好的外部条件。

维护社会局势稳定。紧紧围绕维护祖国统一、加强民族团结这个西藏工作的着眼点和着力点，深化十项维稳措施，巩固发展民族团结，积极引导宗教与社会主义社会相适应。坚持依法治理、主动治理、综合治理，完善党政军警民联防联控工作机制。坚持对十四世达赖集团斗争方针不动摇，严密防范、严厉打击各类分裂破坏活动。加强中尼、中印双边警务合作，增强安全保障，确保通道安全。创新完善立体化社会治安防控体系，落实安全生产责任制，强化公共安全管理。确保社会局势持续长期全面稳定。完善基层公安机构建设，配备必要专业公安民警，夯实基层维稳工作基础。

优化投资营商环境。全面建设法治政府，深入推进依法行政，依法界定基层政府的责任、权力和义务，使各类行政主体的行政行为严格规范在宪法法律的范围内，真正做到法无授权不可为、法定职责必须为。按照公共管理、社会服务、高效便民的导向，加快转变政府职能，建立健全权力清单和责任清单，建立健全社会信用体系，依法规范行政执法行为和行政执法监督，为各类市场主体在藏投资兴业营造稳定、公平、透明、可预期的政策环境和制度环境。依法优化重点建设项目施工环境，在维护当地群众合法权益的前提下，依法保护施工单位的正当权益。

保持生态环境良好。遵照习近平总书记关于保护好青藏高原生态就是对中华民族生存和发展的最大贡献的重要指示，牢固树立“绿水青山就是金山银山、冰天雪地也是金山银山”的理念，坚守生态安全底线，奋力推进“美丽西藏工程”。为此坚持生态富民，坚持保护与发展并重、污染防治与生态修复并举，着力构建重要的生态安全屏障，努力建设美丽西藏。严守生态保护底线，优化国土空间开发，构建科学合理的生产、生活、生态空间布局。大力实施西藏自治区生态安全屏障保护与建设规划，全面推进“两江四河”造林绿化工程，加强江河源头区、生态脆弱区、重要高原湖泊和水源涵养区生态保护。严格实行矿产资源勘察开发自治区政府一支笔审批和环境保护一票否决制，严禁“三高”项目进高原。大力发展生态经济，推进绿色低碳循环发展。确保西藏自治区大气、水和土壤质量持续保持优良。

三、推进经贸开放

扩大对外开放。在确保国防边防安全的前提下，适当扩大西藏对外国人开放的力度。精简进藏报批报备程序，完善进藏批准函制度，推动实施机场过境免签，推进落地签证或免签制度，进行常态化管理。鼓励西藏自治区户籍人员出境经商、务工、旅游和学习交流。简化我国公民前往西藏边境地区投资经商和旅游的手续。探索建立尼泊尔原产商品进口企业承诺备案试点制度。力争在国家支持下增设口岸进境免税店，参照海南“离岛免税”政策，试行“离藏免税”措施。

加强对外合作。加强对尼磋商谈判，落实 1994 年 5 月 6 日签署的中尼汽车运输协定，探索推动涉尼跨境运输服务。支持藏毯、水资源等区内优势企业赴尼泊尔投资开展产业合作；加强对西藏航空、金融等企业的扶持力度，鼓励在尼合资公司开辟亚洲、欧洲等新航线，鼓励西藏金融机构在尼泊尔设立分支机构。支持西藏企业和内地企业到尼泊尔投资或合作，加强与尼泊尔农业、旅游、能源、环保和防灾减灾等行业的投资合作。

拓宽投融资渠道。积极适应国家深化投融资体制改革新形势，更加注重建立多元化、多层次的投融资渠道，积极争取国家建立支持西藏发展的资金投入稳定增长长效机制，形成以国家投资为主导、民间投资快速增长的合理格局。发挥政府投资的杠杆作用，进一步放宽社会资本准入，弥补基础设施建设运营和产业开放等领域资金不足。统筹安排新增债券资金用于支持面向南亚开放的大通道相关建设项目支出。

鼓励多元投资。强化政府服务职能，鼓励和支持区外优势企业，采取独资、合资合作、参股改制等市场运作方式，进藏投资兴业。引进有实力的企业参与文化旅游、能源产业开发，鼓励引导区外资金投入现代农牧业、商贸流通、高新技术、节能环保、清洁能源等产业发展。依托西藏现有的对内对外优惠政策，积极扩大开放领域，按照《外商投资产业指导目录》，积极吸引境外资金。

四、财税金融支持

优惠财税政策。申请中央支持，建立健全一般性转移支付增长机制，增加一般性转移支付规模和比例，确保财力与事权相匹配，事权和支出责任相适应。支持建立西藏中小微企业贷款风险补偿专项资金和担保风险补偿专项资金。执行并完善进口自用物资关税返还政策，将执飞西藏的航空公司进口高原飞机和航空航材等纳入关税返还政策体系，调整西藏自用物资进口关税返还范围和进口自用物资额度。适当提高边民互市贸易免税额度。制定符合西藏实际的边民互市贸易商品种类清单。

加强国内金融供给。支持中国进出口银行、中国出口信用保险公司在藏设立分支机构。支持符合条件的西藏企业通过主板、新三板以及全国中小企业股份转让系统融资。支持西藏企业发行企业债、公司债、中小企业私募债，争取地方债发行。支持拉萨、日喀则等地市开展巨灾风险分散机制试点。开展出口信用保险保单融资，加大对有订单、有效益的边贸企业的金融支持。积极推动在藏保险公司适时开办出口信用保险业务。支持区内保险资产境外投资。支持在藏保险公司开展与各类海外投资有关的人身和财产保险业务，执行并完善优惠外汇管理政策。

强化对外金融支持。针对西藏交通基础设施薄弱、建设缓慢的现状，积极谋划一批骨干公路、铁路、机场和客货运枢纽，争取丝路基金、亚投行、国家相关部门的资金支持。引导和支持西藏银行在尼泊尔落地，在尼提供跨境金融服务。力争西藏各主要口岸银行实现人民币对尼卢比直接挂牌交易，进一步推动人民币国际化。力争在国家丝路基金项下设立“西藏南亚大通道建设基金”，加大互联互通基础设施建设力度。配合国家外交和沿边开放战略，积极推动跨境人民币结算业务，为企业支付清算提供便利服务，扩大人民币在南亚国家的使用。

五、口岸通关服务

强化通关协作机制。推动西藏口岸贯彻实施全国海关、检验检疫区域通关一体化改革，全面推行“联合查验、一次放行”的通关模式，完善西藏口岸“信息互换、监管互认、执法互助”机制，强化口岸管理相关部门与当地政府的信息共享与合作，共同推动贸易便利化。积极对接南亚各国相关部门，推动南亚大通道沿线国家海关联合监管。

推动建设电子口岸。建设西藏电子口岸，配套建立电子口岸管理体制，依托电子口岸建设和延伸工程，实现跨地区、跨部门、跨行业的对外贸易信息共享和联网核查，构筑新型、便捷的通关模式，营造低成本、信息化、高效率的通关服务环境。

完善口岸服务能力。构建集货物进出口、运输工具进出境、跨境电子商务通关服务、通关状态综合信息查询等功能于一体的口岸综合服务系统，支撑国际贸易“单一窗口”建设。加强与印度、尼泊尔等毗邻国家相关政府和机构交流协作，积极推动拉萨海关参与AEO互认合作磋商机制长效化建设工作，推动融入全球贸易发展格局。

六、体制机制保障

整合展会资源。提升“西藏国际旅游文化博览会”、“中国西藏－尼泊尔经贸洽谈会”等展洽会的国际化层级，适度扩大尼泊尔企业和商品的参与度。提升中国西藏与尼泊尔经贸协调委员会机制的合作层级，将其合作议题覆盖“一带一路”建设的方方面面。积极参加国家层面的对尼、对印等经贸交流对话与磋商，表达西藏关注，利用国家平台推进西藏“一带一路”的建设工作。

建立合作机制。建立跨境经济合作促进机制，努力构建政策引导、政府支持的新型外贸促进机制，促进特色主导产品的出口，推动西藏出口商品的结构升级。加强对区外资金的引导，扩大特色主导产业的招商引资力度，引导资金进入特色工业、文化旅游与商贸服务等基础设施建设领域。

第三节　外交关系支持

与南亚邻国的政治和外交关系是建设面向南亚开放大通道的先决条件。西藏在南亚主要与尼泊尔、印度、不丹三个国家接壤。尼泊尔是中国的传统友好国家，其前总理奥利于2016年3月访华期间表示，尼方对“一带一路”很有信心，也有很高的期望，并与中国签署了包括交通、贸易、能源等在内的10项合作协议，表达了其希望从“一带一路”倡议中获益的强烈意愿。而作为南亚地区“霸主”的印度，对“一带一路”仍有所顾虑，一是成本巨大，印度担心无法获益，不愿投入；二是所经地区争议、动荡，如中巴经济走廊经过克什米尔地区，“孟中印缅经济走廊”经过缅甸不稳定地区；三是担心被中国包围，从海、陆两方面恶化其安全环境。印度对“一带一路”的观望态度，可能使得周边国家陷入地缘政治角力的矛盾。2016年8月尼泊尔新任总理普拉昌达上台后，第一时间首访印度，努力修复上届政府与印度的紧张关系，不仅证明了印度对加德满都政府的影响力，同时表明尼泊尔在努力重新平衡与中印两大邻国的关系。尼此前一再表示的希望加入“一带一路”倡议，以及我方希望其成为中印之间的桥梁，进而推动中、尼、印经济走廊建设的想法受到印度的强烈抵制，可尼泊尔又难以摆脱对印度的政治、经济、文化的依赖，因此中国与尼泊尔前总理奥利达成的许多“一带一路”合作协议很有可能受到影响。此外，不丹王国目前尚未与中国建交，其与我国西藏的各种联系仅仅限于民间交往的层面。因此，要想成功建设面向南亚开放大通道，我们不得不首先考虑并解决好与南亚周边国家的政治和外交关系。然而，事物的发展总有出人意料的地方，奥利于2017年末当选为尼泊尔新宪法后的第一届民选总理，并于2018年6月20对中国进行访问，相信他会克服重重困难、战胜巨大挑战，践行他之前的相关承若。我们也期盼中尼之间的合作会有光明前景。

第六章　西藏建设“南亚大通道”的援助力量

到目前为止，西藏仍然是我国社会经济最不发达的地区。长期以来，为了促进西藏社会经济的持续快速发展，党中央通过财政转移支付、对口援助、提供各项优惠政策等措施对西藏进行大力援助和鼎立支持，使得西藏社会经济得到了巨大发展，国民经济各行各业呈现出良好的发展态势。但是作为国家“一带一路”国内规划的一部分，建设“南亚大通道”仅凭西藏自身的综合实力来看是远远不够的。因此，需要充分发挥社会主义制度集中力量办大事的独特优势，集国家之力来完成这项“世纪性工程”。第五章集中介绍了西藏建设“南亚大通道”的政策与金融支持等措施，本章将从工程支持、技术与人员支持和建设口岸试验区的相关项目等方面进行详细介绍。

第一节　项目工程援助

2015年1月18日，西藏自治区主席洛桑江村在西藏自治区十届人大三次会议上作的《政府工作报告》中明确提出：“加快建设南亚大通道，积极对接‘一带一路’和孟中印缅经济走廊，推动环喜马拉雅经济合作带建设。”2015年4月16日，西藏自治区党委书记陈全国主持召开自治区党委常委会议，强调要不断扩大开放，积极对接“一带一路”和孟中印缅经济走廊，参与开辟南亚陆路大通道、建设环喜马拉雅经济带，加强与尼泊尔等国家边境贸易和旅游文化合作。

如前所述，“南亚大通道”是与现代化社会化大生产相适应的，是立体的、全方位的、双向开放的新思路。所谓立体的，就是政策沟通、设施联通、贸易畅通、资金融通、民心相通的“五通”，互相衔接，形成网络。所谓全方位的，就是基础设施、政策人文等全方位与周边国家和地区对接。所谓双向的，就是把“东联西出”、“西进东出”和外引内联有机地结合起来，人、物、资金、信息双向流动，形成一个与周边国家经济互补、人员往来与文化交流的全方位对外开放局面，促进国内外市场对接的，区域性联合，进而吸引国内外各种生产要素的多功能的开放型经济。

如第一章所述，西藏西北方向与“丝绸之路经济带”相对接，正南方向与“21 世纪海上丝绸之路”在南亚沿海地带相交汇，西藏建设“南亚大通道”是对国家对外开放总体战略布局的丰富和完善，具有广泛而深刻的政治、社会、文化和经济含义，是连接我国与南亚经贸、文化交流的大通道，是我国对南亚国家开放的前沿地带；是以对接孟中印缅经济走廊，加快建设推动环喜马拉雅经济合作带建设，推进中尼跨境经济合作区建设为主要内容。唐宋时期兴盛的茶马古道使民间贸易经西藏绵延至南亚、中亚、西亚等地，促进了古代西藏地方贸易的繁荣发展。今天的“南亚大通道”建设不是对历史上“南方丝绸之路”的简单重复，而是有丰富的时代背景和内涵，它是与国家层面上的“一带一路”倡议、与区域融合发展的国际经济发展大趋势相适应的；通过建设铁路、公路、航空等综合一体的立体交通网络，实现交通、贸易、金融、能源和现代物流业等领域的跨越式升级，从而加强西藏与周边省区市以及南亚国家在能源、电信、商贸以及物流等领域的交流合作。

自 1994 年 7 月中央召开第三次西藏工作座谈会确立了“分片负责、对口支援、定期轮换”的援藏机制以来，形成了 59 个中央国家机关、18 多个省市和 17 家中央骨干企业对口支援西藏的格局，项目援藏的规模不断扩大、投入力度不断加大。据 2014 年 8 月在对口援藏 20 周年成就介绍新闻发布会上公布的数据显示，1994 年到 2014 年全国对口支援西藏 20 年间，已有近 6000 名援藏干部及专业技术人员进藏工作，累计投入援藏资金 260 亿元，推动了西藏经济社会实现跨越式发展。先后有 18 个省市（包括不再承担援藏任务的四川省）、17 户中央企业和几十个中央部委选派援藏干部对口援助西藏，如今西藏全部 74 个县市（区）和大多数自治区直属部门已纳入对口支援范围。20年来，广大援藏干部人才不断创新援藏模式、拓宽援藏领域、丰富援藏内涵，大力开展经济、科技、教育、卫生、就业等援藏工作，为西藏跨越式发展和长治久安提供了强大动力，发挥了不可替代的历史作用。

对口援藏是党中央、国务院为西藏经济社会发展制定的一项基本政策，对推动西藏经济发展产生了重要作用。自党的十一届三中全会以来，中央先后六次召开了西藏工作座谈会，为西藏各个时期制定了一系列有利于西藏发展的特殊政策和有力措施，极大地促进了西藏的改革开放和现代化建设事业。建设“南亚大通道”是国家“一带一路”倡议的重要组成部分，是一项长期的综合工程，建设费时费资。面对建设这样一个“世纪性工程”西藏应推出一批重大支撑项目，加快基础设施互联互通；各对口援藏省市和单位也应该充分发挥自身优势，在现有对口支援的基础上加大援助力度，尤其是对重大工程等相关项目从资金、技术、管理、人员及经验等方面予以大力支援。

一、各对口援助省市在现有援建的基础上，加大对“一带一路”基础设施相关项目工程的投入与支持

如前所述，西藏要建设“南亚大通道”，首先要面对的就是基础设施落后的问题。在国家和相关援助省市的支援下，经过几十年的发展，西藏的基础设施已经得到了很大的改善。比如，到2017年末，西藏99%的建制村通了公路，全区公路里程由6.5万公里增加到9万公里，高等级公路由37公里增加到660公里。拉林高等级公路基本建成通车；拉日铁路建成运营，拉林铁路建设加快推进；国内外航线由37条增加到79条；乡镇邮政网点实现全覆盖，综合交通运输体系不断完善。电力总装机容量达到309万千瓦，主电网覆盖62个县（区），解决和改善199万人用电问题。但是，与建设立体的、全方位的、双向开放的“南亚大通道”的要求还有很大差距。需要各对口援藏单位及时调整部署，把援藏资金和项目向“大通道”建设倾斜，加大对“大通道”建设地区基础设施援助的投入力度，为“大通道”建设提供强有力的资金、技术、人员等方面的支持。

在资金方面，要充分利用国家对西藏的特殊优惠政策，积极争取中央财政加大支持力度，采取“专项加多渠道相结合”的投资保障机制，提高统筹运用资金的能力，严格规范援助资金管理，提高使用效率，把钱花到刀刃上。优先将“大通道”建设项目纳入规划，优先安排“大通道”建设项目，优先落实建设资金，积极促进项目加快实施。推动拉萨贡嘎机场、昌都邦达机场、林芝米林机场、阿里昆莎机场、日喀则和平机场、那曲达仁机场以及与周边省区的康定机场、亚丁机场、香格里拉机场等的互联互通，加快推进普兰机场、定日机场、隆子机场、当雄机场等建设工程项目尽快上马，尽快形成安全、方便、快捷的立体交通网络体系；同时，优先发展边境公路项目建设，推进国道高速化和省道高等级化，推进青藏铁路扩能改造建设，推动川藏、滇藏、新藏铁路以及日喀则至吉隆口岸铁路建设，加快通信、电力、供水、环保和信息化建设，力求区域干线公路与景区（景点）览胜交通连接起来，并制定高标准的管理制度和养护机制。

二、各对口援助省市积极承揽边境口岸及商贸物流、仓储基地建设等重点工程项目

边境口岸是外通南亚各国、内接我国内陆腹地的主要通道，是建设南亚大通道的关键环节，边境口岸通关能力大小直接影响着“大通道”建设的进程。但长期以来由于种种主客观因素制约，边境口岸建设滞后、口岸通关手续复杂、承载容量十分有限，因此，需要在对口援助省市在大力援助下进一步加强边境口岸建设，解决口岸的通关便利化问题，对口援助省市要协助当地部门积极承揽相关工程项目，全面改善口岸及口岸地区基础设施条件。

西藏地处青藏高原，生态环境脆弱、基础设施落后，运输成本远远高于区外其他地区。大力发展跨境电子商务、航空货运、公路物流信息平台建设，形成覆盖全区的物流体系，是推动南亚大通道建设的重要内容；依托日益完善的交通网络，逐步辐射全国西部、中部地区，通往南亚地区。各对口援助省市应主动承担起拉萨、那曲、昌都、日喀则，以及相关口岸等物流仓储基地工程承建，同时依托西藏现在的航空、铁路、公路、管道运输

网络，建立内通全国各地、外接南亚诸国的高原现代化综合流通与联通网络新格局。

三、“大通道”建设过程中对口援助省市要高度重视对承揽项目的设计与施工

在党中央和国家的关怀下，各对口援助省市援藏的力度也在持续加大。在建设“南亚大通道”过程中，各援助省市不仅要重视对“南亚大通道”建设项目的承揽，而且更要重视对承揽项目的设计与施工；在着力推动项目援藏的同时，着眼于受援地区长期可持续发展，大力实施可持续发展工程。

援藏项目与一般项目不同，项目前期由政府根据项目的规模概况决定投入资金的数额，金额一旦确定，基本不会有重大调整，这就对设计与经济的准确性提出很高的要求，由此方案的估算、初步设计的预算、施工图的概算、招标工程量清单等在设计的过程中起着举足轻重的作用，严格控制着设计的规模和运用的材料。因此，在“南亚大通道”建设中要认真总结援藏项目建设的经验，根据国家“一带一路”建设规划的总体要求，精心组织，认真实施，确保项目顺利推进，确保质量建设。质量是项目建设的生命，是项目发挥效益的前提。对口支援省市要本着高度负责的态度，始终坚持质量第一的理念，严把原材料物及施工质量关口，严格施工设计，严格明确责任，严格监督管理，切实打造精品工程，真正做到建成一个项目、打造一个亮点、形成良好口碑。二要确保进度。各援藏省市、单位要认真履行协调调度、督促检查等职责，及时掌握项目建设情况，认真解决项目建设过程中的困难和问题。施工单位要科学组织施工，按照既定的时间节点要求，抓工期、抓进度，加快推进，务求实效。三要确保安全。特别是施工过程中，要加强项目安全管理，通过健全制度、明确责任、严格规程、加强监督，确保不发生安全事故，营造良好的项目建设环境，确保项目的顺利实施。

在西藏除了修路成本高、路网通达度低、公路技术等级低、交通管理人才严重缺乏等原因外，沿线高山激流层层阻拦，冰川、泥石流、流沙、塌

方、滑坡密布，给大通道建设增添了更多的困难。因此，有关部门应尽早深入开展“大通道”建设的前期和专项研究，进一步优化工程方案，做好重大工程技术难题攻关，为项目规划建设做好扎实的前期准备。在工程建设过程中，对可能造成的环境影响、建成后运营安全和抗灾能力要进行分析、预测和评估，并采取预防或减轻不良环境影响、保障运营安全和提升抗灾能力的有效对策和措施，实现安全和谐发展。

“南亚大通道”犹如一条巨大的产业、信息、文化和民生通道，将为沿线产业经济发展与人民生活改善创造条件。不仅如此，西藏区内的水能、矿产、旅游、特色农牧业等资源丰富，也是西藏面向南亚和世界的重要窗口资源优势。各级政府、有关部门和交通系统应通力协作，形成合力攻坚、齐抓共管、共同推进的工作格局，通过深化改革、引进战略投资者等措施破解交通等基础设施建设难题，对所有建设项目，精心组织，科学管理，确保工程按期、优质完成建设任务。同时，建设中要处理好近期和中长期的关系，按轻重缓急，由易到难逐步推进，建设过程中应根据地质条件灵活采用技术标准，不盲目追求过高标准。

第二节　技术与人员援助

西藏建设“南亚大通道”，除了资金外，更重要的是对技术与人才的需求。在前面有关章节里我们多次提到，由于西藏特殊的地理位置与恶劣的自然条件，不仅资金短缺，更缺少掌握实际操作技能的专业技术人员。因此，要充分发挥我国特有的制度优势，由中央站在全局的高度统筹协调，对口援助省市应当扩大支援范围，加大支援力度，拓宽支援领域；支援方与受援方要加强双方之间的沟通与衔接，实行专项或点对点的帮助，支援方要充分发挥自身的资金、技术与人员优势；积极鼓励各种有意愿和能力的企事业单位参与到对口援藏当中去，充分动员一切可动员的社会资源共同参与“南亚大通道”建设，形成全国支援西藏、共商共建、互利共赢的良好局面。各援藏省市、中央企业也要从“南亚大通道”建设的实际需要出发，采取多种形式，不断丰富和拓展援藏内涵，努力为西藏在新时代的更大更好发展注入新的动力。

一、切实加大政府政策引导力度

对口援藏是中央长期坚持的一项政策。自1980年以来，中央先后召开了六次西藏工作座谈会对西藏经济社会发展进行战略部署。第一次西藏工作会议后，中央根据西藏的实际情况和国家的经济情况，加大了西藏的援助，对西藏的年均定额补助增加到4.96亿元，各种专项拨款0.9亿元，基本建设投资2.622亿元；第二次西藏工作座谈会召开，标志着全国性的援藏工程的开始，有关部门帮助西藏建设43个近期迫切需要的中小型工程项目；第三次西藏工作座谈会作出了中央各部门和15个省市“对口援藏、分片负责、定期轮换”的重大决策，并动员各省区市和中央、国家机关援助西藏建设了62个项目，开创了全国支援西藏的新局面；第四次西藏工作座谈会中央进一步加大对西藏的建设资金投入和实行优惠政策的力度，继续加强对口支援，会议决定在“十五”计划期间由国家直接投资312亿元，建设117个项目，确定各省市对口支援建设项目70个、总投资约10.6亿元；第五次、第六次西藏工作座谈会依然把大力推动西藏经济社会发展作为西藏工作的重点。历史证明，中央政策力度大小决定了各省援藏力度的大小，并直接推动西藏经济社会的发展状况。

长期以来，在中央的正确引导下，在各对口支援省市、单位的重视和支持下，全国上下形成了重视、关心、支持西藏的良好氛围，推动了援藏工作顺利开展并取得了令世人瞩目的成绩。西藏建设“南亚大通道”是国家“一带一路”总体规划的有机组成部分，也是西藏在经济社会发展过程中面临的又一次重大历史机遇，把握好这次机遇对西藏实现全面小康及现代化意义重大。鉴于西藏在技术及人才方面的劣势，在“南亚大通道”建设中应切实加大政府政策引导力度，积极引导和鼓励对口援藏省市、单位将资金、技术、人才等重点投向“南亚大通道”(包括“环喜玛拉雅经济带”、“中尼印不经济走廊”)建设相关项目，提供特殊优惠政策保障和重大项目支撑；依据“南亚大通道”建设项目当地的基础设施及地理环境、人才现状，研究和制定相应发展规划和政策措施，促进“南亚大通道”项目快速、顺利发展。

二、针对西藏专业人才少、队伍素质总体不高的问题，当前应持续加大干部人才援藏和智力援藏力度

干部人才援藏和智力援藏是国家在新时期西藏发展稳定进程中，针对西藏经济社会发展对人才和技术的迫切需要而实施的一项举措。干部人才援藏和智力援藏有利于优化西藏当地人才的成长环境。各类人才到西藏开展对口支援工作，丰富了区内区外人才交流的机会，客观上有利于形成视野开阔、胸怀开放的开放型人文环境，这对西藏区内人才的成长极为有利。除专业技术知识的直接交流之外，援藏人才所带来的创新意识、改革意识、进取精神、管理经验等等，对于区内人才的思维方式、工作方式的转变都具有积极作用；另一方面，智力援藏的实施，无形中可以激发出区内人才的竞争和成长，促进区内人才的自我提升，再加之援藏优惠政策的落实，以及智力援藏带来的资源，使区内人才的自我提升更加有保障。

西藏专业人才少、队伍素质总体不高，在“南亚大通道”建设过程中，各援助省市可选派援藏干部直接参与相关工程项目的建设和管理；制定智力援藏工作规划，保证智力援藏有计划、有组织、有步骤地开展；可采取双向交流、挂职锻炼、定期轮换等形式，精心挑选政治素质高、业务能力强、身体条件好的业务骨干进藏工作，发挥好传、帮、带作用。

加强智力援助和人才培训，是着眼西藏当前与长远，“输血”与“造血”、“硬件”建设与“软件”协同发展的需要，依托援藏省市、单位人才、资金、技术、管理、市场等优势开展智力援助工作，是解决西藏在建设“南亚大通道”中技术与人才“瓶颈”的最直接、最有效的方法。在援助的过程中要不断拓宽智力与人才培训领域，创新智力与人才培训方式，完善智力与人才培训机制，丰富智力与人才培训内涵。充分依托和发挥对口支援单位的技术与人才优势，进一步优化人才交流渠道，促进双方人员交流；加大赴藏相关技术人员选派力度，从在岗培训、技术指导、学术交流入手，形成中短期培训、脱产与在岗培训、学术讲座与专项技术培训、学术交流与科研项目合作为主要内容的智力援藏工作新格局；通过专家赴藏授课、组

织西藏干部到区外挂职、专业技术干部进修、学历提高教育等援助工作，开展学历培训、实行大学生定向招生等，为西藏培训专业技术实用型人才。

三、根据“南亚大通道”建设的实际需要，加强西藏本土专业技术人才培养力度

近年来，在全国支援西藏的大背景下，西藏的干部人才队伍逐步壮大，各类专技人才也越来越多，但是由于历史和自然条件等原因，西藏本土人才还是非常短缺。面对“南亚大通道”建设的艰巨任务，努力培养造就一支结构合理、素质优良、技术过硬的专业人才队伍，不光要借助外力，在引进外来人才、用好现有人才的同时更应该注重本土人才的培养，积极营造好人才工作良好环境，才能更好地服务“南亚大通道”建设和西藏经济社会发展。

本土人才自身具有比外来人才更大的优势。他们不但拥有语言方面的优势，更加熟悉当地的基本情况，而且对西藏有着深厚的感情，因此，在工作中愿意投入更多的精力，同时，也能够提出更加符合实际的建议与意见。所以，要把培养本土人才摆在更加突出的位置，要加大对本土人才的挖掘，不仅要扩大人才总量，还要充分考虑人才的民族结构、专业结构、地域结构；要加强对本土专业技术人才的使用和管理，不仅要引导各类人才正视异常艰苦的自然环境，还要尽可能地改善他们的工作生活条件，为他们创造良好的工作生活条件；在引才过程中还要注重对本土人才的培育，在全社会营造尊重人才、尊重劳动、尊重知识、尊重创造的良好氛围，激活人才引进、培养和使用的长效机制。

同时，还要鼓励和支持西藏本土干部人才勇敢地“走出去”，有计划的分批选送年轻干部到对口支援西藏的中央国家机关、省市和中央企业挂职锻炼，帮助开阔视野，转变观念，增长才干。尤其要鼓励西藏党政干部和专业技术人员赴内地援藏、“一带一路”相关省市政府部门及企业交流、挂职、接受培训等，通过以岗代训等多种方式来提升西藏现有干部和专业人员的技术水平。

第三节 借助外部援助力量加快“南亚大通道”建设

一、西藏积极利用国家各项优惠政策加快口岸基础设施建设

随着对外经济的进一步发展，西藏加大了对边境地区和口岸基础设施建设的投资力度。2006 年，青藏铁路建成通车；2009 年，那曲物流中心投入使用；2010 年 7 月，阿里昆沙机场通航；2014 年，青藏铁路支线拉萨至日喀则通车。同时，通往樟木、普兰、亚东的公路已全线实现黑色化。但是，由于自然地理条件和历史等原因，各口岸建设与发展极不平衡。

近几年、特别是“十二五”以来，西藏不断加强口岸和边贸市场建设，按照西藏确定的“南亚大通道”这一总体目标，重点建设吉隆口岸，科学恢复樟木口岸，积极恢复亚东口岸，逐步发展普兰和日屋口岸的总体思路，全面启动了口岸规划编制工作。其中，一线即青藏铁路及拉日铁路、公路等交通网络；两基地即那曲物流中心、拉萨物流中心；三出口即樟木、吉隆、亚东等口岸。

边境口岸和边贸市场建设步伐加快，加大了口岸基础设施建设，提升了通关能力。然而与国内其他地区边境口岸相比，西藏边境口岸交通等基础设施仍十分落后，受国际与国内、自然与历史等各种原因制约，基本上仍靠人背马驮的传统方式进行边民互市贸易，口岸建设仍处于规划或者起步阶段，必要的口岸设施仍然残缺不全，与国家“一类口岸、国际口岸”的标准要求相比还有较大的差距。

2017 年，西藏基本建设项目计划投资 2011 亿元，将围绕改善民生、基础设施、生态环境、社会管理、特色产业等重点领域，全力推动重大基础设施建设，积极做好项目开工准备。面对“一带一路”倡议机遇，西藏更应加快口岸基础设施建设，重点开发开放相关实验区，首先将西藏打造成我国通往南亚的重要贸易通道、旅游与文化合作通道、人员交流通道等。

二、对接国家“一带一路”规划，借助外部援助力量，积极引进相关项目到口岸试验区落地生根

如前所述，西藏边境口岸是我国面向南亚的重要窗口，是通往南亚各国的主要、也是最便捷的通道。在国家“一带一路”倡议下，西藏对外开放也站在了全新的起跑线上。西藏要主动融入“一带一路”规划建设和国家总体发展规划，拓展面向南亚开放通道，提升开放平台作用，推动我国与南亚邻国经贸合作升级；另一方面，还要加强与国内的区域协作，强化与西南、中南等省区合作，加快形成内外双向开放合作的新格局。西藏要抓住机遇、先行先试、主动融入和服务国家战略；扩大对外宣传，全力做好政策争取和落实，努力推进基础设施和试验区项目建设，持续推动对外开放升级；根据各口岸的实际情况和对外开放辐射范围，从西藏全区的角度结合国家“一带一路”倡议统筹规划、积极引进相关项目，举全区之力建设好口岸试验区，切实将试验区建成我国对南亚各国开发合作发展的先行区和示范区。

1. 借助对口援助单位技术、人才及试验区建设经验，结合西藏口岸试验区实际情况，编制口岸试验区建设总体规划和专项规划，推进口岸重大项目建设，健全口岸试验区相关体制机制，加速口岸功能提升。

口岸是对外开放的重要通道，西藏口岸建设在国家政治经济中的重要作用不言而喻。西藏现有的5个边境口岸与我国其他地区边境口岸相比，基础设施简陋、口岸功能低下、畅通性较差。虽然口岸建设作为西藏自治区重点倾斜支持的领域，“十三五”时期初步拟定每年分配口岸建设资金4000万元，但是，远远不能满足目前口岸试验区建设对于资金的需求。随着“一带一路”倡议和“南亚大通道”建设的推进，在财政专项资金紧张的情况下，西藏自治区政府应借助对口援助单位技术、人才及试验区建设相关经验，对口岸试验区项目进行再次梳理，明确项目建设的轻重缓急，编制口岸试验区建设总体规划和专项规划，统筹口岸建设发展，不断增强口岸开放功能，提升通关便利化水平。

针对口岸发展的薄弱环节和体制机制障碍，各对口援藏单位要积极

响应国家“一带一路”倡议，充分发挥各自人才援藏、技术援藏的优势，加大人才援藏、技术援藏的力度，协助口岸试验区进一步加强顶层设计，统筹规划布局，科学编制实施口岸试验区发展规划；推进口岸重大项目建设，实现口岸人货分流，完成口岸功能区划，对所有口岸的基础设施建设、联检设施建设及附属设施建设、污水及垃圾处理、道路、通讯和能源等项目都列入规划，并积极实施，完善口岸配套功能，加速口岸功能提升；完善多式联运体系，加强口岸物流和中介服务主体培育扶持，大力发展口岸经济区；深化口岸通关便利化改革，加快“单一窗口”建设，促进区域通关协作，推进口岸管理部门信息互换、监管互认、执法互助；从关检联合实行“一次申报、一次查验、一次放行”通关模式，到推行无纸化报关、报检、电子监管；健全口岸试验区相关体制机制，完善口岸促进政策，努力营造口岸发展良好环境。

2.各对口援助省区要利用自身在大型、重点项目前期立项、项目实施以及专业技术人员培养方面的优势，积极援助西藏引进具有产业集聚功能的丝路产业园区项目到口岸试验区，提升西藏口岸综合服务能力和通关便利化水平。

目前，西藏已开放的边境口岸贸易总量偏小，出口产品结构单一、产品附加值不高、物流方式原始、结算手段落后、基础设施简陋、口岸功能过于简单，离建立“南亚大通道”的设想还有很大差距。因此，西藏应借助对口援助省市力量积极引进相关项目到口岸试验区。

产业园区一般是指为促进某一产业发展而创立的特殊地区，是区域经济发展、产业调整升级的重要空间聚集形式，担负着聚集创新资源、培育新兴产业、推动城市化建设等一系列的重要使命。产业园区能够有效地创造聚集力，通过共享资源、克服外部负效应，带动关联产业的发展，从而有效地推动产业集群的形成。因此，西藏引进相关项目到产业园区，应结合口岸试验区的区位和政策优势，积极发展跨境经济、文化、旅游等，通过领先的互联网交易市场服务机制，将“一带一路”沿线南亚国家和地区的经济、文化与区内、国内经济、文化市场联系起来。

园区项目将依托边境口岸，或者是以边境口岸为核心节点，建设集商品交易、物流中转、出口加工制造以及跨境清结算，包括通关服务的便利化，这五个功能为一体的园区综合服务平台，可以将区内甚至国内其他省市的商品通过园区“借船出海”，输送到南亚乃至世界各国。同时，西藏自治区政府还应加大口岸试验区服务企业力度，落实口岸各项惠企政策；加强口岸调研，分析预判口岸形势，优化口岸通关服务措施，确保口岸运转顺畅。

3.借助外部援助力量，积极引进现代物流商务综合园区建设项目，大力发展跨境物流业，提升西藏整体物流水平。

物流业是融合运输、仓储、货运和信息等的综合型服务产业，是对外贸易的重要组成部分。提升整体物流水平是西藏建设“南亚大通道”的关键所在，是对接国家“一带一路”倡议的重要步骤、基本内容。但是西藏物流业基础设施较差、发展缓慢，仅凭自身力量发展跨境物流业还有一定难度。这就需要借助外部援助力量，充分利用区位优势，着眼现代物流综合园区，积极引进国内外第三方物流等新型业态，加快物流园区建设，大力发展跨境物流业。应在现有基础上积极引进现代物流商务综合园区建设项目，以首府拉萨、各有关地市和各口岸试验区作为物流中枢和物流集散中心，通过航空、铁路、公路立体综合交通体系，促进西藏及各边境口岸整体物流水平提升。加强物流企业标准化、信息化建设，有效提高物流企业运行效率。西藏还要大力引进物流方面的专业复合型人才，促进物流行业的整体提升，同时通过有效手段，培养和引进掌握行业先进标准和技术的大型物流集团。抢抓国家“互联网＋”和“一带一路”倡议机遇，加快发展跨境电子商务，构建口岸经济物流带和口岸物流圈。

2016年11月，西藏自治区政府已批准实施《西藏自治区省道网规划(2016—2030年)》(简称《规划》)。《规划》按照“主体保留、局部优化”的原则，优化调整既有省道，依据交通需求、地形条件及环境影响等因素进行优化，并形成省道布局方案。布局方案由8条快速路、9条北南纵线、3条东西横线和20条联络线组成，简称“8快、9纵、3横、20联”，总里程约1.8万公里。《规划》实施完成后，西藏干线公路密度将达2.7公里/百平方公里，是实施前的2.7倍，与国家公路网一起形成进出藏主骨架公路运输通道，连接西藏所有县级行政区，覆盖约70%的乡镇(国道覆盖45%)、重要的旅游景区、产业基地、交通枢纽和主要边贸口岸。西藏自治区党委书记吴英杰在中共西藏自治区第九次代表大会作报告时表示，未来五年将完善西藏公路、铁路、航空综合交通运输体系，川藏铁路西藏境内部分段路将完工，同时推进口岸铁路建设，开展滇藏铁路及阿里普兰等支线机场的前期工作等。公路、铁路、航空线路综合交通运输体系的逐步完善，将为西藏实现内通外联，融入“一带一路”打下基础；同时也更有利于口岸试验区吸引现代物流相关项目的投资与建设，提升西藏整体物流水平。

4.“南亚大通道”是由通道、口岸、城市和产业有机集成的西藏全面开放战略体系，应当以拉萨、日喀则等城市和内地援藏省市为腹地支撑，引进跨境经济产业合作区项目，建设中尼吉隆跨境经济合作区。

跨境经济合作区是指在两国边境附近划定特定区域，赋予该区域特殊的财政税收、投资贸易以及配套的产业政策，并对区内部分地区进行跨境海关特殊监管，吸引人流、物流、资金流、技术流、信息流等各种生产要素在此聚集，实现该区域加快发展，进而通过辐射效应带动周边地区发展。吉隆口岸与尼泊尔热索瓦、廓尔喀两县接壤，对应尼泊尔口岸为热索瓦，是历史上西藏通向南亚的重要通道，素有商道、官道和战道之称。距离日喀则560公里的吉隆口岸，距离尼泊尔加德满都仅131公里，与博卡拉、东朗等尼泊尔经济较发达市县和经济开发区相近。

中尼吉隆跨境经济合作区就是按照大口岸的思路，在吉隆口岸引进产业合作相关项目，建设生产加工区、贸易区，形成较大的口岸体系。对此，西藏自治区政府要加强政策创新，围绕打造自身优势、形成核心竞争力，认真研究政策创新方面的措施建议，加强与国家有关部门沟通衔接，并协助做好相关工作，尽最大限度争取国家政策支持；要全力以赴抓好合作区发展规划编制，以及配套方案、专项规划的编制和报审工作；要以拉萨、日喀则等城市和内地援藏省市为腹地支撑，进行全面分析研究，科学规划、优化布局、统筹推进，确保目标清晰、定位准确；要加强跨境经济合作区互联互通、通关便利化和市政等基础设施建设；借助外部援助力量加大招商引资工作力度，充分发挥合作区政策、资源和区位优势，加快编制合作区招商引资方案，完善项目库；充分利用国家产业援藏政策，围绕加快培育发展进出口加工、商贸物流、跨境旅游、特色农业等外向型优势产业，加速引进实施一批重大产业建设项目落地生根，打造具有核心竞争力和独特吸引力的合作区。

三、推进西藏口岸试验区建设的相关建议

特殊的地理和政治地位使西藏边境口岸不同于国内其他边境口岸。所以，西藏在“南亚大通道”建设过程中，无论是在管理方面、还是口岸试验区的建设方面都是一个全新的课题，没有现成的经验可供借鉴。自治区政府应该在维护国家主权完整和边境安全稳定、服务国家“一带一路”倡议和促进西藏经济社会发展的前提下，借助对口支援省区，纵览全局、统筹规划，找准口岸试验区的切入点和突破口，加大宣传力度，吸引更多有实力的企业、外部援助力量参与到口岸试验区的建设中来。然而口岸试验区的建设是一个复杂的系统工程，引进相关建设项目面临诸多问题和障碍，我们认为在口岸试验区建设过程中应重视以下几个方面的问题。

1. 口岸试验区建设要做好顶层设计，着力突出关键环节，有序有力推进各项工作，避免走弯路，提高援助资金、人才、技术和自然资源的综合使用效率。

作为国家“一带一路”倡议的重要组成部分，西藏在口岸试验区建设方面一定要在现有优惠政策的框架基础上进行顶层设计，同时又要有所突破，强化项目动态管理。自治区政府应当邀请国家和有关省区级的、对西藏经济社会发展有深入研究的相关专家、学者组成智囊团队，充分利用“大数据”技术进行顶层设计。在顶层设计时，要做到既重视当前发展，又重视对长远的谋划；既重视口岸试验区的发展，又重视研究周边南亚国家的发展状况；既重视与国家“一带一路”倡议总体规划的对接，又重视与口岸试验区建设发展规划的结合；既重视政府有形之手的支援，又重视市场无形之手的力量；既重视计划内援助资金的支持，又重视其他多渠道资金的筹措，从而走出一条具有西藏特色的口岸建设新路径。

口岸试验区要主动融入国家“一带一路”倡议，在自治区政府的统一

领导下，统筹协调、使用援助资金、技术和人才，统一安排建设项目，使试验区建设始终科学、有序、规范进行；高水平、高标准编制试验区建设总体规划及各专项规划；找准试验区体制机制创新的切入点和突破口，加强与国家有关部委的持续对接，力争使国家赋予的政策更明晰、具体，把政策优势转化为发展优势。

通过在园区共建的工业园区、现代物流商务综合园区、跨境经济产业合作区等项目，放大试验区政策效应，打造新型区域合作典范。围绕建设面向南亚的跨境旅游基地、进出口加工制造基地和国际物流中心，开展招商推介活动，吸引更多有实力的企业参与试验区建设。加强政策宣传，借助各类高端平台，开展灵活多样的宣传活动，营造浓厚的舆论氛围。大力发展非公经济，加大中小微企业扶持力度，提高非公经济发展水平。

2.解放思想，进一步扩大边境口岸试验区对外开放力度。

口岸是国家对外开放的门户，是对外交往和经贸合作的桥梁，是国家安全的重要屏障，口岸的开放程度关系地区经济发展和国家安全。由于特殊的政治地位和地理位置，使西藏与内地其他地区相比，相对比较封闭；加之几十年来国外反华势力和达赖叛国集团分裂祖国的活动一直就没有停止过。因此，国家高度重视西藏的安全稳定工作，对于边境地区的开放开发持有非常谨慎的态度，在对外开放方面一直非常慎重，对外开放力度很小，尤其是边境口岸地区，严重制约了地区经济社会的发展。

2015年4月17日，国务院为进一步扩大内陆口岸对外开放，支持“一带一路”建设，正式印发了《国务院关于改进口岸工作支持外贸发展的若干意见》(以下简称《意见》)。《意见》提出，优化口岸服务，促进外贸稳定增长；加强口岸建设，推动外贸转型升级；深化口岸协作，改善外贸发展环境；扩大口岸开放，提升对外开放水平；夯实口岸基础，提高服务经济社会发展能力；加强对口岸工作的组织领导等六方面的22条措施。同年8月24日至25日，中央第六次西藏工作座谈会上李克强总理提出“建设好重要世界旅游目的地，搞活商贸流通业，加强对南亚地区的开放力度。”作为国家“一带一路”倡议重要参与省份之一，对于西藏的定位是“推进西藏与尼泊尔等国家边境贸易和旅游文化合作”，并且要将西藏打造成南亚大通道。

面对国家“一带一路”的重大机遇，西藏自治区各级政府一定要统一思想、提高认识、审时度势，在确保国家安全稳定的前提下，抓住发展机遇，先尝试扩大口岸试验区开放力度，扩大与南亚近邻国家之间的合作交流，积极打通“南亚大通道”。切实增强政治意识、大局意识和责任意识，认真梳理和落实中央关于西藏的一系列特殊优惠政策，加大贯彻落实的执行力。

3. 加强口岸试验区项目实施的科学性、合理性、针对性和可行性，提升项目的“造血”能力和示范效应。

西藏自治区海拔高、环境恶劣、高寒缺氧，尤其是边境口岸地区高山林立，交通、能源、通信等基础设施条件较差。不可否认的是，各口岸试验区普遍基础设施差、人员队伍、业务素质整体较低，且这种现状仅仅依靠自身的发展和努力在短时间内是难以得到彻底改变的。因此，引进项目落实过程中不但要给予更多的资金、人才、技术帮扶，更需要结合当地的实际情况、实际需要，考虑项目投入的实际效应和科学合理性，而非完全照搬内地边境口岸项目建设的经验与做法，这样才能避免援助资金、人才和资源等的浪费；此外，项目的落实还应该注重长期的效应，注重项目的长期社会效益、经济效益和生态效益；通过政策带动、宣传发动、产业拉动、项目推动等方式，增强提升项目的自我“造血”能力和示范效应。重视在援助中培育受援地的自我发展能力，增强持续发展后劲，通过“走出去”和“引进来”并举，把单向援助变为双向共赢，为口岸持续发展增添长远、内在动力。

边境口岸地区经济发展不能再走原来的老路和传统经济发展模式，必须创新发展模式。跨境经济产业合作区应该向着高新技术开发、大宗国际商贸、金融产业发展和信息产业，逐步建成新型的国际化产业园区。当前可以考虑藏药加工制造业、高原绿色食品加工业、特色农牧业、跨境旅游合作信息与物流等等。

4. 边境口岸建设中，“大”“小”不可偏废。

作为经济发展的转型突破点，西藏自治区目前正加快建设“南亚大通道”,区内五个边境口岸建设是其重要环节。这五个边境口岸分布在西藏近 4000 公里的边境线上,口岸的大小、开放的时间、交易的商品种类和贸易量的大小都不一样,分别承担了与南亚的印度、尼泊尔、不丹及东南亚的缅甸等国的贸易往来功能,在边境口岸的建设中,应一视同仁,不可偏废。

中科院南亚研究中心主任叶海林认为:“做‘大’口岸时不可忘了老百姓的‘小’贸易,针头线脑、杯桶米面才真正便利两边民众生活。”中国某些边境省份曾有过教训,为做“大”口岸渐渐放弃边境互市,最后得不偿失。互市和跨境贸易同样重要,互市贸易体量虽小,但对于当地民众、经济而言意义重大。“大”的跨境贸易和“小”的互市贸易并行不悖,西藏在推进口岸建设时对二者不可偏废。

第七章　西藏在推进“南亚大通道”建设过程中的任务

西藏在推进“南亚大通道”建设过程中，首要任务是建设南亚大通道的相关规划与步骤，我们认为南亚大通道应将经贸交流、边境旅游与文化交流合作做为重点，发展西藏特色优势产品贸易，增强产品竞争力，强化物流合作，发展绿色能源产业。其步骤表现在：国家层面实现政策的互通，完善基础设施促进设施联通，强化西藏自身贸易平台建设，发展金融与合作，积极吸进和培养高级人才，服务南亚大通道建设。其次分析了大通道建设过程中的土地问题。南亚大通道的建设过程，必然会存在部分农牧民的土地被征用问题，征地补偿制度的完善是解决这些问题的关键，同时，坚持以人为本原则，处理好失地农牧民安置问题，提高他们的再就业能力，创造条件拓宽安置途径。再次分析了大通道建设中劳动力及治安问题。西藏由于其特殊的地理与历史文化等原因，在大通道的建设过程中，人力资源匮乏，各类风险较高；最后分析了西藏金融服务水平与推进南亚大通道建设还有较大差距，认为依据西藏的发展实际和习近平新时代中国特色社会主义思想，在推进南亚大通道的建设中，政府提供金融支持，充分利用“一带一路”的投融资方式是关键。

第一节　南亚大通道相关规划的制定与实施步骤

建设南亚大通道是我国“一带一路”倡议面向南亚开放的重要环节，是西藏开展对外贸易，发展对外经济交流合作的主渠道。要建设贸易顺畅、促进贸易往来的南亚大通道，就需要多领域的发展与协调配合。首先需要完善西藏的基础设施建设。如前所述，由于受复杂的地理环境，恶劣的气候条件等的影响，目前西藏的基础实施还不完善，建设成本高昂，养护等后续工作也难以维持。其次是发展西藏特色产业经济体系，只有良好的、符合市场需求的贸易产品，才能在对外贸易中占有一席之地，才可能促进西藏在南亚大通道中的可持续发展。基于此，我们应在南亚大通道相关规划的制定与步骤的实施上下功夫。

一、南亚大通道的重点规划

建设以公共设施为基础，边境旅游与文化交流为重点，边境贸易为中心，边贸交易平台为支撑的南亚大通道。以口岸、交通运输系统、产业园区建设等为依托，全面建设南亚大通道。

1.边境旅游与文化交流为重点。西藏中心旅游城镇和边境城镇的联合发展，畅通城镇之间基础设施联通和口岸畅通，发展边境旅游与文化产业。西藏作为藏传佛教圣地，境内有众多圣山圣湖等宗教文化场所，周边国家众多信教群众以朝拜阿里神山冈仁波齐作为毕生追求，可见西藏旅游的潜力之大。西藏边境旅游发展必然起到极大的辐射与带动作用。边境旅游的发展带动边境贸易的发展，形成边贸旅游一体化的发展局面。

当前，西藏可以通过打造文化交流品牌，整合独特的文化资源优势，形成建设南亚大通道的合力。我们把中国优秀文化通过产品形式向南亚国家输出，达到文化与文化的交融。

2.发展西藏特色优势产品贸易，增强产品竞争力，带动西藏经济大发展。西藏的畜产品、矿产品、中药材、手工业品等，一直受到印度、尼泊尔等南亚国家的欢迎，并且在欧美国家也有一定的市场。其中，藏药材有500多种，如虫草、雪莲花、红景天、贝母和天麻等。西藏具有民族特色的产品对南亚市场有一定的影响力。这为西藏推进南亚大通道，开展贸易提供了良好的基础。

同时，我们也要看到西藏第二产业发展薄弱，企业规模小、技术落后、管理水平低下，市场竞争力亟待提升。在建设南亚大通道中，积极利用国内外资源，开展与周边国家合作建厂，培育现代化企业，实现跨境合作、资源共享，走技术密集型道路。

3.强化物流合作建设。建立跨境运贸平台,发展平台经济。跨境合作的经贸平台,集物流运输商品展销和库存的功能,是综合性的交易平台,可以采取线上交易和线下展销相结合的网络化销售方式。内地生产的商品可以在这里进行展销和存储。通过网络化的信息渠道,保证商品交易的信息畅通。西藏的特色产品可以通过这个交易平台,直接销售给南亚各国,也可以销往内地拓宽销路。

以阿里地区普兰县为例,该边境县地理位置优越,但由于基础设施、人员等因素的影响,边境贸易不发达,只有很简陋的小型交易点。而如果能够在基础设施、贸易政策、物流技术等方面给予支持,必将大大提高这一边境县的地理区位优势,促进当地经济社会发展。

4.发展绿色产业,带动贸易发展。建设南亚大通道的同时,西藏的绿色能源业也可以根据需要输送至南亚相关国家。过去的西藏自治区是贫电地区,但是随着西部大开发等一系列开发建设,充分利用西藏优势资源,利用极为丰富的水资源,发展水利发电,利用高海拔日照时间较长,发展太阳能光电等多种形式的能源互补式的电力结构,不仅解决了西藏电力需求不足,而且实现向内地输送电力。目前周边的南亚诸国的电力供给不足是一个急需解决的问题,在“一带一路”、南亚大通道建设过程中,西藏可以将电力优势输送到周边国家,解决它们的能源不足,促进它们经济和社会发展。

绿色能源产业是西藏具有特色的产业,为南亚大通道建设体系中的一方面。如前所述,输油管道建设是国家“一带一路”倡议的项目之一,可以根据国家总体规划的需要,建设一条拉萨—日喀则—加德满都的输油管路。

同时,通过南亚大通道建设,促进西藏生态环境建设。印度、尼泊尔等国特殊的自然资源结构及产业优势,恰恰是西藏欠缺的,这成为印度、尼泊尔等国与西藏开展贸易的比较优势所在。随着我国经济社会的全面发展,自然生态环境承载能力有限,需要从南亚国家进口木材、畜产品、农产品等,以满足西藏经济社会发展和人民群众生活的需要。

二、南亚大通道的建设步骤

基于现实与学界的认知，我们认为南亚大通道建设可从以下几个方面进行建设：即在国家层面需要政府之间良好的沟通，构建相互之间认可的政策联通，分步骤加快实现设施道路、金融、人力资源以及管理合作等的相互对接与融通。

1. 国家层面实现政策的互通。在南亚大通道建设中，国家层面达成共识是互通是前提条件，也是国与国之间良好发展的基础保障。我国要实现西藏面向南亚开放的大通道，需要与周边国家的印度、尼泊尔等主要国家达成合作共识。由于国家之间对“一带一路”倡议下建设南亚大通道的认知、理解等各不相同，如印度对我国的倡议持猜疑、甚至抵触或敌视态度，认为“一带一路”倡议的背后是更大的政治和军事目的。但是大部分国家对“一带一路”倡议还是持认可态度，积极响应和支持的。所以，只有发展好国与国之间的关系，持续的政策沟通，达成契合的认识基础，才能促成南亚大通道的建设。

2. 完善基础设施，促进设施联通是硬件基础。随着社会分工的不断细化，技术革新日新月异，国与国之间联系愈加紧密，而这都依赖于基础设施条件的改善。没有良好的基础设施，经贸交流和文化合作将失去依托。因此，西藏在与南亚各国开展对外贸易，建设南亚大通道中，交通设施的建设就成为前提和基础。

与此同时，西藏也要在此过程中为南亚沿线各国的基础设施建设提供一些必要支持。一方面，南亚沿线各国的基础设施建设水平较低，存在建设周期长、资金不足、技术能力有限等问题，如尼泊尔国内公路体系不完善，在铁路方面更是落后。我国参与这些国家的基础设施建设有利于相关国家产业的发展，带动其经济的发展。

3. 强化西藏自身贸易平台建设，发挥桥梁作用。上文我们已经较为充分的论述了西藏在南亚大通道建设方面的人文、自然等优势。新时代，我国已经进入经济新常态的情况下，西藏如何更好的发挥我国在面向南亚国家对外贸易中的桥头堡作用，就是我们必须解决的一大关键性问题。

我们以为，一方面西藏要发挥好贸易服务平台作用，促进投资贸易、绿色能源输送、跨境运贸平台建设、产能和装备制造合作等方面的服务；另一方面，西藏也要有选择、有重点的发展自身的第二产业。目前，西藏的经济结构不合理，尤其是第二产业发展不足。通过发展具有特色的制造业，拓宽国内外市场，完善物流合作体系，建设西藏与南亚沿线国家的自由贸易区。加强西藏与南亚各国的能源开发合作，特别是绿色能源如水力发电、太阳能发电等的合作，解决沿线周边国家的电力问题。

4.开展金融合作，发挥人民币的国际作用。国际金融在任何时候都是重要的，特别是在我国人民币国际地位发生重大变化的今天更是如此。在南亚大通道的构建中，资金融通是重要内容。特别是随着“一带一路”倡议在沿线各国的推进，人民币走向国际化成为必然。亚洲基础设施投资银行等新的平台建立运行，能够解决沿线南亚各国存在资金不足的问题。

5.吸进人才，服务南亚大通道建设。长期以来，我国与南亚各国贸易量不大，不论是在语言、文化还是其他方面的相关人才相对贫乏。当前，南亚大通道建设急需相关人才，而这成为建设的一大瓶颈性制约因素。因此，西藏要开展南亚大通道建设，一方面积极引进国内相关人才，解决当前需要，另一方面，通过鼓励国内高校培育符合南亚大通道建设所需的人才。同时，我们还可以通过与南亚国家的合作联合培养相关人才。这样，不仅缓解了国内就业压力，而且能够促进与南亚国家的融合，增强中国与南亚各国人民的友谊。

综上所述，在“一带一路”背景下，西藏面向南亚开放大通道的建设规划应该按照“旅游＋文化＋贸易＋跨境运贸平台＋绿色能源输送”模式联合发展。通过国家层面实现政策的互通，为交往与贸易创造政治与政策条件；通过完善基础设施，完善交往与贸易的基础性条件；开展金融合作，发挥人民币的国际作用；积极吸引与培养对外贸易人才，服务南亚大通道建设。

第二节　解决大通道建设中劳动力及治安问题

一、南亚大通道建设中的劳动力问题

如前所述，随着“一带一路”建设的积极推进，人力资源匮乏问题是建设过程中的一大问题。仅就发展旅游业而言，需要懂藏语、英语、印地语等行业人才，而这类人才市场奇缺。这就需要我们在新时代的大背景下，采取因地制宜的开发当地人力资源，培育当地旅游业所需要的人才。

南亚大通道的建设是一个极其复杂的系统工程，从基础设施建设到边境运贸平台和物流合作体系的建立，都需要各类合格的适应国际化需要的高素质人才。当前，西藏面临的现实是，一方面西藏在和平解放后人口增长迅速，到目前已经达到 330 多万，剩余劳动力在农牧区大量存在。同时，又受教育水平所限，人力资本欠缺，市场适应能力有限。另一方面，西藏又急缺专业人才，这就导致人才结构性失衡。

南亚大通道推进的过程，受市场经济规律的影响，西藏城市化、产业集聚会加快，创造更多的就业机会和工作岗位，客观上会推进农牧区剩余劳动力流出农牧区，流向非农产业。在建设基础设施、口岸、跨境运贸平台、物流合作体系、绿色能源输送等方面需要大量的人力资源，部分工作对劳动力的要求不是很高，通过简单的技术培训就可以满足生产、服务作业所需。在这方面，西藏自治区可以提供充足的劳动力。

在生产工作中所需要的技术类工作岗位，如机械设计自动化、数控、物流管理、财务管理、导游服务等岗位需要一定的工作技能。一方面可以鼓励内地专业技术人才进藏就业，同时也可以定向培育专业人才，以解决劳动力的后续供给问题。随着城市化进程的加快，周边娱乐、餐饮、文化教育、医疗等方面也需要大量的劳动力。这些领域，应更多的引导区内劳动力就业。另外，西藏高等教育的发展，越来越多的农牧区子女能够进入大学进行学习，因此，西藏大学生服务西藏南亚大通道建设也是一个重要的劳动力来源。由于西藏自治区高寒缺氧，气候条件复杂，在劳动力的供给方面，应更多培育区内人才，引进内地的人才可以起到辅助性作用，做

到区内区外人才的紧密结合、相互补充，使他们在南亚大通道建设过程中发挥更好的作用。

二、南亚大通道建设中的风险与治安问题

南亚大通道的建设过程中，一方面为西藏经济社会发展提供难得的机遇，另一方面，由于西藏的特殊性也使在此过程中存在诸多风险与挑战，特别是存在不稳定的因素和治安问题。南亚大通道沿线各国均为发展中国家，国内情况复杂，宗教、政治斗争等问题突出。就尼泊尔而言，该国内部矛盾导致政权的更替频繁，政策多变。另一邻国缅甸，该国中央政府军和地方武装势力军事冲突时有发生；印度在中国“一带一路”倡议下，一直保持着怀疑的态度，误认为中国的“一带一路”倡议中有军事和政治目的。中国和印度存在边界争端，也是西藏面向南亚开放的重要不稳定因素。印度以及一些西方国家一直或明或暗地支持达赖集团，这些都成为我们建设南亚大通道的阻力和危险。中国为“一带一路”沿线国家进行基础设施建设和能源的开发合作等问题上，时常受到贸易保护主义、资源保护主义等政治势力的攻击，污蔑“一带一路”倡议为“殖民主义”；西藏的战略地位决定了西方敌对势力会不断制造事端，扰乱西藏稳定，因此，西藏始终处在维护祖国统一的前沿阵地。这些不利因素的干扰，加大了我们在南亚大通道建设过程中的风险。

所以西藏在面对南亚开放的大通道建设过程中，对风险和治安问题的应对要有充分的准备，做好解决风险和治安问题的应对机制、保障措施。我们要建立信息交流合作平台，最大化的使信息交流透明和畅通，以保障建设公司、安保公司等各类企业的顺利发展。建设专业的风险评估和监测系统，严格把控边贸市场和海关的安全，防止反动势力的渗透。

在南亚大通道建设中，我国境内的企业需注重企业的可持续性与应对风险的稳定性。投资国外的企业则更需要因地制宜，深入了解当地的国情、文化、生活习惯、宗教信仰等，避免冲突发生。企业要更好的在当地发展，就需要尽可能的为当地居民提供就业岗位，提高当地人民生活水平。尼泊尔相对落后，国内基础设施建设较差。我们需要在资金、技术等

方面援助尼泊尔发展，提高当地人民的生活质量。

在治安维稳工作上，我们需要同周边国家通力合作，共同维护边境地区的稳定，保障边境贸易顺利开展。只有通过沿线各国联合起来共同加强治安维稳工作，才能促进南亚大通道的环境安全。同时要注重保护中国公司在海外的权益，构建相应的权益保护机构。构建南亚大通道沿线周边国家和谐的国际关系，防止国家间因矛盾而影响贸易发展。

当然，我们需要通过行动打消印度等国的猜忌与疑虑，通过求同存异，实现包容发展，减少国与国之间的猜疑与摩擦，寻找在建设南亚大通道过程中各国利益的平衡点，进一步推进互惠合作与可持续发展。

第三节　解决南亚大通道建设过程中的配套资金问题

西藏解放后六十多年，财政金融发展迅速，金融设施逐步完善，现代化金融体系基本建成，中国建设银行西藏自治区分行、中国银行拉萨分行、中国人寿保险股份有限公司西藏分公司、中国银联西藏分公司、西藏裕融小额贷款股份有限公司等金融机构纷纷在西藏成立。目前，西藏有32个证券业金融机构，107个基金管理机构，基本形成多元化的现代金融体系。由于地理历史等原因，西藏的经济发展水平和规模还非常有限，财政实力较弱，百分之九十以上的财政需要中央转移支付，金融产业融资能力不高。因此，西藏在南亚大通道建设中的一大瓶颈制约因素就是配套资金问题解决困难，将会影响到大通道的建设速度。

一、南亚大通道建设资金方面存在的问题

西藏在面向南亚开放的大通道建设过程中，配套资金的投入是建设过程中必不可少的重要部分。有了资金的支持，南亚大通道的建设才能保障，在大通道建成之后，同样需要资金的维持，这就要求西藏在经济发展中有持续的资金“造血与输血”能力。

当前，西藏金融服务水平与推进南亚大通道建设需要还有很大差距，

具体表现在:金融机构形式单一,贸易融资、跨境结算、汇率避险等金融服务与现实需求不相吻合,业务范围有限,服务水平较低。特别是西藏在与主要贸易对象尼泊尔金融行业之间的合作力度尚处于初级阶段,缺乏外币兑换点,交易困难。在我国经济地位的不断提高,经济实力不断增强的前提下,人民币的国际地位得到提升,在与南亚诸国的贸易中,双方都希望能以人民币作为结算工具,但由于边境地区缺乏外币兑换窗口,导致很多外商无法进行正常交易,增加了交易成本。

二、筹集南亚大通道建设资金

在筹集基础设施建设资金方面,政府投资是相对有效的方式,因为基础设施建设的项目中往往具有资金投资量大,资金回收周期长等特点,甚至某些特定的项目经济效益很小但是有重大的战略意义。社会资金往往不会向这些项目中投资。在市场机制下,政府的资金往往会流向相对获利较大的部门和缺少资金的部门,使资源配置更加合理。所以依靠政府的投资建设是一方面,同时也应拓宽筹集资金的渠道,放眼于国内市场和国际市场,走市场化的筹资模式,充分发挥市场融资的优势来吸引更多的社会资金。

南亚大通道的筹资方面需要发挥中央和地方的优势,充分利于市场融资,组建基础设施建设基金。拓宽筹集资金的渠道,多种融资方式结合,合理配置资源。为南亚大通道的建设提供充足稳定的资金来源。

对基础设施建设的项目进行分类,根据不同的性质和项目划分不同的投资主体。基础设施建设大体可以分为三类:第一类是盈利性较大的基础设施建设,如小型飞机场、水电站等。第二类是盈利性较差的基础设施建设,如一般公路、普通桥梁。第三类是由于技术上要求较高或投资巨大而且盈利性不显著的基础设施建设,如铁路、高速路、输电设施等。对于上述不同类型的基础设施建设需要不同的筹资方式进行配合。对于第一类盈利性较强的基础设施建设可以吸收社会资金。对于盈利性较差的基础设施建设一般企业不愿意对这类项目进行投资,就需要政府对其投资以达到社会效益。对于第三类基础设施建设,通过社会投资和政府投资结合的方式进行融资，采用股份制的方式运行。

另外，我们应从以下几个方面为企业发展边境贸易提供较为完善的服务。一是加强西藏与南亚国家的沟通，协调双方的金融服务政策，形成金融服务对接，方便双方贸易需要。二是改善银行信贷工作，西藏边境贸易虽然现在规模有限，但发展潜力巨大。因此，政府应有步骤地引导银行开拓边境贸易市场，为“一带一路”倡议的实施奠定基础。三是创新西藏与南亚国家贸易的金融服务工作体制，建立健全金融服务网络，净化金融环境，真正发挥金融支持贸易的作用。

当然，西藏在南亚大通道建设中的工作非常繁重，需要各个方面、各个领域的通力合作。依据西藏的发展实际和习近平新时代中国特色社会主义思想，在推进南亚大通道的建设中，西藏需要充分利用中央及兄弟省份的支持，在资金、项目等方面向南亚大通道建设倾斜。

第八章　西藏建设“南亚大通道”的外部风险

“南亚大通道”建设将是我国走向南亚、与南亚有关国家进行多方面沟通与联系的大通道，所以在建设和今后的运行过程中，必然会遇到来自国内外、尤其是国外的各种政治风险、经济风险、监管风险和运营风险等，其中政治与安全风险处于首要的位置。由于大通道沿线许多国家对外深陷大国博弈的战场，对内面临领导人交接、民主政治转型、民族冲突等多重矛盾，尤其是，大通道沿线国家的政治风险已经成为中国企业走出去的最大潜在风险。因此，对于大通道沿线国家的政治风险进行分析与评估，已经成为当前中国国际问题研究最为急迫的任务之一。西藏建设面向南亚大通道主要涉及的国家包括：印度、尼泊尔、不丹，各个沿线国家情况不同，为大通道建设带来的风险不尽相同。

第一节　印　度

一、印度国内政治概况

印度，全称印度共和国。这个坐落于南亚次大陆的国家既古老又年轻。作为世界文明古国，印度曾造就过辉煌灿烂的宗教、文学和艺术成就，佛教文化影响遍及整个亚洲的东部和北部。如今，印度又挤身世界新兴大国行列，2017 年 GDP 总量位居世界第六，被公认为 21 世纪最具发展潜力的国家之一。从地理环境来看，印度地处欧亚大陆南端，北连喜马拉雅山脉，西邻阿拉伯海，东濒孟加拉湾，向南则隔拉克代夫海与斯里兰卡相望。印度是名副其实的印度洋大国，其国土如一把“尖刀”直指印度洋，既是连接亚洲、中东和非洲的重要枢纽，又是扼守从南中国海到波斯湾海上通道的重要因素。与此同时，印度又是中国在西南方向最大的邻国，是“丝绸之路经济带”和“21世纪海上丝绸之路”的交汇之地。中国“一带一路”倡议能否成功，印度至关重要。

印度同中国一样，是世界四大文明古国之一，历史悠久、文化灿烂。近代史上曾沦为英国的殖民地，一度是“英王皇冠上的宝石”。1947年印巴分治，印度获得独立，并于1950年建立印度共和国。印度实行的是三权分立的资产阶级民主制度，并经常以“世界上最大的民主国家”自诩。议会总统制下的印度，总统虽是国家元首、武装部队总司令，但实际上不掌握大权。总统根据议会选举结果，任命多数党领袖出任内阁总理。以总理为首的内阁行使国家行政权，现任总理莫迪系2014年大选上台。议会掌握立法权，上院为联邦院，下院是人民院。司法体系方面，最高法院和最高检察院分别是最高司法机关和检察机关，负责审议国家重大事项、解决中央政府与各邦之间的争议问题、监督宪法和法律的执行情况等。除此之外，各邦设有高等法院和高等检察院，负责本邦事宜。

政党制度方面，印度实行多党制，但实际上国大党和人民党力量明显占优。国大党是印度老牌政党，曾领导印度反英殖民斗争，长期执政并深得人心，但在2014年的印度大选中败给了莫迪领导的人民党，莫迪现任印度总理。人民党是印度的新兴政党，创建于1980年，是印度第二大资产阶级政党。除国大党和人民党外，印度还有共产党、泰卢固之乡党等小党。

此外，印度素有“世界宗教博物馆”之称，印度教、伊斯兰教、犹太教、佛教等众多宗教在印度都拥有大量信众。在历史上，宗教变革是印度经济发展和社会变迁的重要动力，但宗教之间的矛盾也屡屡引发流血冲突。与此同时，时至今日印度种姓制度犹存，社会结构等级分明，这无疑是制约其长期经济增长的重要因素。

二、印度国内投资环境及中印经贸关系分析

从经济社会发展情况来看，印度近年来的表现可圈可点。自1991年

实行经济自由化政策以来，印度在之后的20年内获得了经济的快速增长，增长率一度超过9%，成为新兴经济体的重要代表之一。根据世界银行报告的统计，2016年印度GDP总量达2.09万亿美元，位居世界第七位；根据相关机构预测，2017年印度GDP总量达2.6074万亿美元，世界排名上升到第六位。莫迪上台以来，印度政府加快经济改革，兴建基础设施，努力发展制造业，实施智能城市建设计划，并放松对外国投资的限制，为印度经济增长带来了新的活力。然而，硬币的另一面是印度经济社会发展的严重失衡。印度贫富分化严重，是世界上贫困人口最多的国家。据世界银行2016年的统计，印度贫穷人口2.7亿；其中农村贫困人口的比例为25%。《印度时报》发布的一份最新调查报告显示，2017年，占印度人口1%的最富裕人群拥有全国73%的财富，这表明印度的收入不平等程度不断加深。除此之外，印度的文盲率为20%—30%，儿童营养不良率超过了40%，有70%以上的人口生活在农村地区。

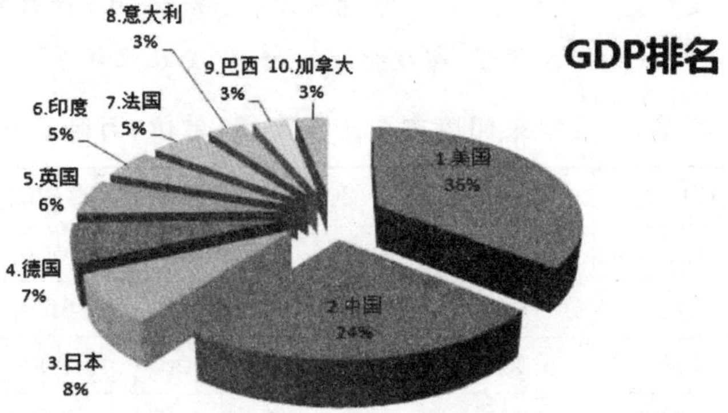

从产业结构及吸引外资情况来看，印度取得了较为积极的进展。在产业布局上，农业是印度国民经济发展的基础产业。印度是传统的农业大国，耕地面积约1.6亿公顷，居亚洲之首。印度农业以种植业为主，主要农作物有大米、小麦、玉米、高粱、油籽等。自独立以来一系列改革，印度农业生产发展迅速，基本实现了粮食自给（见表1）。印度制造业总体发展滞后，主要以采矿、制药、汽车加工制造、化工、石油等产业为主（见表2）。近年来，印度的电子制造、航空工业等新兴领域异军突起，发展迅速。

服务业是印度经济发展最大的亮点，印度目前已成为全球电脑软件、金融等服务业的重要出口国，班加罗尔被誉为“亚洲的硅谷”。除了软件领域的成功，旅游业也是印度政府大力支持的产业，尤其以泰姬陵为主的一批历史文化景点每年都吸引了大量的国外游客。

表1：印度近年来主要农副产品产量（单位：百万吨）

	2011/2012	2012/2013	2013/2014	2014/2015	2015/2016	2016/2017
粮食总产量	250.42	257.14	264.4	252.2	253.2	271.9
稻米	102.75	104.3	106.3	105.5	104.3	108.8
小麦	85.90	93.9	95.8	88.94	93.5	96.6
粗粮	42.08	38.47	42.7	——	37.78	44.35
油料	30.53	29.5	32.4	27.51	25.3	32.52
甘蔗	347.87	357.7	348	362.3	352.2	309
皮棉（百万包*）	34.09	33.8	36.5	34.81	30.14	34.1
黄麻（百万包**）	11.61	10.6	——	——	——	——

（*每包皮棉为170公斤；**每包黄麻为180公斤；资料来源：中华人民共和国驻印度共和国大使馆，印度棉花协会，印度农业部等）

表2：近年来印度主要工业产量（单位：万吨）

	2011/2012	2012/2013	2013/2014	2014/2015	2015/2016	2016/2017
煤	42040	58310	60982	43696	55000	41900
原油	3819	3810	3778	3830	3695	3325
钢材	6957	8280	——	约8700	约9000	约10100
铁矿砂	2080	1673	——	——	约1800	
发电量（兆瓦）	20.65	23.64	——	——	——	——

（资料来源：中华人民共和国驻印度共和国大使馆，中国经济新闻网，美国能源部报告，印度石油公司，印度钢铁管理局，世界钢铁协会等）

从吸引外资情况看，印度是新兴经济体中具有竞争力的国家之一。根据印度商工部工业政策和促进总局（DIPP）的统计，仅2016财年外国直接投资（FDI）净流入达到400亿美元，同比增长29%。2017年，印度的海外投资达 450 亿美元，是新兴市场中外国直接投资的第三大受惠国，更重要的是，莫迪政府通过改革进一步优化外国投资环境，助推印度经济发展。2014 年 4 月至 2017 年 3 月，由莫迪所领导的新政府累计投资额为 1610 亿美元，由于市场规模庞大、发展基础较好，2017 年印度已经成为世界最火热的创投市场之一。2014 年 8 月，印度商工部发布公告，将外国直接投资在铁路基础设施领域的投资上限提高至 100%，允许外资参与印度城郊公私合作模式的铁路走廊建设、高速铁路系统、铁路电气化、信号系统等项目。2015 年 11 月莫迪宣布撤销或放松 15 个领域的外国直接投资限制，也对那些寻求在印度开设门店的跨国零售商放松本地采购要求，并且宣布一系列旨在吸引海外资本的措施。2016 年，印度在民航、食品加工部门、医药等 9 个领域对外资全面开放，全面或部分取消有关投资项目技术标准以及外国品牌在印度生产的限制和要求。在印度能够通过某些外资项目获得“现代技术”的前提下，允许外资在这些行业 100%控股。经过这轮外资政策修正，超过 90%的外资进入印度不需要政府审批。当然，我们也应该看到，印度在引进外资方面仍存在诸多障碍，如行政效率低下、官僚审批程序复杂、基础设施建设落后、民众市场意识不够健全等。此外，印度投资环境的区域差异明显，以新德里为首的西北地区、孟买为主的西部地区、加尔各答为主的东北部以及班加罗尔为主的南部地区投资环境相对较好。

近年来，中印两国的经贸关系发展迅速。中国已成为印度最大的贸易伙伴、最大的进口来源和第三大出口市场。据印度商业信息统计署与印度商务部统计，2016 年印度与中国双边货物进出口额为 696.2 亿美元，比上年同期（下同）下降 1.7%。其中，印度对中国出口 89.6 亿美元，下降 7.7%；自中国进口 606.6 亿美元，下降 0.8%。印度与中国贸易逆差 516.9亿美元。2017 年 1—9 月，印度与中国双边货物进出口额为 618.5 亿美元，增长 22.8%。其中，印度对中国出口 86.6 亿美元，增长 43.8%；自中国进口 531.9 亿美元，增长 19.9%。印度与中国的贸易逆差 445.3 亿美元。此外，中印同为金砖国家、二十国集团和区域全面经济伙伴关系协定（RCEP）的成员、上合组织成员、亚洲基础设施投资银行成员等，两国在改善国际经济环境、提升发展中国家话语权和区域经济合作中展开了积极合作。但是，我们也应看到中印之间的贸易起步较晚，总量偏低，且结构失衡。印度出口中国的是原料、初级产品和半成品，而中国对印度出口则主要为机械制造和机电产品，这加剧了印度国内的经济民族主义情绪。印度的贸易保护行为、外资审查制度、劳动力市场不成熟等因素也为中印经贸合作设置了障碍。不过，从总体上看，中印经贸关系互补性强、发展潜力巨大，特别是在基础设施建设、软件服务外包方面的合作大有可为。

三、中印外交关系

自近代以来，中印同为西方殖民主义的受害者，在谋求民族解放和建立公正国际秩序方面相互理解、彼此支持。1950 年两国建交后，印度是第一个承认中国的非社会主义国家。20 世纪 50 年代，中印外交关系进入蜜月期，双方共同倡议和平共处五项原则，在万隆会议上一起反帝反霸，为维护世界和平、促进亚非国家之间合作做出了巨大贡献。20 世纪 60 年代，中印关系逐步恶化。两国因边界争端升级而兵戎相见，双方围绕西藏问题又进一步交恶。随着中苏关系破裂，中印关系成为中国与苏联战略对抗的一部分。直到 1988 年，印度总理拉吉夫·甘地访华，中印外交关系逐步恢复。此后，1991 年中国总理李鹏访问印度，1993 年印度总理纳拉辛哈·拉奥应邀访华，1996 年中国国家主席江泽民对印度进行国事访问，两国关系步入快速发展轨道。然而，1998 年印度以所谓“中国威胁”为理由进行核试验，两国关系发生逆转，也加剧了地区局势的紧张。

进入 21 世纪以来，中印关系基本稳定，双方高层互访频繁，政治互信不断加强，经贸联系也日益紧密，两国睦邻友好合作卓有成效。不过，由于边界争端悬而未决，西藏问题不时浮现，以及两国国力差距带来的心态失衡，中印关系的发展隐忧犹存，如果有效管控分歧、积累互信仍考验着两国的政治智慧。2014 年莫迪当选印度国家总理，开启了中印合作共赢的新时期。2014 年 9 月，习近平主席出访印度，并把莫迪家乡古吉拉特邦作为首访第一站，以此表达发展与印度友好关系的愿望。2015 年 5 月，莫迪回访中国，并将习主席家乡西安作为首站，可谓意味深长。根据中国驻印度大使乐玉成介绍，莫迪访问中国期间两国签署了45项文件，包括24项政府间协议和21项商业协议，合作领域涵盖航空航天、地震合作、海洋科考、智慧城市、网络、金融、设领、教育以及政党、地方、智库交往等各个方面。中印作为亚洲最重要的国家之一，龙象共舞、互利共赢。随着孟中印缅经济走廊、“丝绸之路经济带”、“21世纪海上丝绸之路”倡议的逐渐推进，中印合作大幕将徐徐拉开。2018年4月27日，习近平主席和莫迪总理在武汉举行非正式会晤，就有关问题在轻松气氛中进行战略沟通；6月上旬莫迪总理又来到青岛参加上合组织峰会，并在此与习近平再次进行会晤，双方会谈气氛融洽，交流坦诚，说明两国经过一系列的高层活动，正在努力消除不良的影响，为两国关系向更加巩固的方向前进奠定着日益巩固的高层基础、政治基础和外交基础。

四、中国对印度投资政治风险分析[①]

20世纪90年代以来，印度逐渐走上自由市场经济之路，大力推进以市场化、私有化和全球化为取向的经济改革。在此背景下，印度加大吸引外资力度，希望通过引进外资促进经济增长，提升印度在全球经济中的竞争力。然而，时至今日，印度国内的投资环境仍然不容乐观。世界银行发布的全球营商环境报告显示，印度的营商环境在全球189个国家和地区中，从2014年排名的142位跃升至2018年第100位。在政治风险角度看，我国对印投资主要存在以下方面的挑战。

第一，印度的宗教差异经常引发教派冲突。正如前文所言，印度是各类宗教的汇聚之地，伊斯兰教、印度教、基督教、佛教、犹太教等宗教在印度都拥有大量信众。宗教信仰的差异导致教派冲突频频发生，尤以伊斯兰教和印度教之间的冲突为甚。在印度，印度教徒人口占82%，而穆斯林信众约占12%。印度教长期敌视穆斯林，声称要“赶走穆斯林”，摧毁穆斯林庙宇、屠杀穆斯林信众。1992年，极端印度教徒拆毁了巴布里清真寺，

① 参考了刘世强：“一带一路”投资政治风险研究之印度．中国网 2015－6－24。

随即在全国引发大规模暴力冲突，一周之内就有1097人丧生、4085人受伤。2002年，印度的穆斯林信众纵火烧死58名印度教徒，教派冲突再次上演。2012年，印度东北部的阿萨姆邦先后有4名当地穆斯林遭到杀害，引发了当地穆斯林和印度教徒之间的血腥冲突，造成数十人死亡、四百多个村庄化为灰烬的悲剧。2017年8月，由当地一宗教组织的信徒抗议该组织头目被认定强奸罪成立，印度西北部哈里亚纳邦和旁遮普邦发生大规模骚乱，已导致31人死亡，另有数百人受伤。可以说，宗教冲突如挥之不去的梦魇，成为影响印度社会稳定的最重要因素之一，因而也构成外国赴印投资的重大风险因素。

第二，恐怖主义和分离主义带来的安全隐患。印度深受恐怖主义和分离主义之苦，从印度东北部到印控克什米尔地区数十年来一直充斥着各种极端暴力活动。英国殖民者分而治之的策略、复杂的民族和宗教矛盾，以及经济社会发展的严重失衡，造成了印度恐怖主义和分离主义的泛滥。在位于悉尼的国际智库"经济与和平研究所"发布的2017年全球恐怖主义指数排名中，印度在全球162个国家中位列第八，仅次于伊拉克、阿富汗、尼亚利亚、叙利亚、巴基斯坦、也门和索马里。在印度内陆地区，恐怖主义在很大程度上处于可控范畴，恐怖袭击案件不断减少，反恐形势逐年好转。当前，从印度各类"持续性暴力活动"的发展趋势来看，左翼极端主义运动引发的印度左翼极端主义运动处于低潮期，对印度国内安全的威胁程度较以往有所减弱。暴力事件数量自2013年以来逐年减少，此类事件的死亡人数也称逐年下降态势。然而，印度国内的安全形势仍然严峻，增加了外国投资的政治风险。

第三，中印关系中的潜在的负面因素不可低估。尽管当前中印友好合作是主流，但是两国关系中一些潜在的负面因素不时浮现，势必对中国企业在印投资、甚至两国之间的其他经贸与文化往来都会造成影响。中印边界争端始终悬而未决。2015年莫迪访华期间中印两国达成的联合声明明确指出，边境地区的和平与安宁是双边关系发展和持续增长的重要保障。不过，边界问题短期内仍然难以解决，甚至不能排除擦枪走火的可能。西藏问题也是中印关系中的隐忧，印度对藏独势力的支持由来已久，其目标是希望将西藏制造为中印之间的“战略缓冲”。尽管印度官方宣称西藏是中华人民共和国领土的一部分,但印度在西藏问题上或明或暗的动作仍在持续。此外,中印双方在心理层面存有芥蒂。1962年的战争失利成为印度社会挥之不去的阴影,不时映射到对中国的评价上来。再加之中印两国经济军事实力差距的拉大,“中国威胁论”在印度国内甚嚣尘上,预计会在较为长久的时期内存在,所以印度的媒体对中国的负面评价经常见诸报端也就不足为怪。再者,国际第三方因素(域外因素)也是干扰中印关系发展的变量。在中国看来,美日澳等西方国家对印度的拉拢旨在加强对中国的战略遏制。反过来,中国与巴基斯坦之间的“全天候”友好关系也被印度视为安全威胁,并进行过度炒作。以上因素成为中印关系持续健康发展的重要障碍,也为中国赴印投资平添了不少变数。

第二节　尼泊尔

一、国内概况

尼泊尔是南亚内陆国家,国土面积14.7万平方公里,北面毗邻中国西藏,中尼两国共同边境线长约1414公里,另外三面被印度环绕。截至目前为止,尼泊尔人口总数2898万(2016年),GDP总量263.88亿美元(2017年数据),世界排名第98名,人均收入约907美元,世界排名156位,属低收入国家群体。尼泊尔境内铜、铝、铁、锌、磷等矿产资源较多,但是开发程度不足。尼泊尔地势北高南低,北部为喜马拉雅地区,中部山区占国土面积一半以上,南部为平原区,特殊的地理环境和地势特点使尼泊尔成为世界上水力资源最为丰富的国家之一。据世界银行研究报告,尼泊尔可开发的水电蕴藏总量约为8300万千瓦,水电开发是当前尼泊尔重点发展的领域之一。尼泊尔经济发展较为落后,经济严重依赖外部援助,农业在产业结构中占比较高,农业人口占就业人口总数的60%;工业发展基础孱弱,尼泊尔工业产值占GDP的15%左右;境内旅游资源丰富,徒步旅游和登山业发展较好,游客以印度、中国人居多。尼泊尔国内有30多个民族,属于多民族国家,民众中绝大多数信奉印度教。尼泊尔政局一直处于较为动荡的阶段，2006 年，尼泊尔结束了长达十余年的武装冲突，进入政治过渡期，2008 年 5 月，尼泊尔君主制被取消，正式成立尼泊尔联邦民主共和国，国内主要精力从政治斗争逐步转向经济建设。但是尼泊尔国内政党众多，国内政府更迭频繁，各党派相互倾轧，使该国的政局仍然持续动荡。

尼泊尔王国建立于公元前 6 世纪，19 世纪尼泊尔遭受英国入侵，被迫割让国内领土，直至 1923 年，英国政府才认可尼泊尔作为独立国家的地位。20 世纪中期，尼泊尔国王和党派之间开展权力角逐，先后实行君主立宪制和无党派议会制。1990 年，大规模人民运动爆发，国王迫于国内人民运动的压力实行君主立宪的多党议会制。2006 年，尼泊尔国内主要政党共同发起反对国王的街头运动，最终权力回归政党，并签署《全面和平协议》，标志着尼泊尔为期十余年的武装冲突结束。2007 年，尼泊尔多党议会颁布临时宪法，组建了临时议会，成立临时政府。第二年，尼泊尔制宪会议宣布尼泊尔实行共和政体，并选举产生了国家总统、副总统和制宪会议主席，国家名称正式确定为“尼泊尔联邦民主共和国”。2013 年 11 月，尼泊尔第二届制宪会议选举召开，2014 年 2 月尼泊尔新政府正式成立。2015 年 9 月 20 日，尼泊尔总统亚达夫在尼议会大厦宣布施行《尼泊尔联邦民主共和国新宪法》。这是自 2008 年制宪会议成立以来，历时八年之久，尼泊尔终于正式颁布的新宪法，亦是尼泊尔历史上第一部由民选代表制定的宪法。2018 年 2 月 15 日，德乌帕宣布辞任总理，尼泊尔共产党（联合马列）主席奥利被任命为尼泊尔总理。2 月 19 日，尼泊尔共产党（联合马列）主席奥利、尼泊尔共产党（毛主义中心）主席普拉昌达签署相关协议，宣布合并，合并后的党派名字为“尼泊尔共产党”（CPN）。

目前，尼泊尔适用的宪法是 2015 年《尼泊尔联邦民主共和国宪法》，于 2015 年由尼泊尔总统亚达夫在尼议会大厦宣布施行。尼泊尔制宪会议于以 507 票支持，25 票反对，58 票弃权的压到多数通过了《尼泊尔联邦民主共和国宪法》。该宪法草案由在尼制宪会议中占近 80％议席的尼泊尔大会党、尼泊尔共产党（联合马列）以及尼泊尔联合共产党（毛主义）这三大党提出。宪法出台后，除少数反对派外，制宪会议会场内欢呼雀跃，尼泊尔国内各主流媒体也纷纷给予新宪法极高的评价。这是自2008年制宪会议成立以来，历时八年之久，尼泊尔终于正式颁布的新宪法，是尼泊尔历史上第一部由民选代表制定的宪法，亦是尼泊尔历史上的第7部宪法。

二、主要国际政治关系

尼泊尔外交政策首要目标是维护国家主权完整和独立，提高尼泊尔在国际舞台上的威望。尼泊尔外交政策的基本原则是：互相尊重主权和领土完整，互不干涉内政，互相平等，互不侵犯、和平解决争端，合作共赢。尼泊尔是不结盟运动的成员，联合国会员国，也是南亚区域合作联盟的创始成员国之一，并于2004年加入环孟加拉湾多领域经济技术合作倡议。2017年5月，中国与尼泊尔政府在尼泊尔外交部签署“一带一路”合作备忘录，尼泊尔将正式加入“一带一路”倡议。尼泊尔对外奉行不结盟的外交政策，遵守联合国宪章的原则和宗旨，与多国开展友好交往。截至2017年末，尼泊尔已同147个国家建交。

1.中尼政治关系

尼泊尔与中国关系历史悠久密切。中尼于1955年8月1日正式建交，1961年，两国政府和平解决边境问题，并定期联合开展边境检查。两国认同和平共处五项原则，在包括联合国在内的诸多国际和区域组织中彼此支持，在涉及西藏、台湾和人权问题等方面，尼政府一贯支持中国的原则立场。中尼两国在外交关系上一直保持着密切的高层互访，1996年，两国建立了“面向21世纪世代友好的睦邻伙伴关系”，2009年尼总理访华，中尼两国关系进入了新阶段，两国关系升级为“世代友好的全面合作伙伴关系”。2015年3月，国家主席习近平在博鳌亚洲论坛年会上会见了尼泊尔总统亚达夫，表示双方要加强在基础设施、农业现代化、水电开发、科技等领域开展合作，并提出欢迎尼方参与“一带一路”建设。2016年3月，时任尼泊尔总理的奥利访华，在与李克强总理会谈时表示，尼方希望从中国的和平发展进程受益，愿保持高层交往，积极参与“一带一路”倡议，加强基础设施、能源、农业、金融、跨境贸易、旅游、教育等各领域合作，推动业已良好的中尼关系持续发展。2017年3月，时任尼泊尔总理普拉昌达访华，与习近平会见时表示，尼方支持“一带一路”倡议，愿积极拓展同中方在贸易投资、交通运输、基础设施、旅游、航空等领域合作。2017年9月，尼泊尔副总理兼外长马哈拉访华期间，与中国外交部长王毅会谈时表示，尼方坚定支持并将积极参与中方“一带一路”伟大倡议，愿与中方在“一带一路”框架下拓展双边务实合作。由于地缘关系，尼泊尔与中国西藏在政治、贸易和文化方面有着密切的往来。

奥利当选尼泊尔新一届总理后，于2018年6月19日对中国进行正式访问，21日李克强总理与他举行了会谈，会谈时奥利总理表示，尼中两国有长期持久紧密的联系，都奉行和平共处五项原则，尊重彼此核心利益和重大关切。尼方坚定奉行一个中国政策，保证尼国土不会被用于任何反华活动。尼方钦佩中方在国际政治经济事务中发挥的积极作用，赞赏中方亲诚惠容的周边外交政策和构建人类命运共同体的主张。尼方愿进一步同中方加强双边关系，扩大务实合作，加强口岸、道路、铁路、通信及跨喜马拉雅合作，密切在地区和国际问题上的沟通协调，推动两国关系取得更大发展。会谈后，两国总理共同见证了中尼政治、交通、基础设施、产能、经济技术等十余项双边合作文件的签署。我们希望从此中尼两国的关系会走向更加美好的未来。

2. 尼印政治关系

尼泊尔与印度正式建交于1947年，目前印度是尼泊尔国际关系中影响最大的国家，两国在历史、文化、传统习俗、宗教信仰等方面有着密切的关联，尼印两国互相开放边境，两国人民可自由往来。印度在尼泊尔经济发展中扮演着极其重要的角色，是尼泊尔最大的贸易伙伴和重要援助国，两国在水资源、贸易、交通、投资、安全等多个领域开展合作。2011年，两国签定了双边投资促进和保护协定（BIPPA）。2014年，两国在水资源开发、电力贸易等多个领域达成了合作协议。尼泊尔国内经济发展对印度地理依赖性较强，尼泊尔境内关键商品的运输都需要途经印度。尼泊尔被长期视为印度的后花园，能源贸易严重依赖印度。2015 年 9 月，尼泊尔推出新宪法，未能满足占尼泊尔人口 40％的印裔马德西人独立成邦的诉求。新宪法实施后，尼印关系急转直下，印度随后向尼泊尔实施禁运，导致尼泊尔爆发燃油危机，民众生活受到严重影响。尼泊尔虽然为主权国家，但是其国内政治深受印度的影响。尼泊尔总理不断更替，各党派竞合，无不有印度在幕后发力。同时，尼泊尔也重视国家主权完整和独立，积极与其他国家开展交流合作，避免对印度的过度依赖给国家主权可能带来的威胁。

3.尼美政治关系

1947 年 4 月，尼泊尔与美国正式建交，美国成为继英国之后第二个与尼泊尔建交的国家。美国是第一批向尼泊尔提供发展援助的国家之一，自 1951 年至今，美国在交通、通讯、农业、林业、能源、医疗卫生、计划生育等多领域向尼泊尔提供经济援助。同时，美国也关注尼泊尔和平民主的制度化以及人权问题。为了提高双边贸易和投资水平，2011 年 4 月，尼美两国签订了《贸易和投资框架协议》(TIFA)。美国对尼泊尔的关注离不开地缘政治的考虑，尼泊尔拥有显著的地理位置优势，加强与尼泊尔的联系有助于美国关注中国和印度的发展动向，推动地区局势向有利于美国的方向发展。专家指出，随着通信与信息技术的飞速发展，尼泊尔特殊的地理优势可以成为重要的科技情报与军事监控点，美国在尼泊尔的军事战略部署有利于其监控整个亚洲和印度洋。尼泊尔和美国在多方面进行合作，包括联合军演、医疗救灾等。2017 年，美国就和尼泊尔开启联合军演，旨在演练发生人道危机情况下如何提供医疗援助和技术支持。

地处中国、印度两大国之间的特殊地理位置，迫使尼泊尔高度重视本国领土主权完整。从尼泊尔国家战略的视角出发，同国际各国尤其是周边大国保持友好交往关系对本国发展很有必要。尼泊尔对印度的依赖性过强，新时期，尼泊尔主张加速与中国现代化进程的联系，主动参与国际政治经济活动，在某种程度上减少对印度的过分依赖，通过实施“等距离外交”战略，在大国桥梁作用中获益。

三、中尼贸易及投资关系

1.尼泊尔与中国的贸易关系

尼泊尔于2004年正式加入WTO,成为首个加入WTO的最不发达国家。同时,尼泊尔也是南亚区域合作联盟(SAARC)的创始国,在2004年南盟第12届首脑会议上签署了《南亚自由贸易协定框架条约》,各成员国承诺降低关税水平,取消非关税壁垒,推进南亚区域内部经济合作。尼泊尔也是孟加拉湾多领域技术经济合作组织(BIMSTEC)的成员之一,该组织承诺成员国之间将在2017年之前实现自由贸易。尼泊尔主要出口商品有:纱线(涤纶、棉及其他)、羊毛地毯、纺织品、成衣等;主要进口商品有:成品油、钢铁、机械及配件等。根据世界贸易组织的2017年世界贸易统计报告显示,尼泊尔2016年货物进出口总额103.9亿美元,其中进口总额96.50亿美元,出口总额7.4亿美元;商务服务贸易进出口总额为22.31亿美元,其中进口总额12.38亿美元,出口总额9.93亿美元。尼泊尔主要贸易伙伴有印度、中国、阿联酋、印度尼西亚、美国、泰国、德国、日本等国家,由于特殊的地理位置,尼泊尔对外贸易严重依赖印度,尼泊尔商品在印度享受单方面零关税待遇,印度是尼泊尔最大的进口来源地和出口目的地。2016年尼出口总额中,对印度出口3.7亿美元,主要出口产品为豆蔻、茶叶、人造丝和人造短纤维等。尼进口总额中,从印度进口45.9亿美元,主要进口商品包括:钢铁制品、成品油、车辆及配件、机械设备及配件、谷物、电子电气设备、电信设备及配件等。中国是尼泊尔第二大贸易伙伴,据中国海关总署最新统计数据显示,2016年,中国与尼泊尔进出口贸易总额为8.88亿美元。其中,对尼方出口8.66亿美元,自尼方进口0.22亿美元。中国向尼泊尔出口的主要商品有电话和电机电气设备及零附件、非针织服装、针织服装、鞋类、机械设备及零件、苹果、羊毛及羊毛纱线、其他纺织品、光学及医疗器具、皮革制品、车辆及零附件、化学短纤维、家具等。中国自尼泊尔进口的主要商品有贱金属雕塑像及其他装饰、地毯、医疗器具及零附件、生皮及皮革、披肩和围巾、仿首饰、其它纺织制品、有机化学品、铜器、木装饰品、羊毛机织物等。

表 3:尼泊尔对外贸易统计(单位:亿卢比)

财政年度	2010/2011	2011/2012	2012/2013	2013/2014	2014/2015
出口总额	643.4	742.6	769.2	902.3	866.4
进口总额	3961.8	4616.6	5567.4	7087.6	7845.8
主要出口产品					
成衣	34.35	43.92	32.32	45.33	52.87
羊毛地毯	48.60	69.38	60.75	73.65	69.43
豆类	33.67	27.00	26.72	20.48	
纱线	26.41	36.57	47.42	51.53	66.46
纺织品	37.34	51.30	56.18	57.79	51.41
主要进口产品					
成品油	767.41	939.38	1094.01	1331.64	1121.65
黄金	113.58	257.70	261.14	247.94	
汽车及配件	248.97	199.10	298.88	393.24	493.8
其他机械及配件	162.02	155.40	201.45	264.37	
钢铁	200.06	200.07	223.04	246.75	

1956 年,尼泊尔与中国签订《中华人民共和国和尼泊尔王国保持友好以及关于中国西藏地方和尼泊尔之间的通商和交通的协定》,经过多次修订,目前适用的是 1981 年签署的《中华人民共和国政府和尼泊尔国王陛下政府贸易和支付协定》。2001 年,中尼两国签署了《避免双重征税协定》,该协定于 2010 年底生效。近年来,两国贸易迅速发展,尼泊尔已经成为中国通往东南亚市场的重要通道。由于地缘关系,多年来尼泊尔一直是西藏最大的贸易伙伴。2013 年 7 月 1 日,中国对尼泊尔正式实施 95%零关税优惠政策,涵盖 7831 个税目商品。2013 年,中尼双边贸易额为 22.54 亿美元,同比增长 12.82%,其中中国出口额为 22.10 亿美元,中国进口额为 0.43 亿美元。中国出口至尼泊尔的商品主要有:1. 电气设备及零部件;2. 服装类产品;3. 机械器具及零件;4. 化学纤维类;5. 水果、坚果、果皮类。中国从尼泊尔进口的商品主要有:1. 贱金属杂项制品;2. 家

具，寝具等；3. 木及木制品，木炭；4. 生皮（毛皮除外）及皮革；5. 铜及其制品。

表 4：中尼双边贸易统计（单位：万美元）

年份	2010	2011	2012	2013	2014	2015	2016
中自尼进口额	1200	1400	3000	4300	4700	——	2000
中对尼出口额	73220	118100	196800	221000	228300	——	87000
中尼进出口总额	74400	119500	199800	225400	233000	86000	89000

2. 尼泊尔与中国的投资关系

为了鼓励外商投资，尼泊尔政府相继颁布了《外国投资和技术转让法（1992）》、《工业企业法（1992）》、《私人投资建设和运营基础设施法案（2006）》等投资法案，取消外资最低投资额度限制，设立外商投资的“负面清单”，允许建立外商独资企业。外国投资者可通过 BT（Build and Transfer）、BOT（Build，Operate and Transfer）、BOOT（Build，Own，Operate and Transfer）、BTO（Build，Transfer and Operate）等多种方式进行投资。此外，尼泊尔政府对工业设备生产、节能环保、基础设施建设、医疗等行业给予优先待遇，并对在不发达地区和经济特区投资的企业给予一定的税收优惠。尼泊尔积极推进国内经济特区的建立，其中中国将要援建的特区有两个。近两年来，中尼两国协商由中国在尼泊尔投资建设两个产业园（工业园、文化产业园），并已经同意在中尼边境共同建设“跨境经济合作区”（中方吉隆口岸附近）。针对在经济特区开展生产贸易的企业，尼泊尔政府将给予多项税收优惠政策。2012 年初尼泊尔政府颁布了《经济繁荣发展行动计划》，为了配合该计划，尼泊尔将与中国、卡塔尔等五个国家签署双边投资保护和促进协议（BIPPA）。2017 年，尼泊尔政府修改《外来投资和技术转让法》，拓宽外资在尼泊尔的投资领域，取消外资在投资额度、用地等方面的部分限制，尼政府期待借助进一步改善投资环境来吸引更多外国投资。尼泊尔央行表示，2016/17 财年末外国直接投资（FDI）存量达 1517 亿卢比（约合 14.89 亿美元）。同时，中国成尼泊尔第一大直接外资来源国。外商投资主要集中在制造业、能源业、服务业等行业领域。

表 5:2012/2013 财年尼泊尔吸收外资来源地排名统计

国家及地区	投资额(百万卢比)	注册企业数量	投资额占比
中国香港	3037	4	15.2%
印度	2809	41	14.1%
中国	2771	97	13.8%
西班牙	1790	3	8.9%
阿拉伯	1234	6	6.2%

2013 年,中国已经超过印度成为在尼泊尔投资项目最多的国家。截至 2017 年 1 月底,中国企业对尼直接投资存量已达 3.55 亿美元,投资额较大的中资企业已超过 30 家,涉及水电、航空、矿产、医疗等领域。中国企业到尼泊尔投资兴业不仅为尼泊尔加快经济多元化、工业化进程做出了积极贡献,自身也实现了较好发展。主要集中在餐饮、宾馆、中医诊所、食品加工等行业。按照商务部公布的境外投资企业(机构)名录,目前有 9 家中央企业从事尼泊尔水电开发、基础设施建设和工程承包等项目的投资,中铁四局集团有限公司在尼泊尔投资经营的范围包括:基础设施项目的工程承包、房地产开发、国际商贸以及境外投资等,中水电海外投资有限公司投资建设尼泊尔上马相迪 A 水电站项目,中国水利电力对外公司负责尼泊尔上马蒂水电站项目的开发、建设及后期的运营管理。中资企业在尼泊尔投资的第一个发电项目上马相迪 A 水电站累计发电量突破 1 亿千瓦时,有效缓解了尼泊尔电力短缺的状况。该电站已连续 3 个月超额完成发电任务。中小企业仍然是赴尼泊尔投资的主体,经营范围涉及餐饮、食品、建筑、旅游、农业等多领域。未来,随着尼泊尔政局的稳定、国内经济的加快发展以及区域合作意识的加强,中资企业在尼泊尔的投资规模将逐步扩大,中国企业参与尼泊尔公路、铁路、通讯、航空、灌溉等领域发展前景将更加广阔。

四、投资尼泊尔政治风险评估[①]

截止2017年末，尼泊尔约有四分之一的人口生活在贫困线以下，是世界上最不发达国家之一，经济社会发展问题是其当前及未来很长时间内面临的主要问题。经济社会的发展阶段和发展形态意味着尼泊尔国内存在工业化程度较低、基础设施建设落后、投资环境不理想等问题，这同时也为投资者带来了机遇，欠发达的经济发展现状使得尼泊尔境内的投资缺口较大，对外来投资的诉求较强。近年来，尼泊尔政府重视利用外商投资促进国内经济发展的重要性，积极寻求国际合作。2015年中国政府的“一带一路”倡议发布以来，尼泊尔政府及社会各界积极响应，两国政府的合作趋向密切。在中国与尼泊尔两国密切联系和务实合作不断加强的背景下，中资企业投资尼泊尔的机遇大大提升，到尼泊尔投资水利工程、基础设施、食品生产、通讯、餐饮等行业的企业越来越多，虽然总体来看投资尼泊尔的机遇远远大于风险，但是投资过程中仍然需要考虑相关的政治风险。

1. 国内政局错综复杂。多年来，尼泊尔国内政局一直处于动荡不安的状态，直至2006年，持续11年的武装冲突才结束，2013年，尼泊尔选举成立新一届中央政府，尤其是2017年末结束了新宪法框架下的第一次全国大选，2018年选出新任总理奥利，根据宪法规定，尼泊尔长期以来每届政府执政时间一般为半年至一年的局面可能得到终结。有望使该国政局趋于稳定，国内主要精力开始转向经济社会发展和建设。但是，不可否认，尼泊尔仍然面临第一届民选政府即将施政的新局面，甚至是还会遇到以前未曾遇到过的问题与挑战。此外，尼泊尔境内社会治安问题较为严重，企业的生产经营活动需要有效防范可能出现的治安风险。

2. 受地缘政治影响大。虽然尼泊尔政府主张在和平共处五项原则基础上同各国发展平等友好关系，高度重视发展同中国和印度两大邻国友好关系，并重视加强同美、英等西方国家关系，但是不可否认，受地缘政治

---

① 参考了任琳:“一带一路”投资政治风险研究之尼泊尔. 中国网 2015—05—15。

和历史因素的影响，相比国际社会上任何一个国家，尼泊尔与印度在政治、经济和文化方面的联系更加紧密，印度仍然是尼泊尔在政治经济发展中首先考虑的外部因素。政治方面，印度是尼泊尔外交关系中首先考虑的国家；经济方面，尼泊尔和印度两国贸易额占尼泊尔贸易总额的60%以上，尼泊尔经济发展高度依赖印度；文化方面，两国在宗教信仰、民族构成、传统习俗等方面具有极强的相似性。尼泊尔和中国两国人民一直保持着深厚的友谊，中国企业在尼泊尔一直受到当地居民尊重和欢迎，但是中国企业仍需谨慎对待涉及印度的政治动态，中国企业在尼泊尔投资可能会受到中、尼、印三边政治关系的影响。

3. 工会政党关系密切。尼泊尔工会与党派的关系比较密切，尼泊尔主要党派都建有所属的工会组织。尼泊尔国内工会组织干扰企业生产运营的情况较少，但是不排除在特殊政治时期，尤其是政党选举期间出现工会干扰正常生产经营的行为。比如，尼泊尔共产党（毛主义）大选胜利之前，政党所属工会组织为了筹集资金，争取较多民众的支持，曾就工程施工、雇员工资和权利与中资企业发生过矛盾，出面干扰中国企业经营。大选胜利后，这一现象呈下降趋势。因此，为避免“大选政治”类的“空降”隐患，中资企业在投资生产过程中应该及时关注尼泊尔国内政治和工会组织动态，严格按照尼泊尔劳动合同的规定进行人员招聘，并及时有效的处理工会与雇员的矛盾，最大程度减少政治因素对企业正常经营带来的影响。

4. 行政规范性不强。2017年末第一届民选政府大选和新政府成立后，尼泊尔政局有望进入稳定状态，但是，经济社会发展建设尚未完全复苏和步入正轨。因此，不可避免存在一些政策制定的缺口和政策执行的漏洞。尼泊尔政府支持通过外商投资的方式带动国内经济发展，并针对外商投资制定了若干优惠条款，但是行政规范性的欠缺可能导致投资企业在相关手续办理、优惠政策申报和执行等方面出现与政策条款的偏差。因此，企业在开展项目投资前应详尽全面的了解投资流程、政策环境，尽量避免由于行政不规范造成的损失。

政治不稳定是过去20年尼泊尔的主要特征，长期的政局动荡给国内经济增长蒙上了一层阴影，侵蚀了国家结构的有效性。随着制宪会议的不断完善、新政府的成立，尼泊尔政局进入了平稳过渡期，国内的关注点从政治冲突逐渐转向经济建设。投资尼泊尔的政治风险主要在于国内党派多、政局稳定性不高以及国际关系影响，中资企业还需要克服尼泊尔国内法律、金融、配套环境较差的困难。总体来看，国际经济环境和政治秩序的新变化给中资企业投资活动带来了诸多机遇。"一带一路"倡议的提出给中国和尼泊尔双边合作带来了更宽广的发展空间。

第三节　不　丹

一、不丹国内政治概况

不丹，作为中国陆上邻国之一，位于喜马拉雅山南麓，北与中国西藏接壤，南临印度，信仰佛教，首都廷布。不丹经济落后，是全球最不发达的国家之一，境内多高山，交通不便，主要依靠水力发电和旅游业发展经济。经济命脉长期被印度把持，政治外交上受印度牵制也很大。中不两国至今没有建立正式外交关系，并且存在领土争议，但总的来说两国关系稳定，边界安宁。不丹是联合国、南盟等国际组织的成员国，中国开展"一带一路"倡议应当兼顾这个国家。

不丹传统上是一个君主立宪制国家，自 20 世纪九十年代开始，逐步向民主政治过渡。2008 年不丹举行首次国民议会选举，两党竞争，最终成立民选政府，标志着不丹开始向君主立宪制转变。但是，不丹国王并非虚设，拥有一定实权，例如在军事大权方面，国王是武装部队总司令；在立法权方面，国王可以直接任命部分上院议员，享有一定立法权；首相组阁也需要先得到国王的任命和批准才能通过。但是现行宪法在设计上，也制衡了国王的权力。例如，当议会达到三分之二以上议员同意，议会就有权请求国王退位，国王在位年限也不得超过 65 岁。现任国王系吉格梅·凯萨尔·纳姆耶尔·旺楚克。

不丹实行两院制，立法权由国王、上院和下院组成。上院即国家委员会，下院是国民议会。上院由国王任命以及各宗选举产生，下院则由选民直接选举产生。在下院选举中获胜的政党领导人将由国王任命为政府首相，组成内阁，行使行政权。目前下院主要政党是繁荣进步党和人民民主党，现执政党为人民民主党，吉格梅·廷里是党首，也即不丹国家的政府首脑。司法体系方面，最高司法机构系不丹高等法院，但是大部分法官由国王指派，任期也是由国王决定，可见国王掌握了最高司法权力。

根据中华人民共和国外交部网站的介绍，除了一般的立法、行政、司法机构外，作为一个信仰佛教的国家，不丹还设有寺院团，负责仲裁宗教事务，包括中央寺院团和地方寺院团。

二、不丹国内投资环境及中不经贸关系分析

首先，从不丹的经济社会发展情况来看，不丹属于中低等收入的国家，根据世界银行的数据显示，2017 年的不丹 GDP 总量为 23.21 亿美元，贫困人口比例由 12%(2016 年)降低到 8%。经济建设严重依靠外援，其中印度是最大的援助国和投资国，其他援助来源主要是联合国开发计划署、世界银行、亚洲开发银行等国际组织。全国人口中 60%左右从事农业生产，收入来源少。尽管如此也应该看到不丹近些年经济发展所取得的成就，同许多亚洲国家一样，进入 21 世纪后不丹经济发展也较为迅速，增长率一度高达 17%(见表 6)。所以，总体来说不丹经济发展具有基数小、增长快的特点。

表 6:2007 年—2014 年不丹 GDP 总量及其增长率

年份(年)	2007	2008	2009	2010	2011	2012	2013	2014	2015	2016	2017
GDP(本币/亿)	494.56	547.13	612.24	693.26	788.24	950.64	1103.78	1160.24	1334.3	1450.8	1503.3
GDP 年增长率(%)	17.93	4.67	6.73	7.44	8.41	9.44	4.98	6.26	6.5	6.2	8.2

(数据来源：世界银行网站)

其次，从不丹的产业结构及可投资的领域来看，目前，不丹正由过去单一的农业结构向多元化的产业结构转变，经济结构逐步合理化。全国人口约 60%从事农业生产，但实际上农业对国民生产总值的贡献率极低。

近年来，不丹通过发展水电业、制造业、建筑业等工业部门拉动第二产业发展，以及开发旅游业促进第三产业兴起。其中，重点和特色是水电业和旅游业。得益于所处的喜马拉雅山的地理位置优势，不丹国内地势落差大，河流湍急，利用水力发电是其天然的优势。但是值得一提的是，不丹的水电业发展受印度影响较大，无论是水电开发还是电力出售方面基本绕不开印度，尤其是在电力出售方面，除了满足不丹国内基本用电需求外，其余电力皆数售予印度(90%以上出售印度)。电力开发上，也是与印度签有多个合作协议，华企要想进军不丹水电业可能性不大。与之相比，旅游业方面可以考虑一试。不丹本身旅游业资源独天得厚，其特殊的地理位置、多样的气候类型，丰富的佛教人文景观等都是促进不丹旅游业发展的重要因素。李宁在《试析不丹旅游产业的成就与问题》一文中指出不丹的游客来源主要是美国、日本、中国等地，2011 年分别占其游客总量的16.61%、10.52%、7.73%，到不丹的游客数量也从 2007 年的 21094 名攀升到 2011 年的 37479 名。所以投资不丹不易，但是旅游业可以作为其选择之一。

最后，从中不两国的经贸联系来看，中国和不丹经济联系并不紧密，这本身和喜马拉雅山的空间阻挡也有关。在不丹的对外贸易体系中，主要进出口对象系印度、孟加拉国、尼泊尔等南盟国家以及缅甸、泰国、新加坡等东盟国家，实际上都是地缘上临近的国家。其中印度是其主要贸易对象，根据中国一南亚博览会官方网站的介绍，不丹对印度的进出口额分别占其进出口总额的 75%和 89%。可想而知，在不丹的贸易体系中，中国实际上处于很边缘的位置。中不两国的传统民间贸易在近些年发展稳定，并有不断繁荣向好的趋势。

三、中国与不丹双边关系及在不投资政治风险分析①

亦今为止，不丹仍然是中国周边国家中唯一没有和中国建立起正式外交关系的国家，在边界问题上也存在争议，但是总体上两国友好，双边

① 参阅了黄日涵、梅超："一带一路"投资政治风险研究之不丹. 中国网 2016－02－20。

关系稳定。历史上，不丹就曾是属于中国西藏的一部分，是中国的附属国和藩国。冷战期间，1971 年不丹曾投票赞成恢复中华人民共和国在联合国的合法席位，受到中方的高度赞赏。在台湾问题、涉藏问题以及人权问题上，不丹都坚定支持中国的主张。中不两国政府之间的第一个协定系 1998 年在北京签署的《中华人民共和国政府和不丹王国政府关于在中不边境地区保持和平与安宁的协定》，是目前双边外交关系的指导文件。多年来，两国领导人在不同场合也有过会晤，双方就边界问题谈判以及建立正式外交关系举行过多轮磋商，取得不少进展。根据新京报网的记载，2012 年 8 月，时任外交部副部长傅莹率领代表团访问不丹，同不举行第 20 论边界会谈，双方都表示过建交的意愿。截止 2017 年，中不边界谈判进行到第 24 轮谈判。

从投资政治风险的角度来说，实际上横亘在中不之间最大的影响因素即是印度，中不两国至今没有建立外交关系也和印度有直接关系。印度对不丹的影响之大，从经济、政治到外交和军事，一定程度上可以说印度在“控制”着不丹。如前文所言，水电业只是其中一例。不丹的对外出口，如石油等战略资源都要经过印度，海外港口贸易也是借用印度，印度随时可以借这些问题对不丹施压，也即印度独立之初，1949 年 8 月 8 日，印度就与不丹签订有《永久和平与友好条约》，规定不丹的外交接受印度的指导。2007 年在不丹的要求下，印度同意修改条约，但是新条约仍然规定不丹的对外政策以不损害印度的国家利益为前提，实际上只是在一定程度上减轻了印度的“控制”，但并没有完全摆脱。印度实际上想把不丹当作自己的“附属国”，成为中印之间的缓冲地带，并利用中国与不丹之间的边界争端牵制中国。所以，一旦中印关系有变，中国与不丹双边关系也势必受到影响。另一方面，也不排除中国与不丹谈判取得进展之际，印度会插手作梗。但总的来说，以上仅为潜在威胁考虑，目前中印关系发展势头良好，双方边界管控机制已经建立，短期内两国关系再起变故的可能性不大。

第四节　缅　甸

一、缅甸国内政治、自然概况

缅甸位于亚洲中南半岛西北部，与中国、泰国、印度、孟加拉和老挝5国互为陆上邻国。缅甸和中国云南省、西藏接壤，中缅边境线北起西藏，南到云南西双版纳，全长约2186公里，其中云南段约1997公里，西藏段约189公里。西南濒临印度洋，海岸线长1930公里。国土面积67.66万平方公里，是东南亚第二大国，生态环境良好，自然灾害较少。缅甸是东盟、WTO成员国。缅甸是陆地上联结东南亚与南亚、中东的必然通道，也是中国通往印度洋的重要通道，天然的地理位置优势使其具有了重要的战略意义。近年来，美国、日本、印度都十分重视与缅甸政府建立密切关系。奥巴马政府上台后，美国逐渐取消了对缅甸的经济制裁。在美国重返亚太的战略背景下，国务卿希拉里、总统奥巴马先后访问缅甸。中国主张“亲、诚、惠、容”的周边外交理念和与邻为善、以邻为伴的周边外交方针，以及“睦邻、安邻、富邻”的周边政策，推动“一带一路”倡议、推动区域互联互通，缅甸将是东南亚一印度洋地区非常重要的一环。

缅甸于1948年脱离英联邦独立。1962年，奈温将军发动军事政变，推翻执政14年的吴努政府。1988年，苏貌将军为首的军队接管政权，将“缅甸联邦社会主义共和国”更名为“缅甸联邦”。2010年，缅甸再次举行全国大选，联邦巩固与发展党(巩发党)获胜。2011年，联邦议会确定缅甸政府部门共30个，同年新政府宣誓就职。2012年，缅甸举行议会补选，昂山素季领导的民盟成为第一大反对党。

当前，缅甸联邦议会成为了名义上国家最高权力机关。由联邦议会选举产生议会议长，国家总统、副总统。总统为国家领导及政府首脑。30个政府部门部长由总统提名，议会批准产生。各地方政府机关(省、邦)首席部长和部门负责人由地方议会选举、总统任命产生。但是军队仍然保留有很大权力，新宪法对军人地位作了阐明：联邦议会中25%的议席由国防军总司令直接任命产生，地方议会(省、邦)中，国防军总司令以3:1的比例直接任命军方议员。目前两院(民族院、人民院)议员任期一般为五年,每五年选举一次。

根据商务部国别报告2014年的信息显示,缅甸的石油和天然气资源、矿产资源、农林资源、渔业资源、旅游资源等十分丰富。缅甸是东南亚国家中仅次于印尼的第二大天然气出口国,据亚洲开发银行能源评估报告,缅甸共有104个油气开采区块,约有1.6亿桶石油和20.11万亿立方英尺天然气,目前日均产量约20亿立方英尺,其中分别向泰国和中国销售13亿立方英尺和4.65亿立方英尺。缅甸矿产资源主要有铜、铅、锌、银、金、铁、镍、红蓝宝石、玉石等等,宝石和玉石在世界上享有盛誉。因缅甸地质勘查能力较落后,因此对整个矿藏的储量及分布情况还不完全清晰。1994年缅甸颁布《矿业法》,允许外国对宝石、金属、工业矿产原料、石料进行勘查、勘测和生产。缅甸森林覆盖率为41%(2010年),柚木储量占全世界60%。另外缅甸还盛产各种硬木和名贵硬木。2014年起,缅甸停止原木出口,只允许出口木材制品。缅甸海岸线漫长,内陆湖泊众多,渔业资源丰富,开发仍不足,对外合作潜力大。缅甸风景优美,名胜古迹多。政府大力发展旅游业,积极吸引外资,建设旅游设施。根据缅甸酒店和旅游部统计数据,2013/14财年赴缅游客达到近225万人次。

二、缅甸外交关系概况

缅甸奉行"不结盟、积极、独立"的外交政策,不允许外国在缅驻军,是"和平共处五项原则"的共同倡导者之一。曾长期受到西方国家的经济制裁,加入东盟后与周边国家关系有较大发展。

中国与缅甸于1950年建交。1960年,两国政府签订了中缅边界条约,解决了历史遗留的边界问题。20世纪60年代中期以前,中缅两国领导人一直保持互访传统,中缅关系保持着较为亲善的状态。60年代中后期,缅甸发生了大规模排华事件,两国关系降至冰点。1990年缅甸军政府受到西方国家经济制裁,继而着力于中国发展双边关系。2011年缅甸新政府成立以来,中缅两国交流合作仍旧非常密切。2011年5月缅甸总统吴登盛访华,宣布建立中缅两国全面战略合作伙伴关系。2012年,缅甸联邦议会人民院议长吴瑞曼，总统吴登盛分别访华，中方全国人大常委会委员长对缅甸进行了访问。2013 年中国副部级以上官员访缅共 13 次。缅方总统吴登盛则在 2013 年两次到访中国。2014 年，缅甸联邦议会人民院议长吴瑞曼、总统吴登盛分别访华，中方全国人大常委会副委员长严隽琪则对缅甸进行了友好访问。

随着政府政权的稳固，缅甸逐渐调整外交政策，改善与其他国家的关系。随和缅甸的战略意义逐渐凸显，越来越引起欧美等区域外国家的关注。美国、日本、印度都十分重视与缅甸政府建立密切关系。2012 年，美国总统奥巴马宣布减轻对缅制裁，准许美公司赴缅甸投资，并于 11 月访问缅甸，成为首位访缅的美国在任总统。

三、缅甸与中国的经贸关系及其投资环境

1. 中缅双边经贸关系。根据商务部公共商务信息服务网站信息，2014 年 10 月，缅甸政府预测 2014/2015 财年和 2015/2016 财年国内生产总值的增长幅度将分别为 9.1%和 9.2%，本届政府 5 年任期内的平均增长率将达 8%。

根据中华人民共和国驻缅甸大使馆经济商务参赞处的信息显示，缅甸主要贸易伙伴都是亚洲国家，与美欧的贸易量非常少。2013－2014 财年，缅甸与亚洲国家的贸易额达 230 亿美元，占其总外贸额的 95.22%，与欧洲的贸易额约为 5.53 亿美元，占总外贸额的 2.22%，而与美国的贸易额仅 1.36 亿美元。

1954 年中缅签订了第一个贸易协定。1971 年签署贸易协定，双方给予最惠国待遇。1994 年签订《有关边境贸易的谅解备忘录》。1997 年签订《关于成立经济贸易和技术合作联合工作委员会的协定》。2001 年中缅签订《投资促进和保护协定》。2004 年签订《中缅有关促进贸易、投资和经济合作的谅解备忘录》。

自 2006 年开放木姐边境贸易口岸以来，中缅双方贸易额逐年增长。根据缅甸中央统计局数据显示，2011/2012 财年，缅中贸易额达到 50.01 亿美元，中国成为缅甸第一大贸易伙伴。据缅甸《Eleven Daily News》报

道，2013－2014 财年，中国继续保持缅甸最大贸易伙伴地位，两国贸易额约 70 亿美元，其中缅甸进口约 40 亿美元，出口近 30 亿美元。位居第二的是泰国，缅泰两国贸易额为 55 亿多美元。

中缅经贸合作不断深入发展，合作领域从贸易和经济援助扩展到工程承包、投资和多边合作。中缅贸易中，缅甸主要出口木材、农产品和矿产品等，向中国进口成套设备和机电产品、纺织品、摩托车配件和化工产品等。近几年，中国对粮食和动物饲料的需求量大幅增加，缅甸向中国的农产品出口也随之增加。

缅甸对外贸易主要出口商品有天然气、大米、玉米、各种豆类、橡胶、矿产品、木材、珍珠、宝石和水产品等，主要进口商品有燃料、工业原料、机械设备、零配件、五金产品和消费品等。辐射市场主要为东盟国家。缅甸是东盟成员国之一，因此其产品在进入东盟其他各国时享受优惠关税。中国一东盟自贸区于 2010 年建立，中国对从东盟 10 国进口的 90％以上产品实现了零关税，2015 年缅甸也将对自中国进口的 90％以上产品实现零关税。缅甸也是 WTO 成员国，所以大多数产品出口至成员国时无配额限制。另外，缅甸已通过了美国的普惠制（GSP）审查，已重新获得美国的普惠制待遇，有 5000 多种产品可以免税进入美国市场。缅甸还是欧盟提供关税优惠的受惠国，欧盟对从缅甸进口的产品实行免关税政策。

2.缅甸的贸易投资环境。缅甸于 1988 年正式允许外资进入本国投资，20 多年来外国对缅甸的投资有了长足发展。为进一步吸引外资，缅甸于 2012 年颁布新《外国投资法》。据缅方统计，截至 2014 年 3 月底，共有 33 个国家和地区在缅甸 12 个领域投资 685 个项目，总投资额 462.26 亿美元。主要投资领域为能源、矿产、制造业和旅游服务业。2013/2014 财年，缅甸吸收外资流量为 41 亿美元，2014/2015 财年上半年（2014 年 4 月 1 日至 9 月 30 日）缅甸吸收外资流量超过 36 亿美元，同比增加 20 亿美元。本财年吸收外资流量有望达到 50 亿美元。世界经济论坛《2014－2015 年全球竞争力报告》显示，缅甸在全球最具竞争力的 144 个国家和地区中，排第 134 位。

据中国商务部统计，2013 年中国对缅甸直接投资 4.75 亿美元。至

2013年末，中国对缅甸直接投资存量35.70亿美元。中国对缅甸投资主要集中在油气开发、水电资源开发、矿业资源开发等领域。据中国商务部统计，2013年中资企业在缅甸新签承包工程合同77份，新签合同额9.19亿美元，完成营业额12.61亿美元。

电力能源和交通运输是缅甸当前基础设施建设的重点方向。目前缅甸只有30%的家庭得到电力供应，但其蕴藏的发电量是目前发电量的30倍。世行发言人透露，缅甸将花费58亿美元实现户户通电计划。其中世界银行将为缅甸提供3至4亿美元，其他部分由缅甸政府自行解决。另外，缅甸现主要依靠水路进行贸易，正积极筹建与周边国家相联结的经贸公路。部分项目已动工，如蒙育瓦一格勒一甘果公路。该项目由日本与韩国桥梁公路维修组提供技术支持，并获得了600亿美元的经费援助，其中70%由东盟十个国家资助，30%由亚洲开发银行资助。据中国商务部报告称：缅甸中央银行存款利率10%（通货膨胀率约达5%－7%），其他银行存款利率为8%－13%不等，贷款利率高于13%。另外缅甸金融市场发展较迟缓，融资条件有限，在缅甸融资一般可通过项目抵押融资或者在同业之间拆借。缅甸正在积极加强基础设施建设，刚刚成立的亚洲基础设施投资银行将为缅甸的基础设施建设融资带来利好消息，2014年11月缅甸作为创始成员国加入亚洲基础设施投资银行。

中国对缅甸劳务合作的规模相对较小，根据国家统计局的统计数据显示，2011－2013年中国对缅甸劳务合作年末在外人数分别为502人、639人和839人。近年来，缅甸引进劳工的政策较严格，雇主只有在优先招聘缅甸公民而没有合适人选后，才能向缅甸联邦投资委员会申请引进外籍劳工。缅甸劳动力丰富，但高素质人才缺乏。据缅甸官方统计，劳动力人口（15岁至59岁）为3340.7万。另据世界银行统计，缅甸中等教育入学率为49%，高等教育入学率为12%，均处于世界较低水平。

四、中国在缅甸地区投资风险评估投资

缅甸的目前的政治风险主要体现在以下方面：

第一，缅甸中央与地方分权，部分地区局势动荡。缅甸是亚洲国家中

民族成分最复杂的国家之一，存在大量的民族矛盾和地区分裂势力，根据CIA网站数据显示，缅甸全国约有人口5575万，政府承认的民族共有135个，民族语言100多种。缅甸北部的克钦邦和掸邦等地实行自治，军事冲突经常发生，政局不稳，安全环境不稳定。2013年6月至今，缅甸北部克钦邦境内武装冲突一直不断。企业投资要注意避开这类可能的冲突，避免投资、建设因武装冲突而无法开展、延期或中断。

第二，对缅甸的投资需要在获得法律和政府批准之外，还需要赢得民众认同。民众也可能质疑决策的合法性，通过游行、示威来表达自己的诉求，干涉合作项目的开展。企业需要重视缅甸民众的声音，积极与缅甸民众、社会组织沟通，广泛听取社会舆论意见，处理好在缅公共关系，树立良好企业形象。此外，还要避免企业在缅甸社会责任履行仍不足，增加对缅甸医疗、教育、基础设施的投入。

第三，缅甸转向大国平衡的外交战略。缅甸新一届政府上台后，重点发展与周边国家，尤其是东盟国家的关系的同时，还努力改善与欧美大国的关系。缅甸也希望与其他重要国家搞好关系，在中美之间通过平衡外交，实现国家利益最大化。美、日、印等大国也希望缅甸减轻对中国的依赖，企图在区域内弱化中国影响力。在美国重返亚洲的国际环境下，企业投资也可能会受到此类不确定性的影响。

总的来说，投资缅甸的政治风险略高，但机遇不可忽视。缅甸中央和地方政策的稳定性和一致性缺失，可能给投资带来不确定性风险。在缅甸开展投资活动时，既要尊重当地的法律法规和社会习俗，也要注意避开内部冲突，和各相关方均保持良好的关系，加强与在野党派、民间团体、普通民众的交流，履行好企业社会责任，合作共赢，为在缅甸投资赢得更好的外部环境。

第九章 发挥非公有制经济在“南亚大通道”建设中的作用

经过对西藏三十多年与南亚相关国家的边境贸易和旅游文化合作的观察，我们以为，要不辜负国家的信任，扎扎实实推进“南亚大通道”建设，以优异的成绩完成中央所赋予的“一带一路”规划中建设任务，就一定要充分发挥非公有制经济的作用。因为，根据近几十年来的实践和统计资料证明，该类经济组织实际上已经承担着西藏边境贸易和对外经济联系的重要任务、完成了每年的绝大部分对外贸易量。所以，认真总结改革开放以来该类经济组织在西藏与南亚有关国家进行边境贸易活动过程中的好经验，进一步调动非公有制经济的积极性，就成为一个极为迫切的工作。

第一节 充分发挥非公有制经济在“大通道建设”中作用的必要性

一、相关概念介绍

首先让我们在此来了解一下什么是非公有制经济。非公有制经济是相对于社会主义公有制经济而产生的一个名词。它是指在我国现阶段除了公有制经济形式以外的其他所有经济形式，是社会主义市场经济的重要组成部分，是社会主义市场经济的重要组成部分。目前，我国的非公有制经济主要包括个体经济、私营经济、外资经济等，是社会主义市场经济重要组成部分。习近平总书记在中国共产党十九大报告中指出，“必须坚持和完善我国社会主义基本经济制度和分配制度，毫不动摇巩固和发展公有制经济，毫不动摇鼓励、支持、引导非公有制经济发展。”党的十九大报告同时还特别强调指出“要支持民营企业发展，激发各类市场主体活力，要努力实现更高质量、更有效率、更加公平、更可持续的发展”。据有关资料介绍，目前我国民营企业用近40%的资源，创造了我国60%以上GDP，缴纳了50%以上的税收，贡献了70%以上的技术创新和新产品开发，提供了80%以上的就业岗位，发展成为社会主义市场经济的重要组成部分和我国经济社会发展的重要基础。[①] 过去，在党的历次重要会议和文件中，都用“非公有制经济”和“民营经济”来表述，这次十九大报告直接使用“民营企业”的概念，既表明中国共产党对民营企业认识的逐步深化，又对民营企业为改革开放和经济社会建设作出的贡献给予充分肯定，是中国特色社会主义道路自信、理论自信、制度自信和文化自信的重要体现，必将激励我国广大民营企业为决胜全面建成小康社会作出新贡献。

从近几年有关研究成果中出现的名词来看，“非公有制经济”这一概念界定仍然存在争议。在论证中共中央的非公有制经济政策的早期历史时，部分学者行文中往往把非公有制经济等同于个体和私营经济。而在谈论非公有制经济政策发展上，部分学者又把非公有制经济等同于民营经济。成思危教授主编的《中国非公有制经济年鉴·2010》认为非公有制经济是指除公有（国有、集体）资本投资或控股以外的，由自然人、私营企业、外商等投资或控股的各类经济组织。划分公有制与非公有制最基本标志，是企业出资人不同，出资人是国家或集体的，它就是国有或集体经济，称为公有制经济；出资人是私人，包括自然人和私营企业，它就是非公有制经济。非公有制经济有多种类型，包括个体经济、私营经济、外资经济以及混合型的非公有制经济。在一些地方制定的“非公有制经济发展规划”也提出与成思危接近的概念。因此，我们在此也采纳成思危教授提出的非公有制经济概念。

在理解非公有制经济概念时要注意以下几点：一是依据有关国家法

① 经济日报一中国经济网庄聪生：深刻领会十九大关于支持民营经济发展的重要论述。2017年10月31日07:23。

律制度规定，可以把个人经营工商业户、家庭经营工商业户与合伙经营工商业户，一起称为个体经济；二是国家统计局在使用“私营经济”时，便是使用“私营企业”中数据，即把“私营经济”与“私营企业”等同起来；三是混合所有制企业是指由公有制经济成分和非公有制经济成分共同构成的一种企业类型；四是外资经济也属于非公有制经济范畴。

我们认为，要全面理解非公有制经济还必须搞清楚的一个问题，那就是生产资料所有制形式，也就是所有制结构问题。首先，生产资料所有制形式，就是人们对物质资料占有形式，包括对经营性物质资料、非经营性物质资料和自然资源等三个层次，一般意义上说的生产资料所有制，是指经营性物质资料所有制。其次，所有制结构则包括所有制的外部结构和内部结构两个层次，前者是指在社会经济关系中，各种所有制类型所占比重。后者则指所有制具体实现形式。改革开放以来，随着国民经济不断发展，国家有关部门对所有制实现形式分类也在不断调整，1992 年国家统计局和国家工商行政管理局发布《关于经济类型划分的暂行规定》，将我国经济成分划分为国有经济、集体经济、私营经济、个体经济、联营经济、股份制经济、外商投资经济、港、澳、台投资经济等八种类型；1998 年国家统计局通过的《关于统计上划分经济成分的规定》，将我国经济成分划分为两大类别、五种成分。第一大类为公有经济，包括国有经济和集体经济两种成分；第二大类为非公有经济，包括私有经济、港澳台经济、外商经济三种成分。同时明确规定根据企业实收资本中的国家资本、集体资本、个人资本、港澳台资本和外商资本确定经济成分，在企业登记注册类型中填报为股份合作企业的，不论其资本构成如何，全部列入集体经济；2004 年《中共中央、国务院关于进一步加强农村工作，提高农业综合生产能力若干政策的意见》明确非公有制经济组织包括以下三个方面：一是个体经济，指在劳动者个人占有生产资料基础上，从事个体劳动和个体经营私有制经济。二是私营经济，指以生产资料私人占有和雇佣劳动为基础，以谋取利润为生产经营目的的私有制经济。三是外资经济，包括中外合资企业、中外合作经营企业和外商独资企业等。

本课题所指非公有制经济，是除国有和国有控股企业以外的多种所有制经济统称，狭义上讲包含私营企业和个体工商户，广义上讲包含私营企业、非公有制经济成份控股的有限责任公司和股份有限公司、港澳投资企业等，非公有制企业出资人、个体工商户、在内地投资的港澳工商界人士、原工商业者等。

二、非公有制经济在西藏国民经济中的地位与作用

在现阶段及今后较长时期内，充分发挥非公有制经济组织在西藏推进“南亚大通道”建设过程中，具有极其重要的意义，其地位和作用必须给予充分的肯定。

（一）非公有制经济成为西藏边贸发展的主要力量

1992 年，西藏自治区在《关于深化改革，扩大开放的决定》中提出要以边境贸易为突破口，以边贸兴边，促进西藏经济发展，并为此制定了一系列的优惠政策，成立了边境贸易管理局。随着 20 世纪 90 年代之后历次中央西藏工作座谈会的相继召开，在中央有关政策的鼓励之下，西藏边境贸易得到了较快的发展，边贸出口结构不断改善。樟木、吉隆、普兰、日屋一陈塘口岸、亚东口岸（边贸市场）等与传统边贸市场日益繁荣，特别是边境小额贸易成为西藏边境贸易的重要形式，为西藏经济社会的持续快速发展做出了重要贡献。尤其是进入新世纪以来，西藏进一步加大沿边开放发展力度，促使边境贸易大幅增长。由表 1、图 1 可知：2004 年，西藏全区进出口总额达 2.2355 亿美元，其中边境小额贸易实现 9052 万美元，几乎占西藏对外贸易总额的一半；到 2009 年，西藏边境小额贸易实现 2.4878亿美元，占全自治区进出口贸易总额 4.0202 亿美元的 61.9%；2014 年，西藏全年进出口总额 20.6606 亿美元，其中边境小额贸易实现 18.1631亿美元，相比 2013 年增加了 2.2 个百分点，超过了进出口贸易总额的 87%（边境小额贸易全部是由非公有制经济组织进行的）。2015 年，由于受尼泊尔大地震的影响，无论是西藏的外贸进出口总额还是边境小额贸易额都有较大幅度的下降。

表 1:2004—2016 年西藏对外贸易及边境小额贸易一览表

单位:万美元

年份	西藏全区对外贸易			边境小额贸易		
	进出口额	出口	进口	进出口额	出口	进口
2004	22355	13009	9346	9052	8563	489
2005	20539	16532	4007	12220	11581	639
2006	32840	22222	10618	17168	17158	460
2007	39348	32638	6710	24892	24585	307
2008	76543	70721	5822	23949	23675	274
2009	40202	37535	2667	24878	24526	352
2010	83594	77102	6492	50055	49765	290
2011	135861	118310	17551	93033	92420	613
2012	342397	335501	6896	168648	167739	909
2013	331939	326905	5034	192389	191396	993
2014	225494	210086	15408	198190	196462	1728
2015	90799	58179	32620	48544	48013	531
2016	77796	47027	30768	44961	44572	389

数据来源:西藏统计年鉴·2017

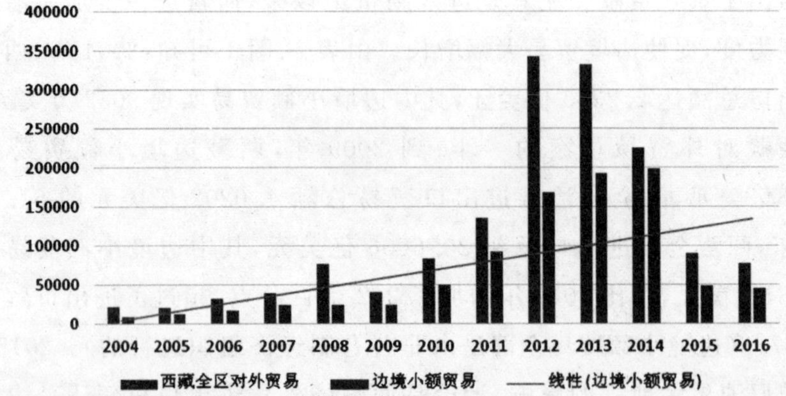

图 1:西藏对外贸易及边境小额贸易增长趋势图

(二)非公有制经济在西藏主要的边贸口岸进出口业务中占据主导地位

1.吉隆口岸。目前的吉隆口岸是西藏重点发展的国际性常年开放的口岸,也是今后西藏积极推进“南亚大通道”建设重要通道,其地位是其它口岸无法替代的。当今的吉隆口岸边境贸易几乎都是由非公有制经济组织承担的(石油等公有制经济组织的对尼泊尔援助则不属于贸易范畴)。到2015年末,吉隆口岸现共有各种报关公司、物流公司、外贸公司26家,大部分公司兼具报关、物流等功能,均为民营企业;边民企业共8家,主要从事边民互市贸易。2016年吉隆口岸出入境人员10.32万人次(含边民6.63万人次)、交通运输工具2.15万台(辆次),进出口货物量10.45万吨、进出口额货值33.53亿元。根据我们在该口岸调研获得有关资料,2017年一季度,该口岸出境人员2万人次(含边民1.71万次),交通运输工具6963台(辆次),进出口货物量2.61万吨,进出口货值5.75亿元。口岸货种主要是日用百货、家用电器、手工艺品、活畜、针纺织品、粮食、植物油、铜器、食品、水果等。服务范围是中国、尼泊尔旅客出入境,一般贸易,边境小额贸易及边民互市贸易等。从事贸易和服务的主体,几乎全是非公有制经济组织。

2.普兰口岸。该口岸是西藏边境口岸中基础设施比较完备、业务进行正常、贸易活动类型多样的口岸,也是我国唯一向尼泊尔和印度同时开放的国际性口岸。2005年以后,普兰口岸无论在口岸建设还是在贸易规模上都得到迅猛发展。目前,普兰口岸的几乎所有进出口业务活动,都是由非公有制经济组织进行的。从贸易方式上看,普兰口岸的贸易活动以边民互市贸易为基本形式;进出口商品主要为初级农畜产品和普通的轻工业产品等。

根据我们于2017年8月初在该口岸调研时获得的资料显示,2016年,普兰口岸出入境人数达到3.6万人次,同比2015年增长155%;出入境游客2.3万人次,占总出境人数的63%,同比2015年增长456%;普兰口岸进出口贸易总额达3362万元;普兰口岸出口活畜182批、3950头(只、匹),同比2015年分别增长112%、54%。2017上半年,普兰口岸贸易总额已实现459.6万元人民币，其中进口343.7万元人民币、出口115.9万元人民币；口岸出入境总人数19418人次，其中出境9375人次、入境1043人次；口岸贸易总量185.9吨，其中出口177.3吨、进口8.6吨。口岸货种主要是羊毛、羊绒、活畜、日用百货、木材、食品、纺织品、服装、木制品等。服务范围是尼泊尔、印度两国边民及第三国旅游团、印度官方香客出入境，边民互市贸易、边境小额贸易及一般贸易等。也就是说，普兰口岸正常的进出口业务基本上都是由非公有制经济的主体（个人或民营企业）承担的。

3.亚东仁青岗边贸市场

亚东仁青岗边贸市场，也是西藏走向南亚、对外贸易的重要途径和通道之一。但是，由于种种原因，原来我国设计的口岸型的亚东，目前还仅仅局限在边境贸易市场和通道的状况。根据亚东口岸管理委员办公室提供的相关数据显示，2015年该口岸（边贸市场）从5月4日开关至11月30日闭关，共计交易日110天。全年实现进出口总额15244.38万元，同比增长52%，其中进口额为11591.44万元、出口额为3652.94万元。边贸市场铺面共46间（由政府统一提供的，其中我方商户铺面26间、印方商户铺面20间）。西藏当地边民有1000多人从事边境贸易活动，有从事边境贸易活动的汽车240多辆（由于印度每天只允许我方边民有60辆车进入该国，所以亚东当地管理机构只能将这些车辆分成4组，每组60辆车。）也就是说，亚东边贸市场目前的所有对外贸易活动，也都是由非公有制经济组织来进行的。

西藏另外的樟木口岸（2015年4月中旬后因为地震的影响至今未开放）、日屋一陈塘口岸、里孜口岸等，从事边境贸易活动的主体，基本上都是由非公有制经济组织担当的。

三、发挥非公有制经济在“南亚大通道”建设过程中的必要性

（一）有利于发挥民间资本作用和有效解决政府资金不足的压力

西藏在国家“一带一路”建设过程中肩负重要使命，然而，所遇到的资

金压力与全国其它兄弟省区市有所不同。因为，西藏的财政收入自给水平很低，基本上是长期依靠国家供给（主要的方式是财政转移支付和专项活动拨款）。近几年来，随着西藏非公有制经济的快速崛起，其对西藏财政收入的贡献逐年增长，一定程度上缓解了西藏自身财力不足的压力。据有关资料显示，西藏非公有制经济的税收贡献由 2010 年的 25 亿元增长至 2014 年的 151 亿元，实现 5 年翻三番的快速增长，所占西藏税收比重由 80.2%上升至 93.5%，成为推动西藏经济跨越式发展的重要经费补充。再比如，2011 年，在西藏 96.63 亿元的税收总额中，非公有制经济上缴税收 76.17 亿元，且当年排在前两名的纳税企业均为非公有制企业，在纳税最高的前 100 家企业，有 67 家是非公有制企业。[①] 因此，大力发展非公有制经济，不仅能为西藏带来更多的财政收入，更重要的是发挥好民间资本作用，从而进一步缓解西藏的资金压力，为更好的推进"一带一路"建设发挥积极作用。

西藏受特殊地理环境的影响，除中央政府和其他省区的援助之外，引进外资实属不易。非公有制经济主体都是自主经营、自负盈亏、产权清晰、权责利一致的微观经济主体，基本上不需要政府进行投资，更不需要政府承担任何风险。由此看来，大力发展非公有制经济，不仅能为西藏带来更多的税收收入，更重要的是发挥好民间资本作用，能够有效缓解西藏的财政压力。

（二）有利于解决边境地区就业和农牧区劳动力过剩问题

据有关资料介绍，截止 2010 年，西藏非公有制经济共创造岗位 33.5 万个，就业总人数为 33.5863 万人，超过西藏就业总人数的 75%，较 2005 年增加 17.6392 万人，这当中个体户占了很大的比重，就业人次达 20.8410万人[②]。2011 年，西藏非公有制经济就业岗位达 49.8 万个，比上年增长 42.44%。以西藏山南地区为例，2011 年，山南地区非公有制经济

① 李寅峰：西藏自治区工商联主席阿沛·晋源委员：西藏非公有制组织发展增速蝉联全国第一，人民政协报，2010。

② 黄菊英，唐雨虹：非公有制经济拉动西藏经济发展的实证分析，经济研究．2013．04。

直接带动就业4.4万。其中,包括私营企业410户,从业人员9151人,注册资本达16.2亿元;个体工商户有1.0673万户,从业人员达3.5689万人,注册资金达2.8亿元。2015年,西藏非公经济发展加快、活力增强,吸纳社会就业86.2万人,成为解决就业、促进发展的生力军。又据统计,截至去年年底,全区非公有制经济市场主体达到18.32万户,比2011年增长64%;注册资本达到4931.27亿元,是2011年的15倍;从业人员90.62万人,是2011年的1.8倍;非公有制经济贡献GDP达444.43亿元,占全区GDP的43.3%。在西藏,非公有制经济在支撑增长、促进创新、扩大就业、增加税收、维护稳定等方面发挥了重要作用。① 由此可见,在社会主义市场经济不断发展的今天,无论是西藏还是在全国,非公有制经济所带来的就业潜力是十分巨大的。

非公有制经济在西藏的持续发展,使得大批边境地带农牧区富余劳动力得到就地转移,并且由于这类劳动力就地扎根边境地带,几乎不存在流失现象。从目前西藏非公有制经济就业发展情况来看,被转移的大批边境农牧区富余劳动力主要集中在边境或与边境贸易有关商品流通、服务、运输、边境旅游、餐饮、住宿、娱乐等行业,这部人口的就业为进一步提升边民收入水平、实现边境地区和谐稳定做出了突出贡献。从近几年我们在边境地带、尤其是在吉隆、普兰口岸、日屋－陈塘口岸和亚东边贸市场等实地调研情况所知,在边境贸易、服务、运输、边境旅游、餐饮、住宿、娱乐等行业中,几乎全部是由当地非公经济进行的。由此可以想见,在今后从事"一带一路"开发建设活动中,非公有制经济也必然会承担重要任务、充当不可替换的角色。

(三)有利于发挥非公有制经济活力和形成良好的竞争局面

在各类优惠政策的鼓励和推动之下,西藏在发展边境贸易的过程中非公有制经济在自身不断发展壮大的同时也活跃了市场,在促进边民增收、拉动西藏经济增长方面起到了积极的作用。自2005年以来,西藏非

---

① 王菲:2016年西藏非公有制经济市场主体达到18.32万户,中国西藏新闻网,2017/3/27 8:58:00。

公有制组织充分发挥自身的活力，在全区形成了良好的竞争局面。在中央及自治区政府的积极引导和大力推动下，非公有制经济组织积极加入到国企的产权改革当中，推动了国企的资产重组和产权流动，为西藏所有制结构的优化提供了新途径。据有关资料介绍，2011 年，西藏非公有制经济在三次产业中的占比分别为：第一产业 2682 户，资本 9.56 亿元；第二产业 6447 户，资本 102.98 亿元；第三产业 102371 户，资本 211.5 亿元。在西藏边境贸易发展过程中，非公有制经济主要集中在第三产业中的商贸、餐饮、旅游、运输、社会服务等行业，这与西藏“提升一产、壮大二产、做强三产”的发展战略相吻合，为西藏产业结构的优化转型，经济社会持续、稳定、健康发展起到重要的推动作用①。

（四）有利于边民增收致富和促进边境地带安全稳定

西藏边境贸易和运输产业中非公有制经济的发展，对边境地带农牧民增收致富及加强我国与南亚国家的友好关系具有重要意义。以边民个体和民营企业组织为主的各种非公有制经济，在边境贸易的发展过程中不仅活跃了边贸市场，而且也为边民生活水平的提高和发家致富提供了机会。通过 2017 年 7 至 8 月我们的实地调研，深切的感受到从事边境贸易活动的边民是如何走向致富之路，以及部分边民家庭财产的丰裕状况。比如，通过开展边贸活动，边民可以通过从事边境小额贸易、提供各类跨境商务活动的服务（特色旅馆、餐饮、农家乐等形式），也可以通过提供旅游服务等。总之，边贸的不断繁荣使边民群众的收入水平和生活质量都得到很大提升，特别是与相邻国家的对比中，形成了我方的明显优势，增强了我方边民的自豪感和优越感。

西藏地处我国的西南边疆，地处我国反分裂斗争的第一线，时常会受到一些相邻国家政治因素和敏感因素的影响。但是，近些年来在中央治藏方略的强力推动下，经过西藏各族人民的齐心努力，该边境地带呈现出改革开放以来少有的和谐稳定局面。2015 年 1 月 18 日，在西藏第十届人民代表大会第三次会议上，自治区政府主席洛桑江村同志在所做的政府

---

① 西藏自治区工商联：20 年西藏自治区非公有制经济发展报告（2012）。

工作报告中指出：在党中央、国务院亲切关怀和全国人民大力支援下，在自治区党委坚强领导下，我们全面贯彻落实党的十八大和十八届三中、四中全会精神，贯彻落实中央第五次西藏工作座谈会精神，贯彻落实习近平总书记系列重要讲话精神、特别是“治国必治边、治边先稳藏”的重要战略思想和“努力实现西藏持续稳定、长期稳定、全面稳定”的重要指示……使西藏经济社会呈现出前所未有的良好局面。这种不断向好的局面，为西藏发展与南亚国家的边境贸易提供了很好的社会环境保障。[①]

（五）有利于有效实施国家“一带一路”规划中“民心相通”的举措

“民心相通”是国家推出“一带一路”倡议能够在有关国家落地生根、赢得当地民众拥护和广泛参与的重要内容与举措。通过近些年来的实践证明，在国家“一带一路”倡议鼓舞下，沿着“一带一路”的宏伟通道走出国门、走向沿途各国的有关非公有制企业，在相关国家置业发展，吸纳当地民众就业增收，为当地贡献税金、活跃经济、繁荣市场、增强其国际竞争力等，已经较为充分地展示了该类经济组织的力量和特殊作用，赢得了日益增多的信赖和好评，为日后更多的国内非公经济组织走出国门积累了经验。

如前所述，西藏与南亚有关国家接壤，历史上就有与有关国家往来交流的传统，又有近几十年友好交往的成功经验。在国家“一带一路”倡议稳步推进的过程中，西藏应当结合自身的实际情况，认真谋划，开拓创新，积极鼓励区内有关非公经济组织、以及采取更加灵活的措施吸引祖国内地的民营企业到西藏各类开发区和边境口岸进行置业，从事进出口业务活动，实施走出去战略（比如，拉萨经济技术开发区的民营企业已经选择尼泊尔合作，在尼泊尔的加德满都成立“工业产业园”等），这是西藏具体落实国家“一带一路”倡议的应有内容和积极行动。

---

① 狄方耀：“一带一路”视域下中国西藏与南亚国家发展贸易问题初探．西藏族大学学报，2015.10.

第二节　非公有制经济存在的问题与原因分析

一、非公经济组织规模较小及营业时间受到限制

西藏的边境贸易虽然已有悠久的历史，但在历史上的边贸活动主要以小额、及易货贸易为主。改革开放以来，西藏的边贸企业起步较晚，设施条件较差，经营者和管理者都缺乏经验；同全国其他边境省份相比，西藏边境贸易的绝对规模也很小。从表 2 可以看出从绝对规模上来比较，2004 年至 2014 年间，西藏的边境贸易额从 2004 年的 0.9 亿美元增至 2014 年的 18.2 亿美元；2015 年“4.25”尼泊尔强震使西藏通往南亚的主要口岸—樟木口岸受损关闭后，西藏边境贸易一度受到较大影响，到 2016 年后基本实现“回稳向好”、“结构向优”态势。2016 年，西藏边境小额贸易达 29.86 亿元人民币，降幅较 2015 年收窄 73.8 个百分点；边民互市贸易达 10.96 亿元人民币，同比增长 7%。虽然边境贸易额总量呈不断上涨的趋势，但是发展的整体状况不佳，其原因除了西藏的主要贸易对象——尼泊尔经济发展水平较低和交通设施不好外，就是西藏整体的经济规模不大、能够进行交易的产品非常有限等，制约了该区域边贸经济的进一步发展。另外，西藏目前除了吉隆口岸外，其余各口岸每年实际的开放时间较短，其含义有两个方面：第一是指每年开放通关的月份较少，多为 6—7 个月，即每年的 5—11 月前后，每周 5 天（印度规定为每周 4 天）；第二，每天的开关时间也较短，一般的是从上午 9 点左右开市到下午的 5 点左右结束。

以日喀则市为例，2015 年日喀则市备案的边贸企业只有 12 家，这其中真正从事外贸进出口活动的企业仅有 3 家。并且这 3 家企业还不是真正意义上能够提供生产、销售和出口一条龙服务的企业，而是通过转销的形式（即中间商的形式）将内地的商品输出到国外。

表 2:全国及西部 5 省区边境贸易的绝对规模

单位:亿美元

年份	全国	新疆	内蒙古	广西	云南	西藏
2004	94.4	37.1	16.6	5.5	5.6	0.9
2005	131.1	55.4	21.3	7.0	6.6	1.2
2006	161.6	64.8	28.7	10.5	7.8	1.8
2007	213.2	94.2	30.0	15.1	10.2	2.5
2008	308.8	176.4	35.0	20.1	12.0	2.4
2009	208.0	91.2	27.7	31.2	12.6	2.5
2010	259.8	100.4	31.3	42.4	17.4	5.0
2011	346.4	128.3	44.2	62.5	20.0	9.3
2012	395.04	128.9	43.66	72.48	21.5	16.9
2013	449.9	143.5	36.34	104.72	33.3	19.2
2014	432.02	142.2	31.3	140.09	35.8	19.5
2015	376.3	96.2	24.4	162.83	24.9	4.7
2016	—	—	—	—	—	4.4

数据来源:根据全国及西部各省进出口商品贸易方式总值表整理得到(2017 统计年鉴未出,2016 年边境贸易绝对规模没有找到数据)

二、管理体制不健全

受多种因素的影响,使西藏的市场经济发展水平和对外贸易管理体制跟不上形势发展的需要。众所周知,西藏是我国西南边疆的少数民族自治区,区情复杂,经济社会发育水平较低,尤其是市场经济的发育发展水平与内地各省区市相比有较大的差距,而且又面临着较为艰巨的社会安全与维稳任务。从另一方面来看,在全国所有沿边的省份中,与西藏相邻的国家国情差异很大,并且与我国的关系也最为复杂。以上这些情况决定了西藏在与相邻国家进行经济贸易往来时,往往会受到多种复杂因素(尤其是突变因素)的影响,从而也就导致其在执行国家有关对外贸易政策和自己制定对外贸易政策等制度设计过程中，必然有滞后和不到位的情况。在社会主义市场经济体制下，制度供给的不到位，必然会使企业的经营行为受到制约。

三、基础设施滞后

西藏的边贸市场设施不够完善。从西藏现有的国家口岸和已经开放的边贸市场硬件设施、市场建设等情况来看，除了樟木（因 2015 年 4 月 25 日尼泊尔大地震的影响而暂时停止业务活动）、吉隆、普兰口岸等少数市场硬件条件相对较好外，其它都处在建设的过程中，现有的交通条件正处于建设或整修的过程中，部分口岸设施尚未交付使用（比如：里孜口岸、日屋一陈塘口岸）有的只有一条街道和为数不多的简易铺面；亚东边贸市场、普兰口岸新的经营场所正处于建设过程之中。其次，受气候、地势地形等特殊自然因素的影响，边贸口岸建设与维护的难度较大，交通保障程度很低，严重制约了运输及人员流动，当然也就严重制约了边境贸易的发展步伐。以“樟木口岸”为例，该口岸处于一个狭小的山谷、山坡地带，由于地质、气候条件的作用，滑坡、泥石流和地震灾害频发，如上所述，2015 年 4 月 25 日尼泊尔大地震的影响而暂时停止了该口岸的一切业务活动，至于何时恢复还是一个未知数，也可能会永久废止（这是我们不希望看到的结果）。同时，西藏各口岸的建设空间严重不足，大部分建筑只能依山而建，建设技术难度也较大，因而，要想其交通制约得到迅速缓解，必须加大投入力度。①

四、边贸政策不畅通，缺少贸易磋商机制有待完善

由于管理体制等方面的原因，使我国边贸政策中有关规定与有关相邻国家的政策等没有对接好，从而出现了对我方边贸主体界限的划分和认定较为严苛（或死板、缺乏灵活性）。比如，作为目前西藏主要边境贸易伙伴的尼泊尔对边贸主体的界定相对比较宽松。这样导致的直接后果就

---

① 李青、赵京兴：《西藏边境口岸发展现实与展望》，社会科学文献出版社. 2015. 11。

是中尼双方边贸主体地位的不对等，由此产生双方主体间的信息不对称等负面因素，进而削弱了我方边贸企业发展的积极性。此外，西藏边境口岸贸易双方货物通关的磋商机制和协调机制尚未建立起来，甚至是边贸业务磋商问题没有上升到官方的地位，有些本该由政府间协调的边贸往来等业务问题，在亚东等口岸基本上都成了民间商会的任务（比如货物的定价、债务纠纷的调解和处理等），因此，必然会延误问题解决的时间、或者效率很低；再加之双方口岸验关手续繁杂、通关速度慢的问题普遍存在（这些问题主要存在于印方）。以上这些情况导致西藏边境贸易的水平和规模长期得不到扭转，也就是说使西藏从事边境贸易的非公有制经济组织发展和壮大问题受到了制约。

第三节　对策与建议

鉴于西藏目前的经济发展水平和财政能力与国家在“一带一路”规划中所赋予的艰巨任务、神圣使命之间所存在的巨大矛盾的现实状况，我们认为要做好西藏从事“一带一路”建设活动的“南亚大通道”，应当按照十九大关于发展非公有制经济的精神，采取多种有效措施聚集民间力量，充分发挥好社会各阶层的作用，调动各方面积极因素，让非公有制经济组织在世界屋脊上扮演“南亚大通道”这个世纪工程、世界工程的重要角色，具体措施建议如下。

一、政府应当提供更加科学规范的制度和营造不断向好的环境

（一）不断健全管理体制

建议国家有关机构和西藏自治区，积极探索符合西藏及相邻国家实际情况的边贸管理体制。如前所述，因为西藏的大部分口岸受所处地理环境的限制，通商通道受季节性气候变化的影响较大，大部分口岸地带的通道每年只有半年多的时间能够开展正常贸易业务。因此，建议国家应适度提高现有每天 8000 元内边境贸易额免征税制度，在更大的程度上调动边民从事贸易活动积极性。此外，设立专门机构为边民从事边境贸易

提供法律咨询等服务，创造性地开展边民法律知识和外贸知识的培训活动，不断提高边民的法律素质和经营能力；同时还建议增加每周的开放通商天数、并延长每天的开放时间，合理安排相关工作人员的工作时间，以便为边民提供及时周到的服务。

（二）加大财政与金融支持力度

西藏远离祖国内地发达的市场，交通运输距离较长，整体海拔较高，从而导致工作强度加大，经济成本增加。因此，要想较好的实施国家在“一带一路”规划中所赋予的任务，需要中央和其他援藏省份持续不断的为西藏提供资金支持。同时，西藏也应当创造条件，努力拓宽资金来源，积极吸引内地企业、特别是非公有制经济组织参与该区域边境口岸和贸易市场等方面的建立，允许和鼓励非公有制企业进入更多行业和领域投资，以缓解建设资金不足的问题；积极鼓励各大商业银行在西藏的边贸活动区域设立业务机构，创造性的提供适合当地非公有制经济主体和边民的金融产品等。

（三）完善法律体系

在当今世界经济社会快速发展的背景下，特别是在经济领域需要国家不断完善法律法规；西藏也应结合当地具体情况，将立法与边贸发展需求紧密结合起来，制定切实有效的变通和补充规定或法律条文等，为当地非公有制边贸企业等开展正常的业务活动提供保障和制度支持，切实保护非公有制经济组织的合法权益，为当地非公有制经济主体的发展壮大提供不断向好的法律服务和法制保障。

二、不断完善基础设施等相关的硬条件

2014年，作为青藏铁路的延伸拉日铁路开通运营，为西藏发展边境贸易提供了良好的硬件资源。然而，西藏腹心地区通往边境地带的基础设施亟待进一步改善。由于地理条件等方面的原因，使西藏从事“一带一路”的建设工作会遇到国内其他省区市无法想象的基础设施方面的困难，从而必然会加大非公经济组织在资金和运营方面成本的压力。为此，需要政府（国家层面和西藏自治区层面）为此做好充分的认识准备和必要的

经费预算安排，尽快拿出化解和克服基础设施矛盾的有效措施。尤其是西藏自治区政府在近几年内，要有抢抓机遇的紧迫感，着力提升公路等级和通达能力。此外，应当积极配合国家关于建设日喀则至尼泊尔和印度边境(亚东方向)的铁路干线建设，加开拉萨至周边国家的直通航线，全方位提高运输能力。同时，完善对边境口岸和边贸市场的建设，包括仓储物流园、加工保税区、中转等设施，保证通关的畅通性。西藏与尼泊尔、印度等国家贸易商品多为鲜活物品、家庭生活必需品等，包括大米、面粉、药材、奶制品、糖果、水果等，这些物品在时间上都有严格的要求，客观上要求有时间上的及时性作保障。

三、积极为非公经济走出国门创造条件

如第八章所分析的，根据地缘经济和地缘政治的情况，西藏从事“一带一路”建设，必然要走出国门、走向南亚，尤其是要与相邻的尼泊尔、印度和不丹等国家进行经济贸易交流和旅游文化合作。而这些国家的国情差异很大，与我国的关系也有很大差别，这些情况决定了，西藏的非公经济组织在“一带一路”框架下走出国门必然会遇到根本不同于国内的情况(政治、法律、社会、文化、宗教等)和风险，这就要求政府从国家层面提供相关服务和承诺，做非公有制经济组织的坚强后盾，解除他们的后顾之忧。只有这样，非公经济组织才会积极响应国家的号召，轻装上阵、顾虑较少地走出国门。

四、不断激发非公有制经济组织的内在活力

(一)努力提高竞争力

“创新是一个民族的灵魂，是一个国家兴旺发达的不竭动力”。创新会带来边境贸易新的增长点，是提高产品在国际上竞争力的必由之路。边境贸易创新主要包括科技创新、平台体系创新、市场结构创新组织、管理形式创新、服务方式创新等。目前，西藏本地的出口商品以原材料、农牧产品等为主，尽管这些商品以其高原绿色产品、特色产品闻名于世，享有一定的盛誉，但在当今市场经济、知识经济、信息经济、网络经济快速发

展的时代，西藏的出口产品终会因产品类型单一，技术含量低，生产效率低等原因使市场的竞争力逐步丧失。例如地毯（藏毯）曾经作为西藏最具特色的民族手工艺品以其鲜艳的色彩、个性化的图案、良好的品质享誉海内外，但近几年来却逐步的失去了竞争力，被尼泊尔和国内的青海等抢夺了市场份额；西藏的唐卡在市场商业竞争中也出现了落后于尼泊尔的被动情况，等等。以上情况说明，西藏各级政府应当与时俱进，努力在制度方面进行创新，以此引导和鼓励非公经济组织积极适应不断变化的市场环境。

（二）不断优化出口商品结构

质量是对外贸易可持续发展的根本，是开拓并占领市场的关键。这不仅是指不生产假冒伪劣的产品，更是指要努力提高出口产品的档次、质量和附加值。优化出口商品结构——在提高原有劳动密集型民族产品的特色、质量、技术含量的同时，逐步向资金密集型和技术密集型转变。这就要求非公经济组织在巩固原有优势产业和产品的同时，积极发展高新技术产业、绿色产业，调整产业结构，以此带动西藏边境地带非公有制经济组织的发展；同时，西藏自治区政府也要借助非公经济组织在对外经济贸易过程中的发展，促进和激励西藏公有制经济组织在微观层面经营机制的创新。

（三）努力提高抗御市场风险的能力

扩大非公有制经济组织的规模、增强企业实力，可以增强非公有制组织争夺市场份额的能力和抗风险能力。为此，首先要提高企业管理者的素质，加强对现有人员的管理水平和专业技能培训，使其了解相关政策与法律法规，提高业务素质，掌握现代经济贸易规律及提升捕捉市场信息的能力；创造良好环境，提供优惠政策吸引内地高素质人才和稳定现有人才，不断壮大西藏非公有制经济企业数量和管理人才队伍。其次，积极鼓励个体和私营经济向实体经济发展，以实体促进贸易，推动西藏边贸经济迅速发展和可持续发展。

第十章　西藏建设“南亚大通道”的前景展望

党中央历来高度重视西藏的经济社会发展与社会稳定。尤其是在中央召开的第五次和第六次西藏工作座谈会之后，对西藏未来的发展方向做了全面的部署，西藏将在“一带一路”相关政策利好之下，通过积极进行南亚大通道建设，实现在经济和社会发展上的大突破，为该区域在两个一百年的奋斗目标的实现提供强有力的支撑。但是我们还应看到，西藏当前经济发展的形势仍有许多需要亟待加强和完善的方面。首先是民族地区的特殊性，决定了在西藏的经济发展过程中必须重视稳定工作，必须坚定不移的与分裂势力做斗争。当前全球一体化和西方反华势力不断在中国边疆制造麻烦的局面下，西藏的维稳工作仍然十分艰巨。其次是西藏经济发展的任务很重。西藏在和平解放之后，尤其在改革开放以来取得了翻天覆地的变化，但是与全国其他省区仍存在一定差距。西藏迫切要求加快区域发展和经济转型的压力仍然是西藏未来发展的一个重要核心问题。最后，南亚有关国家在与西藏的经贸往来和旅游文化合作的过程中，仍有许多需要解决的问题。这些问题既包括边界问题，也涉及到贸易平衡以及民族文化冲突等各方面的挑战。因此，在中国西藏进行南亚大通道的建设中，仍然存在与南亚各国尤其是与印度之间的许多不确定因素。总之，无论西藏在未来进行南亚大通道建设中面临怎样的挑战和风险，要把握经济发展是西藏各项工作的中心工作，稳定是为了实现更好发展的重要保障。

第一节 “南亚大通道”建设对西藏经济社会发展的效益

西藏自1951年西藏和平解放之后,西藏社会的经济发生了翻天覆地的变化。在国家提出“一带一路”倡议之后,西藏应该抓住机遇,充分发挥西藏的地缘优势,加大与南亚诸国之间的贸易往来、经济技术与旅游文化合作,在“南亚大通道”的建设中积极实现有所作为。

一、从历史的角度回顾西藏与南亚的经贸往来

在此,我们不妨再一次的回顾一下西藏与南亚周边国家的交往历史。如前所述,西藏长期以来与南亚邻国之间存在着民间的跨境贸易。这种跨境民间贸易的发展对双边民众生活和文化水平的提高都起到了积极的作用。边民互市贸易从最初的弥补双方生活需要和生产需要,转变成现在以获取经济利益最大化为主要内容的市场经济。这对于西藏边境地区民众商品经济能力的提高是很有效的。同时这种民间跨境贸易的发展也有利于西藏地区社会的稳定发展。南亚相邻国家的边境民众看到西藏在中国特色社会主义道路下所取得的巨大成就,也会心向往之。所以,西藏地区与南亚诸国民间跨境贸易的发展,不仅仅有利于西藏和南亚各国经济发展和文化互通,某种程度上也对我国的国防巩固和边疆稳定起到积极作用。为此,不能仅仅将其视为单纯的贸易往来,而应从长远的区域稳定和国家安全层面上给予重视。“遍览古今中外所有的国家(包括一国内部的有关地区),一般来讲,经济行为和经济利益必须服从于国家政治安全需要。也就是说,在进行国际贸易的过程中,很难找到撇开政治利益、政治原则而单纯进行经济利益的个案,所有的经济贸易行为都是在国家整治利益、政治原则的制约下、在政治红线内进行的,没有脱离政治利益、政治原则的纯粹经济关系和经济利益。根据以上原则,我们可以断定相邻国家或地区发展边境贸易和经济技术合作等直接和基本目标,就是追求经济利益,但在追求经济利益的同时,必须服从国家的核心利益、特别

是外交需要。根据西藏的现实区情、以及南亚地区目前的具体情况，必然决定了西藏从事边贸经济活动时，应当首先考虑国家的政治利益和外交需要，因为十四世达赖分裂集团的大本营就设在印度，而且几十年来他们一直在西藏边境地带进行渗透、骚扰及各种破坏活动；西方反华势力也与十四世达赖集团相互勾结、沆瀣一气，企图将西藏作为其对中国实行西化和分化的突破口。另外，印度与我国在双方接壤的边境地带还有十多万平方公里的争议领土尚未解决，双方的分歧很难在较短时间内达成一致，等等。基于这种特殊的情况，要求西藏在进行边贸经济活动的时候，必须将区域的经济利益与国家的整体政治利益紧密地结合起来，不能以一方取代另一方。”①

其一，西藏自古以来就与南亚各国存在贸易互通，当时主要的贸易对象是印度、尼泊尔和不丹。虽然贸易数量不大，但却有利于西藏与外部社会进行经济互通和文化交流。1888 年之后，英国发动第一次侵略中国西藏的战争之后，亚东等被迫开关，西藏被迫纳入了世界资本主义的殖民体系。西方资本帝国主义列强在西藏的经济渗透和掠夺，使得这一时期的西藏成为英印政府的原料产地和商品倾销市场。这一时期西藏与南亚各国的边境贸易带有明显的被殖民和被侵略的性质。

其二，1951 年西藏和平解放之后，中国能够在平等互利的原则下和尼泊尔、印度等南亚诸国建立了正常的贸易通商，这对西藏社会经济发展起到了积极的促进作用。但是，由于 1962 年的中国对印度自卫反击战争的影响，使中国与印度的边境贸易曾一度中断 30 多年。印度作为南亚大国，中印两国边界长达 1700 多公里，因此西藏在南亚的发展不能忽视与印度的关系。更不能绕过印度来实现南亚大通道的建设，相反，西藏要想在南亚有所作为，就不得不在印度这个市场上有所作为，这不仅仅是西藏的重点，同时也是国家战略层面上必须重视的问题。

其三，今天我们提出“南亚大通道”建设，不能忽视“西藏问题”的存在。“西藏问题”是由于历史的原因造成的西藏分裂势力的存在，尤其是

---

① 狄方耀：浅论中国西藏与南亚相邻国家经济文化合作交流的原则与对策，西藏大学学报，2016 年第 3 期。

以十四世达赖为首的分裂分子和国际反华势力不遗余力地在西藏制造各种分裂言论，妄图对西藏的稳定发展进行干扰和破坏。而我们进行“南亚大通道”建设，西藏在与南亚各国经济贸易往来时，尤其要注意到这些地区也是达赖分裂势力的重要聚居地之一。所以如何处理好发展和稳定、分裂与反分裂、开放与和平的关系也是一个重要的考虑因素。西藏各级政府一定要把握好“度”，要有所为和有所不为，要看到有利的条件和难得的机遇，同时也要审时度势，不应盲目乐观。

二、从现实的角度审视“南亚大通道”建设对西藏的意义

在当今世界经济一体化的发展进程中，各国之间的较量已经突破了单纯的政治领域，经济领域的较量日趋重要和激烈。政治是经济的集中体现，经济利益的最大化则是各国追求的最大动力所在。故而一个国家在国际社会中影响力的大小越来越多的与这个国家的经济发展水平和经济实力相关联。因此，在中国与其他国家的较量中，经济利益的追逐成为双方都很重视的一个较量区域。自从改革开放之后，中国经济取得了突飞猛进的发展，但是整体来看，东部沿海地区的经济发展水平要明显优于内陆省份。西藏虽在和平解放后社会经济取得了巨大进步，但与东部沿海省市相比仍有较大差距。为了缩小这种差距，西藏必须结合自身的区位特点和资源优势，通过进行南亚大通道建设，努力实现西藏社会经济的可持续发展。

如前所述，历史上的西藏曾与南亚国家保持着长期的经济贸易往来，对西藏的经济发展起到了一定的促进作用。目前，西藏与这些国家的贸易往来保持着较好的状态，发展势头是令人瞩目的。但是受制于一些现实原因和客观因素，西藏与上述国家的边境贸易还有待提高，“南亚大通道”的提出与积极推进，无疑为西藏今后更好的发展边境贸易起到重要的推动作用。

就目前南亚现状来看，中国与巴基斯坦、尼泊尔、斯里兰卡以及孟加拉都维持着稳定的政治局面。即使与印度由于历史的原因曾经一度中断边境贸易联系，但是目前两国在经贸领域的合作呈现出向好的趋势，这种

国家层面上的友好局面为西藏进行南亚大通道建设提供了良好的政治环境。南亚各国仍处在发展中国家的状态，都对本国经济发展和国际经济影响力表现出极大的关注，随着南亚各国参与世界经济一体化的步伐不断加快，南亚正成为世界上经济更加活跃和开放的地区。南亚国家不断开放的经济局面以及中国与南亚各种经济贸易合作关系的良好局面，也为西藏进行南亚大通道建设提供了有利的经济环境。

综上所述，西藏加强与南亚各国的经贸往来，是符合西藏未来发展的现实需要，也是确保西藏经济产业结构调整，实现可持续发展的重要策略与途径。只有通过南亚大通道的建设，西藏才能更好地融入“一带一路”倡议，发挥自己独有的区域优势，逐步缩小与其他省区市之间的差距。

第二节　西藏开拓“南亚大通道”的战略意义

南亚大通道建设是在中国特色社会主义进入新时代的大背景下，中央结合西藏自身特点为西藏加速经济社会发展、深化体制机制改革所提出的战略任务。这一任务体现了西藏在“一带一路”将要扮演的重要角色和不可替代的地位。因此，它对于西藏实现经济的可持续发展至关重要，有利于西藏充分利用好国内和南亚两大市场、两种资源，推动西藏经济结构转型和产业优化，也体现出中国和平崛起和安邦富邻的大国态度。因此，西藏必须高度重视南亚大通道建设的重要性，准确把握其深刻内涵，既要清楚地把握国家对西藏发展的定位和要求，同时又能结合西藏特点抓住发展的关键，着力推动南亚大通道建设。

首先，南亚大通道建设是中央在第六次西藏工作座谈会上关于西藏未来发展的战略定位，同时也明确了西藏融入“一带一路”的方向与功能，符合西藏经济发展需要和实现西藏社会的长远发展目标。

其次，南亚大通道的建设有利于西藏与南亚各国之间的经济、文化与旅游合作，有利于维护我国与南亚各国良好的政治局面，符合双边共赢和共同构建人类命运共同体要求。

再次，南亚大通道建设有利于中国与印度两个亚洲大国在经济、技术、文化等层面的合作，这种多层面、宽领域合作的加深，也必将为两国实现政治与外交层面的良好互动奠定基础。

最后，南亚大通道建设有利于中国特色社会主义道路优越性的显现，有利于南亚各国对中国现有经济发展道路和有关措施的认可；南亚大通道建设的持续深入发展，也会从现实层面上证明西藏今天的成就是中国共产党领导下坚持中国特色社会主义道路的生机与活力。

那么如何在“南亚大通道”的建设中发挥西藏独特的优势，同时在与南亚诸国的交往中体现西藏的特点，不仅仅是一个经济问题，更是一个重要的政治问题。它将涉及到与印度等相关国家的边境问题、反分裂斗争与西藏社会的稳定、边界安全等等。所以对西藏在“南亚大通道”建设中的特殊性进行深入研究，具有极其重要的意义。

一、在“南亚大通道”建设过程中，西藏需要面对诸多挑战

虽然这个问题在前面已有所阐述，但是，为了本章内容的完整性我们也不妨在做一些集中探讨。

其一，从政治角度来看，中印关系的走向非常重要。影响中印双方关系走向的因素包括边界问题、达赖问题、巴基斯坦因素等。中印边界问题是具有一定的历史原因的，印度在近代历史上曾经是英国的殖民地，在英国势力撤出之后，印度承袭了英国的殖民思维，妄图将原来英国强加给中国的边界线认定为中印边界线，尤其是妄图将东段的“麦克马洪”线强加给中国。所以，边界问题一直是中印两国的重要政治与外交分歧，解决中印边界问题还需要一定的时间、机会、耐心和智慧。

达赖问题涉及到的是中国的内政，本与印度毫无关系。但是印度却长期在达赖问题上给中国制造麻烦。印度官方虽表面承认西藏是中国的一个自治区，但是对于第十四世达赖在印度从事的分裂活动和“流亡政府”一直暗中纵容。印度国内存在着一些具有官方背景的人物妄图在中印之间打着达赖的幌子制造一个所谓的西藏“缓冲区”等等。因此如何对待十四世达赖问题事关中印两国关系的大局。

巴基斯坦和中国长期以来保持着良好的关系。但是，印度和巴基斯

坦之间由于克什米尔争端没有解决一直存在着紧张局势，因此，印度一直指责中国对巴基斯坦的态度，将中印两国的关系和巴基斯坦联系在一起，将中巴友好关系视为是对中印友好关系的阻碍等，妄图以中断中巴关系来换取所谓的印度谅解。

其二，从经济角度来看，主要表现为贸易平衡问题和“中国威胁印度论”。贸易平衡问题对于西藏与南亚各国的双边关系是非常重要的。尤其是在与尼泊尔的贸易往来中，由于尼泊尔经济发展相对落后，西藏长期处在贸易顺差地位，贸易平衡成为制约西藏与南亚发展的一个重要因素。“中国威胁印度论”一直是印度国内的一个重要声音，他们认为最早的威胁主要是由于中国属于有核国家，印度当时并无核武器，因此从军事和政治层面上印度一直宣称中国在武力上对印度构成威胁。后来当印度也有了核能力之后，又由于中国改革开放之后经济的飞速发展给印度带来了一定程度的发展差距的压力，印度国内又开始宣称经济层面上的“中国威胁论”。所以贸易平衡问题和印度国内对中国过度的反应，也是制约西藏面向南亚大通道建设的一个重要方面。

其三，从交通方面来看，西藏与南亚各国的交通道路联系虽然有了一定程度的改善，但对于当前西藏经济发展和贸易发展的需求来看是远远不够的。地理条件限制和历史原因造成了西藏交通设施的滞后，这种滞后局面对西藏边贸发展等带来了严重制约，因此交通设施等基础建设成为西藏“南亚大通道”建设中必须重视的一个内容。

综上所述，制约西藏“南亚大通道”建设的因素是多方面的，涉及到政治、经济、历史和现实基础设施等方面。

二、地区大国的和平崛起，中国担负更多的国家责任

西藏在“南亚大通道”建设中，印度作为重要的南亚地区的大国，与西藏在经贸往来、旅游与文化合作等方面有很多值得继续拓展的空间。如前所述，中印两国关系受到更多的历史原因和现实利益关系影响，加之当前中国和印度两国经济发展都保持着较高的增长速度，成为世界瞩目的亮点，所以西藏在南亚大通道的建设中必须要对印度这个南亚大国给予

充分的重视。

目前，印度对中印两国的关系走向定位大致可以归纳为：两国既有冲突、是对手，但是在经济领域仍有许多可以合作发展的空间。印度之所以将中国一直视为自己的潜在或主要对手，主要基于三方面的考虑：一是由于中国在世界影响力的不断扩大，经济层面上中国改革开放所取得的举世瞩目的成就，对印度未来的经济发展带来一定的压力；二是中国与南亚其他国家大多维持着友好局面，尤其是中国与巴基斯坦等国关系的良性发展，以及中国与尼泊尔、斯里兰卡和孟加拉等国关系进一步向好，使得印度感到不安与恐慌；三是中印两国关系最大的分歧在于悬而未决的边界问题，双方在这一问题上存在巨大的矛盾和分歧，这是未来中印关系发展必须面对的难点。

虽然中印两国存在有种种分歧和矛盾，但是，中印两国仍有很大的合作空间，一方面由于经济发展在国家对外竞争中发挥着更加重要的作用，因此两国有许多可以互补的因素，促进两国开展新领域的不断合作，这使两国能够绕过政治层面上的不一致进而谋求经济领域内的合作共赢；另一方面中国对于印度的发展一直持有乐见其成的态度。尤其是在印度与巴基斯坦关于克什米尔的争端上，中国一直采取理智劝和的态度，这也符合印度自身的发展利益。同时还要关注到两国之间在南亚能否和平共处，事关尼泊尔、缅甸、孟加拉等国的发展，因此从南亚整体的区域格局来看，也希望中印两国能够和平共处。总之，从未来的发展趋势来看，两国的关系将会保持着在竞争中的合作、在矛盾中曲折发展的态势。这个总体的格局，决定了西藏在与印度进行边境贸易和经济往来的过程中，会遇到较大的挑战和压力。

三、反对西藏问题国际化，瓦解分裂势力对西藏的图谋

党中央在第六次西藏工作座谈会上，对西藏的六个定位，尤其是关于“把西藏打造成我国面向南亚开放的重要通道”、“同西方敌对势力和境内外敌对势力、分裂势力斗争的前沿”的两个定位，说明了西藏开拓“南亚大通道”建设还具有重大的政治意义。

环伺当今世界，以美国为首的西方国家不断利用宗教问题、民族问题和价值观矛盾对中国内政进行干涉和破坏。当然这种伎俩美国在对付其他国家中不断得手，比如南斯拉夫和前苏联等。在前苏联解体之后，美国将其和平演变的目标对准中国，不惜故伎重演把西藏作为对中国进行分裂活动的主要地区。长期以来，由于西藏经济发展的相对滞后和民族宗教问题的复杂性，都为美国插手中国西藏事务提供了机会。另外随着印度在南亚的迅速崛起，海上力量不断增强的基础上，印度在南亚的军事政治野心也开始显现，在中国的西藏事务上印度也不断制造麻烦。

“西藏问题”虽有历史原因，但时至今日并未消失。尤其是在 20 世纪 90 年代末，“以北约东扩、日美防卫合作指针重新修订及日美战区导弹防御计划启动为标志的对俄国、中国呈两翼合围态势的战略格局已大体形成。‘9·11’事件后美国发动阿富汗战争和伊拉克战争，现已实现了在中亚和西亚的军事存在，使这种合围过程大大加速。”因此，中国西藏在美国地缘战略中的地位更加重要，美国等西方国家绝不会放松对西藏的干涉。所以，“南亚大通道”的建设有利于西藏经济的发展和与内地的联系，也有利于在西藏与南亚边界建立起有效的防线，加强与南亚国家的友好合作，为中国在南亚区域营造一个稳定的国家环境和边境环境，有效捍卫国家的主权和利益。因此“南亚大通道”建设具有很重大的政治和军事意义。

综上所述，南亚大通道建设是一个在新的历史时期全面推进西藏经济社会发展的综合工程，既要通过发展边境贸易与旅游文化合作，扩大西藏与印度、尼泊尔等南亚国家的经济交流与文化往来；又要通过南亚大通道的建设，促进西藏自身特点在国际市场的竞争中发挥更大的区位优势。在这个通道的构建过程中西藏要采取谨慎稳进的态度、科学合理的措施，本着循序渐进和先易后难的原则，以中国西藏与南亚国家现有的边贸往来和旅游与文化合作为基础，逐步扩大与南亚各国全方位、多层次、宽领域的经济与文化互动，最终增强西藏在南亚区域内的经济影响力，实现西藏全方位对外开放的新格局和全区经济结构调整和产业升级。在当今世界全球化进程不断加快、中国特色社会主义进入新阶段、区域经济合作不断加深以及国际关系格局正在发生重大变化的背景之下，西藏积极推进南亚大通道建设具有重要的历史意义。

第三节 西藏建设“南亚大通道”前景展望

在前面的多个地方我们曾经反复阐述过西藏积极推动“南亚大通道”建设的重要意义和美好前景，在此，我们还是想利用一些笔墨将这一问题作集中地进行概括。

一、西藏的对外开放将会迎来新的局面

“一带一路”被有关专家称为是我们改革开放的 2.0 版，是中国特色社会主义进入新时代的重要标志之一，意味着中国的改革开放已经进入全新的局面、出现全新的态势。实际上国内相关省区市根据国家的统一部署，在实际推动“一带一路”建设的过程中，根据深化改革和扩大开放的总体要求已经体验到了、收获到了明显的好处和利益。进入 2018 年来以来，西藏的周边出现了多年未有的新情况、新变化和新格局。尼泊尔新宪法颁布后的第一届民选政府总理产生，奥利总理对中国进行了成功访问，两国关系必将进入新的阶段；印度总理莫迪开始转变以前对华多变、甚至是不信任和猜疑的态度，两国高层的对话与信任在明显增强，这种情况不仅会影响到两国关系，也必然会影响到中国与南亚的关系；印巴关系也出现了多年未有的缓和迹象，等等。这为西藏积极推进“南亚大通道”建设提供了很好的周边环境条件。正是因为如此，这几年西藏通过实际行动积极深化改革和努力扩大开放，也在不断收获着日益增多的成效，说明西藏的深化改革、扩大开放正在进入新的历史时期。

通过一定时期的努力工作，我们相信在“十六五”末期前后(21 世纪 30 年代中期)，西藏近 4000 公里的边境线就会形成一个对南亚和东南亚国家开放的“黄金经济带”，在这个巨大“扇形”开放地带上，镶嵌着普兰、里孜、吉隆、樟木、日屋一陈塘、亚东等陆路边境口岸群，以及跨境经济合作区、开放试验区、自由贸易区等，其中吉隆、普兰、亚东等口岸，会分别达到年上百亿元人民币、甚至更多的贸易和通关量，这些口岸相互配合、相

互照应、相互支持，形成西藏、乃至于中国向南亚开放的联动效应；以拉萨贡嘎机场为龙头、以昆莎机场、普兰机场、定日机场、和平机场、隆子机场、林芝机场、邦达机场、那曲达仁机场、亚东帕里机场等为骨架的机场群，将会成中国与南亚、东南亚国家空中联系的桥梁和空中经济走廊；以中尼油气管道运输、中尼通讯网络和中尼电网（以后可能还会有中国与不丹的油气管道和通讯网络联通等）、中尼输电线路等，也会构成中国与南亚、东南亚密切联系重要方式。

通过以上的集中阐述我们会发现，国家"一带一路"倡议下的西藏"南亚大通道"，就像一条拉链一样——"一带一路"倡议是"拉片"和"拉头"、"南亚大通道"上的陆路口岸群是"链牙"，将中国通过位于世界屋脊之上的西藏自治区与南亚紧密的连接为一体，打造成友好交往、互惠互利、合作共赢的"利益共同体、命运共同体"。

二、西藏的基础设施建设将会有更大起色

自中央提出"一带一路"倡议后，特别是"愿景与行动"的文件将西藏纳入具体承担重要战略任务的规划内，以及中央召开的第六次西藏工作座谈会上对西藏功能的新定位，西藏自治区党委、政府以高度的政治责任感、历史责任感和担当意识，积极行动起来制定规划，落实责任，筹措资金，督促检查，通过一些具体工作着力推动各项建设任务扎实前行，阶段性成果和标志性工程已经出现并发挥着日益明显的效益。比如，吉隆口岸的"一关两检"、国门建设、仓储园、道路改造等，普兰口岸的国门、交通设施和唐嘎国贸市场等建设，通往陈塘口岸的交通道路改造升级、特色口岸的功能设计等，里孜口岸的有关基础设施建设等，拉萨综合物流园、那曲物流园和日喀则物流园等园区建设顺利推进，以及由拉萨通往各有关口岸的交通道路升级改造等，拉萨贡嘎机场的进一步改造升级、昆莎机场的投入使用、日喀则和平机场功能的进一步发挥、以及近期内国家民航局等发布的关于在西藏新建定日机场、普兰机场和隆子机场的消息等航空交通的科学布局进展迅速，川藏铁路林芝段顺利推进等等，以上这些具体工作都已经取得了积极的进展。我们相信只要假以时日，随着国家投入

力度的不断加大和对口援藏工作的持续推进，西藏的基础设施面貌一定会发生较大的、甚至是根本性的改观，为“南亚大通道”的顺利实施提供动力。

三、西藏的产业结构转型升级将会出现实质性的进步

“一带一路”背景下的西藏“南亚大通道”建设，其应有之一就是发挥自身优势走出去，让西藏的特色产品走向南亚、甚至走向更远的国际市场。这就必然要求西藏抓住这个难得的机遇，按照中央供给侧结构改革的总体要求，从当地的资源优势出发，根据南亚国家等国际市场的需求情况，积极调整产业结构、着力推进产业升级，用具有鲜明特色的优质产品提升竞争力和区域经济发展的龙头带动力，想方设法将西藏的资源优势转化为经济优势、市场优势和竞争优势，让经济发展的成果惠及当地各族民众。如前所述，西藏进行“南亚大通道”建设，就是要使世纪屋脊上120多万平公里的西藏承担起连接我国与南亚的枢纽功能；在这个巨大的“扇形枢纽”区域上，近4000公里的边境线会形成由诸多陆路口岸连为一体的“边境黄金经济带”、更具活力的经济增长极，由诸多空港组成的航空交通网络，将会凝聚西藏经济起飞跨越新引擎。这些功能和作用，都会成为西藏社会经济结构转型升级的重要契机和推动力量。

四、西藏边境地带和谐稳定的基础更加坚实

如前所述，西藏地处我国的西南边疆，与东南亚和南亚的多个国家与地区接壤，边境线长达近4000公里，而且几十年来、甚至是一百多年来这里从来就没有安定，从小的扰乱到大的边境军事冲突等持续不断，严重的影响到了国家西南边疆的安全、西藏社会秩序的稳定、经济活动的正常开展和百姓生活的正常进行。近些年来，随着国家处理与周边国家关系的思路不断调整、“一带一路”倡议不断推进等举措的实施，中国周边形势正在发生着巨大的变化。在这种宏观背景下，西藏自治区党委、政府也及时制定了“稳边固边”的一系列新措施，比如“边境小康示范村建设”等，使边境地带出现了几十年来少有的和谐稳定、边安民乐、经济繁荣和社会制度

优势不断彰显的好局面、新气象，对周边国家的吸引力与优越性逐步增强。以上这些情况的出现，归根结底就是因为在对外经贸、旅游、文化等交往活动中当地老百姓的收入增多了、进而生活质量提高了，社会环境改变了，交通道路畅通了等。从这里给我们得到了启示就是，要想使边境地带成为维护国家安全的铜墙铁壁，就必须首先是祖祖辈辈生活在这里的各族群众达到“安居乐业”的状态。

五、“南亚大通道”的作用日益明显

如前所述，中央在第六次西藏工作座谈会上对西藏在“一带一路”战略中的定位，就是要“把西藏打造成我国面向南亚开放的重要通道”。为此，我们将这个“南亚大通道”的建设工作具体设计为“中尼印不经济走廊”，主要是为了做到：思想有概念、工作有抓手、任务有分工、责任好落实。我们同时还对这个经济走廊设计有具体的运行线路和实际载体。然而，从我们对“把西藏打造成我国面向南亚开放的重要通道”的内涵的理解，认为西藏120多万平方公里的土地整体上承担着中国走向南亚、面向南亚开放的“大通道”功能，而绝非仅仅是几条陆路交通道路和空中航线等所能担当得起的。具体来讲，第一，国内与西藏相邻的几个省区，可以就近通过西藏走向南亚，将会节约大量的时间与成本。第二，国内其他省区市当然也可借道西藏，从陆路上和空中走向南亚、甚至是中东等国际市场，从而全面发挥出“南亚大通道”的作用。第三，通过“南亚大通道”上的“中尼印不经济走廊”建设，真正完成国家在“一带一路”规划中的将“丝绸之路经济带”与“21世纪海上丝绸之路”连为一体的宏观布局，为实现党中央在十九大上提出的“陆海内外联动、东西双向互济的开放格局”作出具体贡献。

由于种种原因所决定，“中尼印不经济走廊”的建设必将是一个巨大的世纪性工程、世界性工程、系统性工程，全面启动和实施该经济走廊需要具备更为充足的条件，需要较长时间的酝酿准备。然而，中尼两国完全可以采取先易后难、友者为先、分段实施的策略，密切合作，积极启动该走廊的“中尼经济走廊”部分进行优先建设。这是基于中尼双方的关系、尤其是尼泊尔的现实需要而做出的策略选择。通过“中尼经济走廊”部分的建设，可以为“中尼印不经济走廊”全线建设积累经验、提供示范，力争使“中尼印不经济走廊”早日付诸实施、惠及南亚更为广泛的十多亿人口，也为中国与南亚国家、尤其是与南亚地区大国印度建立更加紧密的友好关系奠定日益坚实的基础。

六、西藏在国家宏观战略中的地位会更加彰显出来

2010春，中央在召开的第五次西藏工作座谈会上提出“西藏是重要的国家安全屏障”；在中央召开的第六次西藏工作座谈会上重新强调了这一重要思想，并作出了“把西藏打造成我国面向南亚开放的重要通道”和西藏是我国“同西方敌对势力和境内外敌对势力、分裂势力斗争的前沿”的两个新定位，这是对习近平总书记于2013年春提出的“治国必治边、治边先稳藏”治边稳藏新思想的进一步阐述。我们不妨在此再进一步解释一下，西藏不仅在党中央治国安边的宏观战略思路中占有极其重要地位，也处于国家全面推动“一带一路”倡议走向国际舞台的重要枢纽地位，这两种情况叠加在一起就使西藏在国家的安全与发展战略中具有独一无二的地位。这种情况必然要求西藏各级党政干部和各族群众，一定要凝心聚力，奋发有为，开拓进取，撸起袖子加油干，使承担着更多历史使命的“南亚大通道”建设扎实推进，早见成效，为中华民族的伟大崛起做出我们西藏无愧于时代、无愧中华民族的辉煌业绩。

参考文献

[1]林毅夫等."一带一路"2.0 中国引领下的思路新格局[M]. 浙江大学出版社,2018.

[2]王义桅. 再造中国——领导型国家的文明担当[M]. 上海人民出版社,2017.

[3]王义桅,周洪波等."一带一路":世界是通的[M]. 商务印书馆,2016.

[4]王义桅. 再造中国——领导型国家的文明担当[M]. 人民日报出版社,2017.

[5]王义桅."一带一路":中国崛起的天下担当[M]. 人民出版社,2017.

[6]刘伟,张辉."一带一路":产业与空间协同发展[M]. 北京大学出版社,2017.

[7]刘伟,郭濂."一带一路":全球价值双环流下的区域互惠共赢[M]. 北京大学出版社,2015.

[8]张辉,唐毓璇等."一带一路":区域与国别经济比较研究[M]. 北京大学出版社,2017.

[9]李敬,雷俐等."一带一路":相关国家贸易投资关系研究——南亚八国和中亚五国[M]. 经济日报出版社,2016.

[10]刘卫东,田锦尘,欧晓理."一带一路"战略研究[M]. 商务印书馆,2017.

[11]彼得·弗兰科潘. 丝绸之路:一部全新的世界史[M]. 浙江大学出版社,2016.

[12]冯并. 丝路大视野[M]. 宁夏人民出版社,2015.

[13]梁昊光,张耀军.“一带一路”二十四个重大理论问题[M]. 人民出版社,2018.

[14]张丽君,时保国等.“一带一路”背景下的中国陆路边境口岸[M]. 中国经济出版社,2017.

[15]张其仔,郭超先,白枚等.“一带一路”国家产业竞争力分析(上下册)[M]. 社会科学文献出版社,2017.

[16]熊灵,谭秀杰.“一带一路”建设:中国与周边地区的经贸合作研究(2016—2017)[M]. 社会科学文献出版社,2017.

[17]王灵桂.“一带一路”理论构建与实现路径[M]. 中国社会科学出版社,2017.

[18]张晓涛. 中国与“一带一路”沿线国家经贸合作国别报告(东南亚与南亚篇)[M]. 经济科学出版社,2017.

[19]财新传媒部.“一带一路”引领中国[M]. 中国文史出版社,2015.

[20]刘从德. 地缘政治学导论[M]. 中国人民大学出版社,2010.

[21]马加力. 崛起中的印度——关注印度[M]. 山东大学出版社,2010.

[22]王德华. 新丝路、新梦想[M]. 上海交通大学出版社,2015.

[23]吕昭义. 印度国情报告·2015、印度国情报告·2016[M]. 社会科学文献出版社.

[24]吕昭义. 印度国情报告[M]. 社会科学文献出版社,2015.

[25]陈利君. 2016—2017南亚报告——云南蓝皮书[M]. 云南大学出版社,2017.

[26]邢广程等.“治国必治边、治边先稳藏”重要战略思想研究[M]. 社会科学文献出版社,2016.

[27]孙勇. 国家战略下的大边疆战略研究——多重世界非恒称视角下的力量博弈[M]. 四川大学出版社,2017.

[28]四川大学南亚研究所课题组. 南亚智库研究[M]. 时事出版社,2018.6.24.

[29]阿木尔吉力根. 我国边境贸易的发展研究[M]. 民族出版

社，2010.

[30]李青，赵京兴. 西藏边境口岸发展现实与展望[M]. 社会科学文献出版社. 2015.11.

[31]那颖. 西部地区边境贸易研究[M]. 甘肃人民出版社. 2010.12.

[32]狄方耀等. 西藏经济学概论[M]. 厦门大学出版社. 2016.7.

[33]习近平在中央第六次西藏工作座谈会上强调依法治藏 富民兴藏 长期建藏.

[34]加快西藏全面建成小康社会步伐[N]. 西藏日报，2015－08－26(1).

[35]卢颖. 发展中的西藏边境贸易——西藏边贸局长边巴访谈录[N]. 2009.

[36]狄方耀."一带一路"视域下中国西藏与南亚国家发展贸易问题初探[J]. 西民族大学学报，2015.10.

[37]狄方耀. 浅论中国西藏与南亚相邻国家经济文化合作交流的原则与对策[J]. 西藏大学学报，2016(8).

[38]狄方耀."一带一路"视域下西藏边境地带安全稳定问题探索[J]. 西藏民族大学学报，2018(1).

[39]狄方耀. 试论"一带一路"视域下非公有制经济在西藏与南亚发展边境贸易活动中的作用[J]. 西藏民族大学学报，2016(11).

[40]德吉卓嘎. 当前西藏边境贸易经济的状况与对策[J]. 中国藏学，2011(4)：第98－102页.

[41]2014年至2017西藏自治区国民经济和社会发展统计公报. 中国经济网. www.ce.cn.

[42]西藏自治区工商联：20年西藏自治区非公有制经济发展报告，2012.

[43]西藏自治区"十三五"规划.

[44]2018年西藏自治区政府工作报告.

[45]2015年3月28日，国家发展改革委、外交部、商务部联合发布的《推动共建丝绸之路经济带和21世纪海上丝绸之路的愿景与行动》.

[46]《南亚研究》,2015 年至 2017 年各期.

[47]《印度洋经济体研究》编辑部.《印度洋经济体研究》,2015 年 1～5 期.

[48]“受尼泊尔地震影响上半年西藏外贸下降逾三成”[EB/OL].新华网:http://news.xinhuanet.com/local/2015－02/07/c_1114291175.htm.

[49]http://xz.people.com.cn/n2/2016/0319/c138901－27969152.html 对尼贸易热度不减 吉隆口岸成为西藏对外贸易大通道.

后　记

《中国西藏面向南亚开放重要通道建设研究》由狄方耀、谭天明二位为负责人，于 2016 年 4 月承担的西藏民族大学"西藏文化传承发展协同创新中心"委托的重大课题，课题编号为：XT201601。

根据本课题研究任务的分工情况，在整个研究过程的管理、协调、思路设计等工作中，谭天明副教授承担着具体的日常联络、内外协调、组稿统篡、每稿的第一遍统稿任务，以及多次"成果要报"及阶段性成果的撰写等大量的工作，实际上承担着课题主要负责人的职责。正因为有他的辛勤付出、高质量与高效率的工作，才使得本课题的研究能够顺利推进和及时完成。我们也特别感谢本课题的各位参与者和西藏民族大学财经学院的有关硕士研究生，他们以极大的热情、认真的态度、对学术负责的敬业精神和相互协作的团队精神，为本课题的按时顺利结项做出了积极贡献。

课题组成员的具体分工情况是：第一章："一带一路"建设对西藏的功能定位与"面向南亚开放重要通道"的提出，由西藏民族大学财经学院毛阳海教授撰写；第二章：西藏建设"面向南亚开放的大通道"的国内优势，由西藏自治区社科院陈朴副研究员撰写；第三章：西藏建设"面向南亚开放大通道"的周边国际优势，由中国第二外国语学院徐亮博士撰写；第四章：西藏建设"南亚大通道"的路径与载体，由西藏民族大学财经学院教授、南亚研究所狄方耀常务副所长撰写；第五章：西藏建设"面向南亚开放的大通道"的配套支持，由西藏民族大学财经学院谭天明副教授撰写；第六章：西藏建设"南亚大通道"的援助力量，由西藏民族大学财经学院讲师、南亚研究所科研秘书闫红瑛讲师撰写；第七章：西藏"南亚大通道"的建设规划与措施，由西藏民族大学财经学院李继刚教授与西藏民族大学2016 级中国少数民族经济专业的研究生李亚宁同学撰写；第八章：西藏建设"南亚大通道"的外部风险，由西藏民族大学财经学院副教授谭天明和中国第二外国语学院徐亮博士撰写；第九章：发挥非公有制经济在“南亚大通道”建设中的作用，由西藏民族大学财经学院教授、南亚研究所狄方耀常务副所长和西藏民族大学2016级民族经济专业在读硕士研究生贾翠霞、姚晓敏撰写；第十章：西藏建设“南亚大通道”的前景展望，由西藏民族大学马克思主义学院温文芳副教授撰写。此外，西藏民族大学南亚研究所的实习研究员严祥海、刘星君二位同志，对本项目提供了许多支持，尤其是他们对第八章的资料进行了补充、更新和部分内容的修改完善。狄方耀教授增写了第十章的“第三节——西藏建设“南亚大通道”前景展望。西藏民族大学财经学院民族经济专业2016级在读硕士研究生贾翠霞、姚晓敏提供了较多的资料搜集与汇编整理等工作，西藏民族大学财经学院会计专业研究生杜东山、樊娇娇、马晓萍、赵春胜、任二芬等同学在本课题的资料整理、文字校对方面提供了积极的协助。本课题研究成果的最后通稿与定稿任务由狄方耀教授承担。

非常感谢学校党委书记欧珠教授的大力支持与热情鼓励和校长刘凯教授的具体指导与精心协调，非常感谢学校“西藏文化传承发展协同创新中心”管委会主任陈敦山教授等领导的热情帮助，以及管委会秘书办公室张传庆和王新两位同志对我们所提供的热情、耐心与周到服务，感谢西藏民族大学南亚研究所所长牛治富教授的大力支持与鼓励。

在此，我们也一定要感谢在本课题进行结项验收时，三位校外评审专家对本课题研究成果所给予的充分肯定、热情鼓励和提出的具体修改意见，这样才使我们有动力、有信心、有目标对本课题进行最后的修改和完善。

西藏人民出版社对我们的研究工作给予了大力支持、精心指导和热情鼓励，这既给我们的研究工作注入了重要动力，也为我们向社会汇报研究成果和请教学术问题提供了珍贵的机会。对此，我们谨致以最诚挚的谢意！在此，我们要特别感谢西藏人民出版社汉文编辑部计美旺扎主任的耐心指导、热情帮助与高效率的工作。

课题组

2018年6月